湖畔诗文丛刊

读书：奋斗着的根基

李英军
李超
孙越
著

中国书籍出版社
China Book Press

图书在版编目（CIP）数据

读书：奋斗着的根基/李英军，李超，孙越著.—北京：中国书籍出版社，2019.12
ISBN 978-7-5068-7790-9

Ⅰ.①读… Ⅱ.①李…②李…③孙… Ⅲ.①读书方法 Ⅳ.①G792

中国版本图书馆 CIP 数据核字（2019）第 293641 号

读书：奋斗着的根基

李英军　李　超　孙　越　著

责任编辑	李小蒙　刘　娜
责任印制	孙马飞　马　芝
封面设计	中联华文
出版发行	中国书籍出版社
地　　址	北京市丰台区三路居路 97 号（邮编：100073）
电　　话	（010）52257143（总编室）　　（010）52257140（发行部）
电子邮箱	eo@chinabp.com.cn
经　　销	全国新华书店
印　　刷	三河市华东印刷有限公司
开　　本	710 毫米×1000 毫米　1/16
字　　数	244 千字
印　　张	16.5
版　　次	2019 年 12 月第 1 版　2019 年 12 月第 1 次印刷
书　　号	ISBN 978-7-5068-7790-9
定　　价	95.00 元

版权所有　翻印必究

序　言

"慢慢走，欣赏啊"：吸吮精神之蜜

李英军是我1970年前后的学生。那时他是河北省邯郸地区肥乡县肥乡中学的高中生，我是他的语文老师。他要出书，要我为这本书写序，这就勾起了我的回忆。

记得当年英军是坐在教室第三排，是个沉默寡言的孩子。我对他的印象就是白白净净，眼睛特别明亮，听课很专注。像英军那样明亮的眼睛，在班上有许多，只是他的眼睛格外明亮。这些明亮的眼睛，透着对知识和文学美感的渴望。

那时班上的学生都是16岁左右的少年。16岁的少年，青春勃发，正是对生活之美、文学之美敏感的年龄；而另一方面，他们当年生活在物质和精神都匮乏的环境之中，因此，他们对于语文教材中的生活之美、文学之美，会有别样的感悟。我的教学，正好回应了他们的这一需求，所以感到孩子们都喜欢上语文课。

我的班上作文好的同学有若干，英军自然名列其中。他的作文逻辑清晰、文字流畅，在同学中很是突出，常常被我当作范文来读。看了本书初稿才知道，这是因为他早就喜欢读书，并且沉迷于此了。那可是"十年动乱"时期，而且是在乡间，在那个时空能够开始课外阅读之旅，真是很可贵的。而纵观英军经历可见，这种对书的热爱影响了他的人生。高二时，他应征入伍。在部队，他长期在塞北基层锻炼，还下过煤窑，吃过不少苦。后来，凭着自己的努力,特别是他的那支"笔杆子",从一位列兵到干部,最后从河北省军区政治部退休。可以说,他的职业生涯始终有读书相伴;读书生活滋润着他的思想和文笔。

说到英军之爱书、爱读书,我是知道的,但他对此是如此执着我则是看到本书初稿才得知。英军在本书的"后记"中说:"写本书,是我多年的一个梦想。初衷并非想让更多的人看,主要是写给自己的,属自得其乐,至多是为子孙后代留个念想。"是啊,他退休后原可以含饴弄孙、安享闲暇之种种乐事。我们看到,英军的选择是写这本书。须知,这事无关年终考核,也无关职称晋升,可见纯然是志趣使然。写到这里,我对英军爱读书的执着有了清晰深切的认识;而由这一认识,再回想他从学生到军人生涯,再到退休的数十年人生经历,一条贯穿始终的爱书、读书的脉络赫然可见。这种感受很像是看推理片:看到最终结局,哦,原来如此啊!再回过头来琢磨以前的种种情节,哦,明白了:那些情节的内里原来有这个原因啊!是的,这本书使我深切感悟到,英军对书的热爱不仅影响了他的人生,而且贯穿着他的人生。因此,可以说,本书绝非无病呻吟之作,而是处处浸透着作者对书的挚爱。

英军此书所说的读书,大多是于求学、职业需要之外的读书,即所谓"无用之大用"的读书,也就是不要过多被功利捆绑的读书。关于"无用之大用",许多人有很好的解释,我想,这里的"无用之大用",不妨理解为读书可以使我们的精神世界丰富、生命含义充盈;读书可以让我们欣赏世界之美,简单地说,它包含事理之美、伦理之美以及艺术之美。说到这里,我想起美学家朱光潜一篇著名文章的题目:《慢慢走,欣赏啊!》文中他说:"阿尔卑斯山谷中有一条大汽车路,两旁景物极美,路上插着一个标语劝告游人说:'慢慢走,欣赏啊!'"是啊,如果你不想让生命被眼前的功利所俘获,如果你想要使自己的人生有厚度,那就不要匆忙地活着,慢慢走,从书籍中去吸吮人类的精神之蜜,那可是人类数千年的积淀,浩瀚而灿烂。你吸吮着精神之蜜,欣赏着它的美好,你的生命就会变得饱满,这样,就可以做到朱光潜先生所说的:"人生本来就是一种较广义的艺术。每个人的生命史就是他自己的作品。这种作品可以是艺术的,也可以不是艺术的。""分别全在性分与修养"。这里的性分与修养，怎能离得开读书！

我赞赏英军的这一努力。

是为序。

孟宪范
2018 年写于国庆假日

（作者系中国社会科学杂志社综合编辑室主任，中国民族学会理事）

目 录
CONTENTS

第一章 书韵 1

读书之赋

  ——为盈心灵赋读书 2

读书之书(1)

  ——书到用时方恨少 5

读书之书(2)

  ——千歌万曲唱书歌 10

读书之书(3)

  ——故书不厌百回读 12

读书之书(4)

  ——书卷多情似故人 14

读书之书(5)

  ——书是纽带读是情 17

第二章 独好 20

读书之好(1)

  ——天下好事数读书 21

读书之好(2)

  ——悟透"真好"始读书 25

读书之好(3)
　　——人生唯有读书好 ·················· 27
读书之重
　　——重中之重是读书 ·················· 31
读书之益
　　——开卷有益不为劳 ·················· 34
读书之力(1)
　　——终生读书终生慧 ·················· 38
读书之力(2)
　　——无限相信书之力 ·················· 42

第三章　风景 ·················· 44
读书之景
　　——若有诗书藏于心 ·················· 45
读书之美
　　——腹有诗书气自华 ·················· 49
读书之晨
　　——墨花晨湛字生光 ·················· 52
读书之夜
　　——灯火夜深书有味 ·················· 55
读书之灯
　　——晓窗分与读书灯 ·················· 58
读书之房
　　——且与书房伴流年 ·················· 61
读书之门
　　——开启书门天地宽 ·················· 64
读书之店
　　——书店命运大如天 ·················· 66

第四章　读魂 ··· 69

读书之境
　　——众里寻他千百度 ································· 70

读书之思
　　——熟读深思子自知 ································· 74

读书之气
　　——书盈浩气满人间 ································· 79

读书之种
　　——读书种子传千古 ································· 83

读书之诗
　　——便引诗情到碧空 ································· 88

读书之歌
　　——日日读书季季歌 ································· 90

第五章　家国 ··· 94

读书之人(1)
　　——一房纸卷读天下 ································· 95

读书之人(2)
　　——百无一用是书生 ································· 99

读书之人(3)
　　——情怀不败读书人 ································· 103

读书之人(4)
　　——立心立命为圆梦 ································· 107

读书之家
　　——家溢书香能致远 ································· 109

读书之村
　　——孤村到晓犹灯火 ································· 112

读书之族
　　——家族代有才人出 ································· 118

读书之国
　　——他山之石可攻玉 ……………………… 121

第六章　四季 …………………………………… 125
读书之春(1)
　　——有春做伴好读书 ……………………… 126
读书之春(2)
　　——少年负笈梦华荣 ……………………… 128
读书之夏
　　——瑶琴一曲来熏风 ……………………… 132
读书之秋(1)
　　——起异明月霜天高 ……………………… 136
读书之秋(2)
　　——中年读书庭望月 ……………………… 138
读书之冬(1)
　　——数点梅花天地心 ……………………… 141
读书之冬(2)
　　——夕阳花红读书美 ……………………… 143

第七章　苦乐 …………………………………… 146
读书之苦
　　——梅花香自苦寒来 ……………………… 147
读书之乐
　　——至乐清欢是读书 ……………………… 151
读书之勤
　　——五经勤向窗前读 ……………………… 154
读书之福
　　——书福不享难睿智 ……………………… 158
读书之写
　　——妙笔生花见功夫 ……………………… 161

第八章　知行 ··· 165

读书之行

　　——绝知此事要躬行 ··· 166

读书之慢

　　——读书切戒在慌忙 ··· 170

读书之习

　　——养成习惯书自通 ··· 174

读书之选

　　——择书而读细思量 ··· 177

第九章　方法 ··· 181

读书之法(1)

　　——读书得法方为圣 ··· 182

读书之法(2)

　　——百法难叙读书法 ··· 186

读书之味

　　——读书有味身忘老 ··· 189

读书之悟

　　——悟字当头境自高 ··· 191

读书之品

　　——品诗赏词话人生 ··· 195

读书之抄

　　——昔抄今抄为哪般 ··· 199

第十章　奇趣 ··· 202

读书之趣(1)

　　——读书趣闻天下知 ··· 203

读书之趣(2)

　　——红袖添香夜读书 ··· 206

读书之疗
　　——病须书卷作良医 210
读书之喻(1)
　　——千奇百怪喻读书 215
读书之喻(2)
　　——诗情画意喻读书 219

第十一章　传承 222
读书之早
　　——早知早慧早读书 223
读书之训
　　——劝子为学家训中 226
读书之经
　　——书传千载即经典 230
读书之目的
　　——读书目的谁人知 234
读书之盛
　　——宋朝读书胜天堂 237
读书之史
　　——经花开满读书史 241

参考文献 246

后记 247

第一章 书 韵

　　书，孕育于生活里，诞生在风雨中。书，如人类之朝阳，她的出现，使世界生活变得辽阔旷远，充满诗意；她的出现，使社会发展变得快速畅然，日新月异。书，如人生之朝阳，她的出现，使人的历程变得温暖如春，甜蜜幸福；使人的气象变得绚烂多姿，精彩纷呈。书的力量巨大，书的作用多多，书的魔力神奇，书的神韵悠长。

读书之赋
——为盈心灵赋读书

洛神秋声赤壁赋，
文涵纵横竞风流。
高山仰止难企及，
学赋诗书润春秋。

仓颉造字，天雨粟，鬼夜哭；蔡伦造纸，技进步，人欢呼。至此，文明走上新征途，文化驰向快速路。

读书之书，书传千古。书之作用，难以胜书。人类进步之阶梯，社会发展之基础；文化传承之载体，血脉延续之慈母；科技创新之智囊，实用知识之宝库；瞭望世界之窗口，洞察古今之天目。

读书之福，福满一路。古人曰："有书即有福，有福才读书，有工夫读书即是福。"而今我说，读书因生命而生，阅读因生命而终。呱呱坠地，即听读书。生命不息，读书不止。与书结缘，一生受益；与书相伴，终身幸福。

读书之乐，乐在境界。至要莫如教子，至乐莫如读书。功利读书，苦乐互助，升至大学，光明前途，升职晋级，欢乐之路；消遣读书，自由悦读，随心选择，拿起即读，佳言美文，赏心悦目；灵魂读书，乐如喜佛，书人合一，共情同悱，作者读者，心灵抚慰。

读书之益，益在觉悟。莫道："书中自有颜如玉，书中自有黄金屋，书中自有千钟粟，书中车马多如簇。"只为修身养性，明理知数；纯粹精神，锤炼风骨；亲吻崇高，脱离尘俗；与智为友，与圣为伍；行善致远，谦和慎独。

读书之美，美在气质。气质朴华，腹有诗书；骨相改变，唯有读书。男人读书，辽阔视野，高瞻远瞩；爽朗性格，优雅谈吐；为人谦恭，处事超俗；豪气过人，才气赛儒。女人读书，性善情柔，举止端庄；秀外慧中，言雅谈淑。读书的女人，走到哪里，都是一道美的风景，犹如诗意的花儿在飞舞。正如有人所言，"但觉风过群山，花飞满天，内心安宁却又饱满。"

读书之季，季季读书。四季读书，季季幸福。春读书，心花怒放，花团锦簇；夏读书，神清气爽，冰心玉壶；秋读书，硕果累累，精神成熟；冬读书，水静流深，夜话拥炉。人生四季，勿忘阅读。少年读书，奠定基础；青年读书，立志宏图；中年读书，事业成熟；老年读书，夕阳夺目。日日读书，超凡脱俗。晨读如沐，洗垢祛污；夜读似佛，心灵救赎。一朝笃学，受益无数。

古人读书，勤奋刻苦。文传万代，名留千古。匡衡凿壁偷光，车胤盛萤照读；孔子韦编三绝，常林带经耕锄；孙敬头发悬梁，苏秦引锥刺股；孙康映雪读书，李密牛角挂书；韩愈焚膏继晷，刘勰佛殿借读；范仲淹断齑划粥，欧阳修荻草代书；董仲舒目不窥园，司马光警枕圆木。以上诸君，学有所成，非圣即儒；读有所用，非贵即富。故曰：有志者，事竟成，破釜沉舟，百二秦关终属楚；苦心人，天不负，卧薪尝胆，三千越甲可吞吴。

今日读书，状况难述。读书读图，看书看目。碎片阅读，快餐阅读，网上浅读，手机速读，成为时尚，陷入歧途。远离经典，冷漠图书，让人堪忧，令人酸楚。有识之士，发出惊呼："不爱书的国民，是没有信仰的国民；不读书的民族，是没有希望的民族。"经济大国仍须文化繁荣，读书是第一要务；民族复兴，还要科技强盛，文化是第一要素。知识就是力量，文化推动中国梦；人文就是能量，文明助力复兴路。

　　祈愿：人人爱书，个个爱读。读书便佳，雄心永驻。家溢书香，国满甘露。读书致知，希望追逐。文脉传承，理想飞舞。止于至善，一路坦途。

读书之书（1）
——书到用时方恨少

远古走来一神器，
香气浸满珑玲体。
有缘万里结识她，
敢教人间换天地。

要读书，首先要知道什么是书？究竟什么是书呢？古人云："积画以成字，积字以成句，积句以成篇，谓之文。"《辞海》说："书籍是用文字、图画和其他符号，在一定材料上记录各种知识、表达思想并制成卷册或缩微胶片等著作物。"《中国大百科全书》说："书籍是用文字、图画和其他符号，在一定材料上记录各种知识，清楚地表达思想，并且制装成卷册的著作物，为传播各种知识和思想，积累人类文化的重要工具。"此外，还有"书是成本的著作""书是知识的载体""书是印上文字的装订成册的纸"等等。而在西方，联合国教科文组织对图书的定义是：凡由出版社（商）出版的不包括封面和封底在内的49页以上的印刷品，具有特定的书名和著者名，编有国际标准书号，有定价并取得版权保护的出版物。当代著名学者于鸣镝说：书是

"文明的象征，护身的宝剑，心灵的明灯，道德的典范，邪恶的克星，旅途的伴侣，孤独的亲朋，能给家庭增加温暖，使病人减少苦疼；是青年的良师益友，老人的保健医生；对学者忠贞不贰，对善思者唯命是听，招之能来，有求必应，有问必答，尽其所能；能驱走黑暗，可迎来光明；能授业解惑，可传道启蒙；力大无比，可化险为夷；聪明绝伦，能转败为胜；是造就人才的幸福摇篮，是继往开来的万有宝库。"（《书的力量》中国书籍出版社2012年版，第2页）

了解了什么是书，还应知道书是如何产生的？书是如何演变的？书籍的产生是个漫长的过程。人类从语言、实物到文字，在这一过程中，为了帮助记忆、记录和传播知识信息，人们进行了多种尝试。开始是结绳记事，就是用绳子打结帮助记忆。世界上许多民族都曾用过这种方法。我国古书上就有许多"上古结绳而治"的记载。后来是契刻，就是在竹、木等材料上刻上各种痕迹和记号，用以记事或帮助记忆。契刻同结绳一样，留下的只是代表某件事情的符号，而不是语言符号。而图画是文字发展的重要阶段，由于劳动和生活的需要，上古人常把所观察到的和自己生活有密切关系的事物画在所居住洞穴的石壁上。起初，这些记事的图画是非常生动而逼真的，人们一看便知道画的是什么。但时间久了，当人们习惯了这种图画之后，就不再画得那么复杂、细致了，简化成一定的图案符号，人们见到这个符号，也就知道它所代表的是什么了。这样，图画就逐渐脱离了对具体事物的描绘，变为事物的一般意向的代表。于是，图画便和语言相结合而成为交流思想的工具了。这就形成了原始的图画文字或称图形文字。这种文字大约出现在原始公社的后期，即新石器时代的发达阶段。在公元前4000年的仰韶文化和其后的龙山文化遗址中，都曾发现了这种刻画符号和文字。它们是汉字的始祖，是我国文字的萌芽阶段。有了文字，就有了创造书籍的有利条件。当人们开始有意识地将文字刻写在各式各样的材料上，借以记录经验，阐述思想，并使之传播久远的时候，书籍便开始出现了。我国书籍最早约出现在殷商时代，据考证，当时人们在乌龟壳和扁平的兽骨上，记载祭祀、战争、农业、牧业、气象、政权组织以及文化生活等方面的概况。后来人们把这些文字叫作甲骨文，这些"龙骨"可以说是书籍的雏形。正式的书籍是在两千年前春秋战国时代出现的。起先，人们把文字写在竹片或木片上，这些竹片或木片叫简或牍。

有的把简牍用麻绳、丝绳或者皮条串编起来，叫作"册"，这种笨重的书用起来极不方便。春秋末期，出现了写在绸子上面的书，这种书叫作帛书。它可以卷起来，一部书就是一卷或几卷绸子，用木棒做轴，所以也叫它卷轴。这种书比竹简轻便，但成本太高，不容易普遍采用。纸的发明，为书的发展提供了理想的材料。东汉有个叫蔡伦的，改进了西汉时候的造纸技术，于是出现了用纸抄写的书。这种书也是一卷一卷的，轻巧适用，成本较低，保存方便，所以一直沿用到今天。但是，用手抄写纸书很费劲，后来又发展成雕版印刷：刻好一面印一面，一套木刻版可以印几百部到几千部的书。雕版印刷质量差，效率不高，雕刻一套书版要几年，发现错误也不好改。宋朝庆历年间，毕昇发明了活字印刷。活字印刷速度快、质量好，制版比较容易，发现错误可以随时改正。印完把版拆掉，活字可以继续使用，这是印刷史上划时代的改革。到了近代，随着造纸工业的发展和印刷技术的提高，印书花样翻新，如油印、石印、铅印、快印、影印，以及静电复印等，于是出现了形形色色的书籍。在20世纪末，又出现了电子图书，这是对图书出版业的一次彻底革命。用电子数码的方式发行的图书，不仅减少了印刷方面的高昂成本，还使图书的出版和销售方式发生了改变，同时人们的阅读方式也发生了变化。随着数码技术的不断更新，小小的电子数码阅读器或人们日常使用的手机，都可将整个图书馆的资源存入其中随时随地的去阅读。人类社会已进入"图书馆无时无处不在"的时代。

那么，书籍对人类历史的发展有哪些作用呢？

书是文明的推动者。中华文明是人类历史上唯一没有断层的文明。在漫长的历史发展过程中，中华文明虽有阶段性，但从来没有间断和转移，某一阶段的能量耗尽了就会起变化，变化了的血脉就畅通，再接着生长、发育，如此螺旋式上升，使中华文明生命力不绝，延续至今。中华文明之所以不曾中断，主要靠两个方面的积累：一是由文字记载而形成的大量书籍；二是众多的实物，包括器物、遗迹、遗址等。这两者中，书籍的作用更明显、更突出。应该说，中华文明多数都记载在历史文献中，这是连续不断记录的结果，仅正史就有25部之多，还有《通典》《文献通考》《通志》等大量的"政书"以及野史、笔记等。中华文明就在这博大精深的历史典籍中保存着，这在世界上是绝无仅有的。因此，我们说，书籍既是文明的承载者，又是文明的传承者，更是文明的推动者。

书是知识的不竭源泉。世界上的知识有千万种，形形色色，浩如烟海，主要包括自然知识、社会知识和生活知识。又可分为简单知识和复杂知识、独有知识和共有知识、具体知识和抽象知识、显性知识和隐性知识等。总之，知识是人类从各个途径获得，经过提升总结与凝练，形成人类共享的系统成果。而这些知识多数在书籍中得到了记载和呈现。因此我们说，书籍是知识和智慧的宝库，是人生体验的高度浓缩，是前人的研究成果和宝贵经验，是人类通向文明进步，获得快速发展的重要途径。要想登上知识的殿堂，它就是一架梯子；要想开启智慧的门窗，它就是一把钥匙；要想在时间的海洋中自由航行，它就是一座灯塔；要想在广袤的天空中任意翱翔，它就是一对美丽的翅膀。

书是科技的加速器。科技的发展与书籍密不可分。任何一项科学技术，都是一个连续发展的过程。当人们有兴趣进入某一领域时，前人就将他们的一切发明创造，浓缩在书本里，作为欢迎我们的见面礼，无私地奉献给我们。正是有了书籍这一神器，所以，人类某一学科几千年汇聚的研究成果，让我们后人可以在短时间内将其掌握，从而有足够的时间去进行新的创造。我们只要肯读书，就可以把几千年积累的科学思想、先进技术，在短时间内重温一遍，把过去无数人艰辛获得的科研成果吸收过来。这样，才能站在前人的肩膀上继续前进。所以，从某种意义上说，书是科技发展的翅膀，正是因为有了它，才有了今日的辉煌；书是科技的加速器，正是因为有了它，才有了科技的飞速发展；书是科技的动力源，正是因为有了它，才能创造更加美好的明天。

书是精神的启明星。人有物质追求，更要有精神追求；人有物质世界，更应有精神世界；人有七情六欲，更要有理想、梦想。这是人与动物的本质区别。人的一生中，不可避免地要参与到亲情、爱情、自由、理想、知识、艺术等精神活动中来。这些活动，靠什么来交流和传承，主要载体还是书籍。书籍是灵魂的伴侣，是精神的导师，是心灵的良医，是生命的禅堂，是人生的大学。失意时，它就是一篷风帆，可以使你重整旗鼓；得意时，它就是一副清心剂，可以使你头脑冷静；忧伤时，它就是一枚开心果，可以使你笑逐颜开；无聊时，它就是一台伴唱机，可以使你身心俱悦；精神饥渴时，它就是一瓶果汁，可以使你神清气爽；心灵寒冷时，它就是精神慰藉器，可以使日子过得温暖如初；灵魂池潭干涸时，它就是一泓泉水，可以使生活变得波涛起伏。所以我们讲，读书，只有读书，才能使我们的精神不再贫乏，生命不再贫弱，人生不再贫贱。

总之，书是千里眼、顺风耳、望远镜、显微镜。书是科学的总结，智慧的源泉，生活的指南。书博采百家之灵气，荟萃文化之精髓，古今中外，万千气象，云集其中。书为你提供了认识客观世界和主观世界的途径和方法，是你开启百科知识的万能钥匙。恩格斯曾赞美书说："人类是地球思维的花朵，我认为人类思维的花朵就开放在不朽的书里。"有位作家说得更加形象而有趣："书是一个多情种子，如果你一不小心沾惹上了'她'，这一辈子就休想摆脱'她'的纠缠。"愿大家终生与书结缘，与书为伴，热爱"她"，眷恋"她"，在书的海洋里任意遨游，在书的天空里自由飞翔，一辈子做一个好读书、读好书、读书好的读书人。

读书之书（2）
——千歌万曲唱书歌

学生稚气地问：

书是什么？是福音，还是罪恶？

书人悄悄地告诉他：

书是人类的营养，书是人体的血液；

书是旅途的琴声，书是孤独的抚摩。

工人直接地问：

书是什么？是功绩，还是过错？

学人悄悄地告诉他：

书是科技的摇篮，书是生活的魂魄；

书是时代的生命，书是精神的寄托。

农民憨厚地问：

书是什么？是大海，还是小河？

名人悄悄地告诉他：

书是海中的灯塔，书是河里的船舶。

书是道德的典范，书是思想的花朵。

军人铿锵地问：

书是什么？是佛祖，还是心魔？
伟人悄悄地告诉他：
书是精神的福地，书是迷途的点拨。
书是心灵的天堂，书是护身的刀戈。
商人疑惑地问：
书是什么？是明灯，还是暗盒？
圣人悄悄地告诉他：
书是知识的源泉，书是文明的圣火。
书是智慧的结晶，书是文化的传播。
瞧大家频频点头，
古圣今贤齐声说：
热爱书吧！
她是人类进步的阶梯，
她是科学发展的颂歌。
赞美书吧！
她是人类思维最优美的花朵，
她是人民足迹最宏大的史册。
让我们把最美的《书之歌》，
献给最伟大的时代，
献给民族复兴中的祖国！

读书之书（3）
——故书不厌百回读

  书啊书，蓝天当纸，海水做墨，也难以书尽你的丰功伟绩；高山当词，流水作曲，也唱不尽你的巨大作用。但是，我们仍然要写，依然要唱。下面，就用我笨拙的笔，嘶哑的喉，写写你的功绩，唱唱你的作用。

书，是硕大无比的宝藏。
书，是人类智慧的结晶。
书，是涵养精神的家园。
书，是修身养性的禅堂。
书，是栖息心灵的港湾。
书，是巨大力量的源泉。
书，是美好生活的指南。
书，是人类进步的阶梯。
书，是开启心智的钥匙。
书，是不厌其烦的良师。
书，是情投意合的益友。
书，是文化传承的功臣。
书，是文明延续的凿石。
书，是指点迷津的智者。
书，是大海航行的灯塔。
书，是驱散黑夜的霞光。
书，是思想互融的纽带。
书，是连接古今的绳索。
书，是贯通中外的桥梁。
书，是耳聪目明的灵丹。
书，是防病健身的妙招。
书，是医治愚昧的良药。
书，是祛除百病的神针。
书，是走向成功的法宝。

书，是取之不尽的宝箱。　　书，是用之不竭的神器。

书，是神奇无比的魔棒。　　书，是培育人才的摇篮。

书，是造就巨匠的炉膛。　　书，是价值连城的珍宝。

书，是抚育人才的乳汁。　　书，是改造灵魂的工具。

书，是托举伟人的肩膀。　　书，是人类思维的花朵。

书，是创新时代的生命。　　书，是奋发向上的动力。

书，是伟大心灵的血脉。　　书，是千朝万代的精华。

书，是人类精神的财富。　　书，是天才留下的遗产。

书，是人类美妙的声音。　　书，是当代真正的大学。

书，是人类飞翔的翅膀。　　书，是造福万物的阳光。

书，是延续生命的空气。　　书，是知识海洋的船舶。

书，是点燃心智的火花。　　书，是照亮梦想的蜡烛。

书，是滋润心田的雨露。　　书，是万民喜爱的春雨。

书，是承载万物的厚土。　　书，是扮靓人生的鲜花。

书，是斩破黑暗的利剑。　　书，是传递文明的圣火。

书，是同甘共苦的伴侣。　　书，是心心相印的情人。

书，是诲人不倦的导师。　　书，是永垂不朽的长老。

书，是人类灵魂的记录。　　书，是人民奋进的号角。

书，是世界创新的战鼓。　　书，是漫游天下的通行证。

书，是获知长慧的敲门砖。　书，是传递经典的接力棒。

书，是生活进程的加速器。　书，是滋润人类的营养品。

书，是医治忧愁的百草园。　书，是救苦解难的避难所。

书，是平衡心灵的慰藉器。　书，是人民创造的编年史。

书的形象是如此优美，书的作用是如此巨大，书的功劳是如此至伟，书的能量是如此神奇，那就让我们热爱它、善待它、亲吻它，让它发挥应有的作用，散发所有的能量，为社会服务，为人类造福。

读书之书（4）
——书卷多情似故人

爱情风云书是桥，
还以纯真立功劳。
铮铮誓言今犹在，
不见当年小阿娇。

书，是一个多情的世界，徜徉其间，会充分感受到爱的温暖，情的沐浴；书，是一个多情的种子，播种到哪里，哪里就会生长出绚丽的爱情花朵；书，是一株多情的大树，无私地为天下有情人遮风挡雨。下面，请听听与书有关的爱情故事吧。

书能生情。书，能使素不相识的人产生爱情，成为相互的伴侣。

法国路易十四之子蒙道西埃，爱上了"蓝色沙龙"女主人朗布意叶的女儿于丽，追来追去十几年一直未成功。蒙道西埃想出了一个求爱招数，就是献给于丽一本诗集，题名为《于丽的花环》，总共29页，极其精美华丽；每页绘一朵花，花下是一首诗。诗作者都是当时"蓝色沙龙"的座上宾，诗人、作家居多，里面还有大名鼎鼎的喜剧作家高乃依。诗集终于打动了于丽，于丽答应嫁给蒙道西埃，并于1645年结婚。《于丽的花环》成了爱情的独特见证，流传至今。

书能传情。一封书信，一首诗歌，能传递出只能意会、不能言传的诸多信息，能传递出无限的爱的能量，能使夫妻间的芥蒂瞬间解开，能使情人间的矛盾顷刻化解。

《坚瓠集》是清代褚人获写的一部笔记体小说。其中有一个妙趣横生的小故事，讲的是一对夫妻巧用药名写信，互诉离别相思之情。妻子的信是这样写的：槟榔一去，已过半夏，岂不当归耶？谁使君子，故寄生缠绕他枝，令故园芍药花无主矣。妾仰观天南星，下视忍冬藤，盼不见白芷书，茹不尽黄连苦！古诗云："豆蔻不消心上恨，丁香空结雨中愁。奈何！奈何！"丈夫看后，挥笔答道：红娘子一别，桂枝香已凋谢矣！几思菊花茂盛，欲归紫苑，奈常山路远，滑石难行，故待从容耳。卿勿使急性子，骂我苍耳子。明春红花开时，吾与马勃、杜仲结伴返乡。至时有金钗相赠也。妻子的信每一句话都嵌入一味中药的药名，情真意切。丈夫的回信也是药名的联句，思念、艰辛、归期和允诺跃然纸上。

书能浓情。一首诗，一阙曲，一封信，能使相濡以沫的夫妻恩爱有加，能使山盟海誓的婚姻更加牢不可破，能使欲出轨或红杏出墙的人迷途知返，幡然醒悟。

司马相如是西汉时期很重要的一位作家，他和卓文君的爱情故事，尤其令人津津乐道。不过，据说当他在长安被封为中郎将的时候，由于自己觉得身份不凡，曾经兴起休妻的念头。有一天，他遣人送给卓文君一封信，信上写着"一二三四五六七八九十百千万"十三个大字，并要卓文君立刻回信。卓文君看了信，知道丈夫有意为难自己，十分伤心。想着自己如此深爱对方，对方竟然忘了昔日月夜私奔的美丽往事，就提笔写道："一别之后，二地相悬，只道是三四月，又谁知五六年。七弦琴无心弹，八行书无可传，九连环从中折断，十里长亭望眼欲穿。百思想，千系念，万般无奈把郎怨。万语千言说不尽，百无聊赖十依栏。重九登高看孤雁，八月中秋月圆人不圆。七月半秉烛烧香问苍天，六月伏天人人摇扇我心寒。五月石榴红胜火偏遇阵阵冷雨浇花端。四月枇杷未黄我欲对镜心愈乱，急忽匆匆，三月桃花随水转，飘零零，二月风筝线儿断。郎呀郎，巴不得下一世，你为女来我做男。"司马相如收信后惊叹不已，夫人的才思敏捷和对自己的一往情深，均使他心弦受到极大震撼，于是很快就打消了休妻的念头。

　　宋末元初江南才子赵孟頫，博学多才，能诗善文，懂经济，工书法，精绘画，擅金石，通律吕，能解鉴赏。特别是书法和绘画成就最高，开创元代新画风，尤以楷书名扬于世，被称为"赵体"，与欧阳询、颜真卿、柳公权并称"楷书四大家"。是继苏东坡之后诗文书画无所不能的全才。当时社会上的名士纳妾成风，年近五十的赵孟頫也见之眼红，想将其爱慕的年轻漂亮的女子纳之为妾。而他不好向妻子明说，便作词给老婆示意："我为学士，你做夫人，岂不闻王学士有桃叶、桃根，苏学士有朝云、暮云？我便多娶几个吴姬、越女无过分，你年纪已过四旬，只管占住玉堂春。"这词意是说，你没听说过王献之先生有桃叶、桃根两个小妾，苏轼先生也有朝云、暮云两个小妾。因此，我就是多娶几个小妾也并不过分；何况你年纪已经40多岁了，只管占住正房原配的位子就行了。而夫人管道升读后，自然很不高兴，可又不便公开吵闹。为了不把事情闹大，便采取与丈夫同样的办法，填了一首格律清新、内容别致的《我侬词》予以规劝，词云："你侬我侬，忒煞情多，情多处，热如火。把一块泥，捻一个你，塑一个我。将咱两个，一齐打破，用水调和。再捻一个你，再塑一个我。我泥中有你，你泥中有我。与你生同一个衾，死同一个椁。"此词，把夫妻关系比喻做泥，从两个人复杂的制作过程（捏塑、打破、调和、再塑），展现夫妻两个的经历已经到了我中有你，你中有我，难分彼此，无法离弃的地步；虽然用词设喻十分婉转，但字里行间暗藏机锋，透出铿锵英气，绵里藏针；特别是末句"与你生同一个衾，死同一个椁"，表达了作者对爱情排他性的誓死坚持。赵孟頫看了之后，十分震撼，只得停息了原本纳妾的念头。

读书之书（5）

——书是纽带读是情

四十六载岁月匆，

师生之谊从未终。

若问源头是什么？

书是纽带读是情。

在我一生众多老师中，有一位老师对我恩重如山，情深似海，她就是我高中时代的语文老师——孟宪范。毕业46年来，我们之间的关系从未中断，情谊甚笃，且愈久弥深。说起我们的故事，真如吐鲁番的葡萄——一嘟噜，一串串，三天三夜也说不完。今天，我要讲的，主要是一个"书"字。可以说，我和老师是因书结缘，书像一条纽带，始终将我们紧紧地联系在一起；读书像一座桥梁，加深了我们之间的情谊。

荐书。在我40多年的军旅生涯中，工作地点，尤其是前期，变化不断，从新兵连的张家口，到下连队后的内蒙古宝昌；从挖煤窑的山西大同，到上大学的内蒙古呼和浩特；从师级机关的河北赤城县，到军级机关的河北石家庄市。然而，不管地点如何变化，唯一没有中断的就是通信。我的老师，现在是中国社科院妇女问题的专家学者，酷爱读书。所以，我们通信的内容，除了人生指导，就是向我推荐书籍。我的每一次工作变化，老师都有不同的荐书内容。当我在山西大同挖煤，文艺生活枯燥时，她向我推荐的大多是文学书籍。当我在内蒙古大学学习时，她向我推荐的是哲学文献。我记得在马列哲学著作中，推荐的是恩格斯的《反杜林论》。1977年，我到师机关工作，文字基础知识欠缺，她知道后，重点向我推荐了《公文写作基础知识》。我到省军区工作后，她为提高我的文学素养，建议我吟诵唐诗宋词，重点诗词要背下来，背得越多越好。老一辈革命家的诗词中，特别推荐了陈毅的诗，还给我标明了经典句子，要求我背熟。

寄书。我所在的部队驻地，有的是山沟，有的是矿区，有的是小县城，购书非常困难，即使住在县城，书店的书也很少。老师知道这些情况后，就主动给我寄些书。使我在枯燥的军营生活中，始终有精神食粮的濡染和慰藉。有时遇到实在买不到的书，就向老师求援。老师工作繁忙，家务繁重，身体又不好，还要跑到书店购书，再到邮局寄书，东奔西跑，这该受多少累呀。对此，老师毫无怨言。特别是在我人生最低谷的时候，老师得知我的情况后，多次给我写信，问我需要什么，当知道我想看书时，先后几次给我购书寄书，每次都是十多本，让我备感温暖！患难见真情。人在最困难的时候，最重要的是精神的慰藉。书籍是排遣寂寞、摆脱困境最好的朋友。书是我最需要、最愿意收到的礼物。老师寄给我的几十本书籍，我至今仍收藏着。每每看到书，总能引起我温馨的回忆。老师原在我县工作，后调往河南郑州，20世纪80年代才调至北京。老师在郑州居住时，我第一次探望时去过。他们调到北京后，住的地方也是几经变化。不管是原来的小西天，还是现在的五道口。只要我去北京，总是去看望他们。老师家地方不小，但时尚家具不多，最多的是藏书。除了书橱，家里床上、沙发上、橱柜上，到处堆满了书，尤其是平时看的书，就摆在触手可及的地方，随看随拿，十分方便。每次去，老师总是送给我书看。2012年，当她得知我有了小孙子时，就给我找了不少幼儿书。2013年，她听说我要在老家修家谱，就将余世存的《家世》送我参考。今年年初，我将初步写好的书稿送她审阅，她不顾年老体弱，在较短的时间里，看完了书稿。在肯定书稿的同时，高屋建瓴地提出了修改意见。为了让我的书稿更加生动亲切，建议我读读《非常道》这本书，对我启发很大。

孟老师前半生主要是教书育人，桃李满天下，特别喜欢爱读书的学生。后半生，主要是搞研究，编书著书，尤其爱与有知识、有情怀的人打交道。虽说我不是个有知识、有情怀的人，但至少是个爱读书的学生。有人说，朋友只有互相欣赏，才能长久相处。我欣赏老师的学识情怀，老师喜欢我的为人好学。书是我们的纽带，读书是我们师生情谊的黏合剂。

第二章 独 好

　　世界上任何事情都是利害相连、好坏相伴、益损相生。唯有读书，读好书，只有利，没有害，只有好，没有坏，只有益，没有损。无论贵贱，读一日即有一日之利；无论贫富，读一卷即有一卷之益；无论老少，读一遍即有一遍之好。读书，读好书，是万倍利、千倍益、百倍好的事情，是成本最低、回报最丰的事情，是最美好、最美妙、最甜蜜的事情。谁读谁受益，谁看谁独好。早读早受益，早看早独好。读书的力量是巨大的，不读书将抱憾终生！

读书之好（1）
——天下好事数读书

"世上几百年旧家，无非积德；天下第一件好事，还是读书。"据说，这是清代嘉庆年间礼部尚书姚文田自题书房的对联。这副对联告诉人们，在世间可以延续百年而不败落的家庭，所靠的无外乎积德行善；天下第一件有益处的事，归根到底还是读书。这副对联，说尽了积德的意义，道尽了读书的好处，对后人影响深远。在知识传播学上还有个知名的"蛋糕理论"：当十个人共同享用一个蛋糕时，在实践上，每一个人只能分享到百分之十，而同样这十个人共同读一本书时，在理论上，每一个人都可以收获百分之百。这便是"读书好"的硬道理。

读书，使人思接千古，视通八方。刘勰在《文心雕龙》中说："文之思也，其神远矣。故寂然凝虑，思接千载；悄焉动容，视通万里。"意思是说，文章构思的想象具有自由性和超时空的特点，可以顷刻之间通观古今，抚念四海。刘勰在这里说的是为文，读书同理。胡适曾说过："现在的书本是古人经历数千年来之学问、智识、经验的结晶，读了一本书等于经历了古人所经历的数千百年的经验。"朱光潜说："书籍是过去人类的精神遗产的宝库。""读书是要清算过去人类成就的总账，把几千年的人类思想经验在短促的几十年内重温一遍，把过去无数亿万人辛苦获来的知识教训集中到一个人身上去受用。"读书既可以自由地翻阅"分久必合，合久必分"的历史长卷，又可以悠闲地欣赏"美轮美奂，空前绝后"的绮丽风光；既可以甜蜜地品味"各领风骚数百年"的诗词歌赋，又可以轻松地寻觅"风景如图画，琼宇似天堂"的人间仙境；既可以挑剔地评论百家争鸣、纵横捭阖的诸子风范，又可以自由地畅游深奥曼妙的思想海洋；既可以虚心地学习彪炳史册、伟岸高洁的爱国情怀，又可以详细地观看壮观辉煌、文脉纵横的亭台楼阁。对此，作家黎汝清说得更加形象："在书的天国里，我是自己的上帝。对于历代帝王将相我可以呼之即来，挥之即去，我可以超越时空在古往今来的书海中任意遨游。我可以去跟老子促膝长谈，也可以跟黑格尔争辩是非。我想深沉，可以到历代悲剧中去为古人扼腕叹息；我想欢愉，可以到人间喜剧中去体验人生至福；我想壮烈，可以亲临现场目睹血肉横飞。读书越多，想象越丰富，一闭眼就可以听见金字塔下的骆驼铃声；一抬头，可以看到世界各地火山喷发……其乐无穷，妙不可言。"

读书，使人感悟生命，牢记使命。生命，自古即被先贤所重视。两千多年前，儒家关注过，道家研究过，就连同时期远在万里之遥的古希腊的先哲们也论述过。可见，生命乃人类文明研究的重大课题。儒家是现实主义者，重视生命的社会意义，孔子说："未知生，焉知死？"主张生命要有意义，就要建功立业，就要修齐治平，这样，死方光荣，流芳百世；死方有价值，重如泰山。道家认为，人的生命是气的聚散，气聚为人，散则回归于气，一切都是自然的聚合过程。人应顺应自然，自由自在地生存，不要改变他的天性。而这一切，除了亲身实践外，只有读书，尤其要读懂儒家道家经典，方能弄清生命的意义、生命的价值以及生命的真谛。有关使命与生命的关系，自古以来论述较多。孟子说："生也我所欲也，死也我所欲也。二者不可得兼，舍生而取义也。"爱默生说："一个伟大的灵魂，会强化思想和生命。"俄国作家车尔尼雪夫斯基也说过："生命如果跟时间的崇高的责任联系在一起，你就会感到它永垂不朽。"读懂上述论述，就会明白为什么古人说自己有生命、使命两条命的真正意蕴。生命、使命是如此的紧密相连，而且不少志士仁人把使命看得比生命还重。只有不忘使命，献身使命，生命才有意义，才有价值，才是真正的人生。那么，怎样才能强化使命感、责任感呢？唯有读书。只有读懂古圣先贤和马克思主义的经典著作，方能使人心系社会，献身国家；只有读通古圣先贤和马克思主义的经典著作，方能使人心装百姓，服务人民；只有读精古圣先贤和马克思主义的经典著作，方能使人以天下为己任，以担当为情怀，以满腔的热情，忘我的工作，积极投身于中华民族伟大复兴的事业中，努力做一个对他人关心备至，对社会爱心有加，对祖国忠心耿耿的人，让生命放射出无比灿烂的光辉。

读书，使人精神丰盈，心灵美好。天下财富，一为物质，二为精神，只有读书，能让精神富有；人的生命，一半物质，一半精神，读书是对精神的那一半生命的能量补充。罗曼·罗兰说得好："精神上最好的避难所还是书本。"宋濂也说："读书，让你如春雨一样细腻；读书，让你如夏荷一样清纯；读书，让你像秋菊一样坚强；读书，让你像冬青一样挺拔。"陶铸说："一个精神生活很充实的人，一定是一个很有理想的人，一定是一个很高尚的人，一定是一个只做物质的主人，而不做物质奴隶的人。"读书，读好书，能让人理想崇高，信仰坚定，追求高远；读书，读好书，能让人思想高尚，道德圣洁，趣味高雅；读书，读好书，能让人追求真理，与人为善，行为和美；读书，读好书，能让人思想力量倍增，知识储量倍增，智慧能量倍增；读书，读好书，能让人拥有诗意的生活，幸福空间更加饱满，精神家园更加丰满。一本好书，是作者的心灵剖析史，更是读者心灵的锻造史。置身书中，仿佛给奔波的心灵一个诗意的栖居，一片宁静的港湾；置身书中，好像品饮一樽甘醇的美酒，滋润心田，净化心灵；置身书中，宛如聆听一支优雅的乐曲，心旷神怡，肺温腹暖；置身书中，犹如欣赏一幅美丽的画卷，赏心悦目，升华境界；置身书中，好像插上了梦想的翅膀，穿越了时空的隧道，没有了世俗的束缚，没有了爱憎的羁绊，唯有清纯的心灵在高空中自由飞翔。"问渠那得清如许，为有源头活水来。"只要我们酷爱读书，读好书，开启净化心灵、升华人格的钥匙，激活内心理想信念源头的活水，我们的精神世界就会焕然一新，幸福快乐就会陪伴我们一生。

读书，使人聪明一世，智慧一生。意大利杰出的思想家布鲁诺说："欲想变得聪明，靠的不是力气，而是孜孜不倦地读书。"中国当代经济学家马寅初也说，书读得越多越聪明。历史上的每一位杰出人物，无一不是酷爱读书的典范。苏轼出生在书香世家，相传他七岁知书，十岁能文，乡邻怜爱常常夸其为神童。少年心性的小苏轼，难免志得意满，便手书了一副对联："识遍天下字,读尽人间书"。之后张贴在书房门口。一日,一位朱姓老人登门拜访。看到门上的对联,老人微微一笑从袖筒中抽出一本书向苏轼讨教。小苏轼打开一看,竟是一本先秦古书。别说自己没读过,就连里边的字都有许多不认识。苏轼羞愧难当,终于明白天外有天、学海无涯的道理。老人走后,苏轼拿出笔墨在书房门口的那副对联上各添了两个字,变成了:发愤识遍天下字,立志读尽人间书。自此以后,苏轼日日以此联自勉。不仅博览群书,还自创了"八面受敌"读书法,每一本好书,他都要读上好几遍,每一遍都只带一个主题去探索,以求把一本书真正读透。由于他的勤奋和努力,使他成为"唐宋八大家之一",豪放派主要代表,"宋四家"之一。著名数学家华罗庚幼时贪玩儿,一度辍学。在帮助父亲料理杂货铺过程中,方知读书重要,便开始自学。每天学习十多个小时,五年就学完了高中和大学低年级的数学课程。后刻苦自学到18岁,19岁发表论文,一举成名。29岁至31岁发表20多篇文章,完成了他的第一部数学专著《堆垒素数论》。38岁成为美国伊利诺伊大学终身教授,42岁任中科院数学研究所所长,74岁任美国国家科学院外籍院士,一生著书10部。美国微软公司创始人比尔·盖茨被称为神童,是科技天才,同时又是一个酷爱读书的人。很小的时候就能背诵《圣经》的部分内容。8岁时就开始读《世界图书百科全书》,并决定把每一卷都读完。他读十年级的时候,由于大量的课外阅读,已经使他的数学和自然科学知识远远超过他的同龄人。无论做任何事情,他都会全力以赴去完成。一次老师布置写一篇20页的故事,比尔·盖茨浮想联翩,竟写出长达100页的神奇而又曲折的故事。1975年比尔·盖茨正式创办微软公司,20年后,成为世界顶尖首富。自创业始,他一天也未离开过读书。2013年投身慈善的他,这一年仍读了几十本书。他曾经表示,至少每周都会看一本书,一年下来有五十多本。每半年,他都会向大众推荐书籍。是坚持不懈的读书带给他知识,是永不间断的读书带给他灵感,是持之以恒的读书使他聪明过人,神奇无比!

　　蹉跎莫遣韶光老,人生唯有读书好。读书之好,无穷无尽。如果诗意地描写,还有:读书是一扇轩窗,能吹来缕缕清风;读书是一眼清泉,能滋润干涸的心田;读书是一轮明月,能让人茅塞顿开;读书是一丝阳光,能抚慰和温暖人的心灵。你若读书,清欢自来;你若读书,风景自来;你若读书,书香自来;你若读书,好事自来。读书是如此之好,那就让我们热爱读书吧!

读书之好（2）
——悟透"真好"始读书

获知长慧，陶冶情操。
得趣知味，通悟达窍。
读书真好！
寒冷当裘，饥饿当肴。
忧伤当琴，疾病当药。
读书真好！
视通宇宙，思接千朝。

读书：奋斗着的根基 >>>

晓古知今，洞察秋毫。
读书真好！
日日好日，夜夜清宵。
处处福地，时时欢笑。
读书真好！
童年纯真，青年美好。
中年达观，老年德劭。
读书真好！
渡尽劫波，怨恨全消。
淡泊名利，祛除浮躁。
读书真好！
忘记自我，远离喧嚣。
心无旁骛，接近崇高。
读书真好！
与书为伴，心地澄溟。
与书为友，精神美妙。
读书真好！
人性至善，境界至高。
心灵至美，情怀至尧。
读书真好！
谈吐不凡，举止不骄。
气质高雅，性情不躁。
读书真好！
催人奋进，犹如号角。
教人坚强，犹如长老。
读书真好！
点亮梦想，理想永葆。
助力科技，小康奔跑。
读书真好！

读书之好（3）
——人生唯有读书好

有的人之所以对读书不重视、不感兴趣，说到底是缺乏先进的读书理念，在阅读观上出了问题。下面呈现的是千姿百态的读书理念，气象各异的阅读观念，希望大家能从中受益，受到鼓舞，受到激励，意气风发地投入到读书活动中去。

读书，精骛八极，心游万仞。

读书，精神福地，心灵天堂。

读书，无本万利，无损万益。

读书，天天欣悦，日日精进。

读书，赏心悦目，悦己利人。

读书，嘉言懿行，和颜悦色。

读书，修身养性，培德明理。

读书，志高行远，行稳致远。

读书，面朝大海，春暖花开。

读书，水静流深，止于至善。

读书,仰望星空,脚踏实地。
读书,一生受益,终身幸福。
读书,持续地绽放你的光芒。
读书,成就未来;阅读,支撑人生。
读书,男人浩气如虹,女人雅气似兰。
读书,身体温暖如春,内心繁花似锦。
读书,立身,立心,立命。
读书,如交友,如酿蜜,如赏花。
读书,如沐春风,如饮甘泉,如听佛音。
读书,领略崇高,问津壮丽,体验多元。
读书,安身立命,涵养正气,洞见天地。
读书,促进思考,加强思维,增强思辨。
读书,促进创新,助力创造,有利创业。
读书,即生活;生活,即读书。
读书,是精神的旅行;旅行,是身体的阅读。
读书,是一场人生的修行,是一生灵魂的高贵。
读书,让人脱颖而出,出类拔萃,让人生具有更多的可能性。
读书,是改变人生命运的最佳途径,是人类最佳的精神食粮。
读书,是一把衡量生命的尺子,是一把打开知识宝库的钥匙。
读书,付出一份辛苦,收获一缕阳光;付出十分努力,收获万丈光芒。
读书,勤为径方能登上书山,苦作舟方能渡过学海。
读书,是大船航行的帆,也是鼓帆前进的风。
读书,是精神氢弹、原子弹,聚变裂变能量巨大。
读书,是在一切已知之外,保留一个超越自己的机会。
读书,投资成本最低,回报成效最丰。
读书,区别真理和谬误,分清高尚与渺小。
读书,增加人的生命厚度和宽度,让人多活一辈子甚至两辈子三辈子。
读书,是读书人的太阳,是爱书人的月亮,是厌书人的星光。
读书,是成才成功的基石,是升华灵魂的佛语,是点亮人生的灯塔。
读书,是一种诗意的生存状态,是一种幸福的生活方式,是一种温暖的生命体验。

读书，是无形的望远镜，是神奇的显微镜，是万能的透视镜。

读书，让生活充满色彩，让世界充满温暖，让人生充满幸福。

读书，让心愿飞得更高，让心志走得更远，让心花开得更盛。

读书，人性善，心灵美，信仰真，交往诚。

读书，是心灵的鸡汤，是精神的家园，是生命的禅堂，是人生的大学。

读书，是一条成才路，是一条快乐路，是一条幸福路，是一条朝圣路。

读书，是一次灵魂的壮游，随时发现名山巨川、古迹名胜、深林幽谷、奇花异卉。

读书，如沙漠得水，饥饿得食，酷暑饮冰，寒冬拥炉。

读书，让精神丰盈，让心灵丰润，让生活丰富，让生命丰满。

读书，让自己丰富起来，让自己成熟起来，让自己优秀起来，让自己完美起来。

读书，让善良走近，让美好走近，让幸福走近，让世界走近。

读书，使人远离愚昧，摆脱平庸，走出平凡，创造辉煌。

读书，使人想象力更强，思考力更强，批判力更强，创造力更强。

读书，至真至善，至美至诚，至亲至孝，至仁至爱。

读书，积蓄力量，孕育智慧，点亮梦想，创造未来。

读书，人透书气，家溢书香，村飞书声，国多书匠。

读书，畅游天下，穿越古今，丰盈内心，洞察未来。

读书，吃亏时坦然，委屈时淡然，危难时泰然，挫折时欣然。

读书，坚守信念，坚定理想，追求卓越，追求完美。

读书，辅世长民，经天纬地，改造社会，造福万民。

读书，为天地立心，为生民立命，为往圣继绝学，为万世开太平。

读书，给人知识，给人力量，给人自信，给人翅膀，给人未来。

读书，净化思想，升华灵魂，完善人格，濡养精神，超越生命。

读书，陶冶情操，历练性情，华美气质，厚实底蕴，纯粹精神，完美世界。

读书，让文笔优美，让文思泉涌，让文采飞扬，让文脉传承。

读书，让人机智，让人勇敢，让人幽默，让人风趣，让人自由，让人崇高，让人永恒。

读书，少年有志向，青年有理想，中年有信仰，老年有阳光，民族有希望，国家有力量。

读书，文明传承之途，人生成长之梯，家庭幸福之源，民族兴旺之根，国家强盛之魂。

读书，使人进步，使人充实，使人欢畅，使人快乐，使人儒雅，使人健康，使人独立，使人坚强，使人强大。

读书，构架完整的知识体系，构架完美的道德体系，构架完善的文化体系，铸就积极向上、奋发进取的精神力量。

读书，是一种唤醒，是一种信仰，是一种向上向善的力量，是一种无坚不摧的力量，是一种让生命意义非凡的不朽力量，是一种民族复兴、持续发展，最为基础、最为关键的力量。

读书，让知识生根，让思想启蒙，让想象飞翔，让智慧萌发，让心灵的花朵在诗书间绽放，在生命中涌动。

读书，让人即使没有富庶的生活，仍有富庶的生命，让人清贫至今也朴素至今，平凡至今也善良至今，渺小至今也强大至今。

读书，养静气，去燥气；养雅气，去俗气；养才气，去迂气；养朝气，去暮气；养锐气，去惰气；养和气，去霸气；养胆气，去怯气；养正气，去邪气；养大气，去小气。

读书，是生命中最美好的习惯，是世界上最美妙的风景，是人生中最难得的气象，是一种至高的精神享受，是提升自己最好的生活方式，是一种脱离野蛮的精神成长，是一生的幸事、美事、好事、乐事。

读书，让心地变得更善，让心灵变得更美，让心胸变得更宽，让心情变得更爽，让心性变得更甜，让心意变得更满，让心思变成更真，让心境变得更悦，让心劲儿变得更强，让心扉变得更畅。

人们对书籍是否喜爱，对读书是否重视，既是个人的大事，又是国家的大计。希望个人要崇尚读书，酷爱阅读，从思想上扎牢先进的读书理念，从行动上形成自觉的阅读习惯；国家要利用各种媒体宣传读书的意义，鼓励读书，奖励读书，营造良好的阅读氛围，构建一个人人爱书、个个爱读、家溢书香、国满书声的浪漫而温馨的社会。

读书之重
——重中之重是读书

李鸿章的一副著名对联曰:"享清福不在为官,只要囊有钱,仓有粟,腹有诗书,便是山中宰相;祈大年无须服药,但愿身无病,心无忧,门无债主,就是地上神仙。"此联第一句将腹有诗书与钱和米相提并论,作为山中宰相、享人间清福的三大要件之一,可见诗书之重要。还有一句话:"万般皆下品,唯有读书高",更将读书提升到很高的高度。几千年来,崇文尚德、诗书传家的传统,可以说是我们的民族之魂,是华夏文明的重要血脉,也是中华民族性格中的一种灵魂元素,多少前人视读书为生命,将阅读作为终生追求,这是所有素养中最优秀的素养,所有品质中最可贵的品质。

读书之重,究竟重在何处,我想至少有三点。

读书,对一个人的精神成长有重要价值。一个人的精神发育史就是阅读史。一个人出生以后，从童年、少年到青年，骨骼要强壮，肌肉要发达，除了先天遗传基因外，最主要的是靠吃五谷杂粮，蔬菜畜肉，加上适当锻炼。这是躯体的发育过程。而一个人的精神发育，主要是靠读书。读书的开始就是有好书陪伴的开始，就是精神发育的开始，就是心灵成熟的开始。读书越早，精神发育就越早。这里的读书是指读好书。从某种意义上说，好书读得越多，好奇心就越强；好书读得越多，人格就越健全；好书读得越多，品德就越优良；好书读得越多，理想就越丰满；好书读得越多，心灵就越美好。当然，这个过程是日积月累的，是潜移默化的，是润物无声的。一个人的精神发育史，如果缺少了读书，后果难以想象。正如朱永新教授所说："没有阅读就不可能有个体的心灵成长，就不可能有精神的发育，阅读不能改变人生的长度，因为人的生命长度有基因、保健等各种元素，但可以改变人生的宽度和厚度。阅读不能改变我们的长相，但可以改变人的品位和气象。"

读书，对文化和科学的发展有重要作用。书籍是文化和科学的主要载体，读书是传承文化、弘扬科学的重要手段。古往今来，不少民族、国家消失了，但记载人类科学文化的书籍却保留下来了，成为我们获取知识、学问、智慧的重要来源。人类社会是一个连续发展的过程，我们常将它们比作历史长河，而每个人都是其中的一朵浪花。每当我们与他们交会时，前人就将他们的一切发现和创造浓缩在书本中，把接力棒交到我们手中，嘱咐我们传承下去，发扬光大。正因如此，所以，人类几千年积累的科学文化知识，我们可以在短时间内将其消化吸收，在此基础上，再有所发明，有所创造，有所前进。人类之所以能够不断进步，文化之所以能够兴旺发达，科学之所以能够日新月异，靠的就是能读书、善创造的本领。一部科学文化发展史，就是一部读书史。

读书，对民族和国家的命运有重要意义。读书可以涵养一个民族的精神气质，可以铸就一个国家的文化根基。一个国家不是靠巨大的人口屹立于世界民族之林，而是靠读书的人口。一个民族如能养成读书习惯，这个民族就会充满智慧和力量；一个国家如能重视读书，这个国家就有希望和未来。国民读书能力和水平的高低，在很大程度上反映着国民素质的高低和社会发展的文明程度，决定着一个民族的创造能力和发展潜力，直接关系到国家软实力和综合国力的强弱。文运决定命运，民族的复兴，最根本的是文化复兴。

只要文化复兴了,民族复兴就具有了源源不断的动力和岿然不动的定力。总之,读书对我们不断强化文化认同,凝聚国家力量,振奋民族精神,提高公民素质,醇化社会风气,构建核心价值,等等,都具有不可替代的作用。因此,国民素质的提高必须倡导读书,科学知识的普及必须倡导读书,文明理念的传播必须倡导读书,人们内心的和谐必须倡导读书,真理的追求更离不开读书。

　　读书如此重要,但我国目前的读书状况又如何呢?据有关机构调查,情况不容乐观。快餐阅读,也就是为了获得新闻、生活资讯、娱乐休闲方面的信息而阅读的,占据了阅读的大部分时间。人们非常热衷于随时抽空看。而纯阅读,也就是关注生命和精神状态方面的阅读,一直以小众化的形态存在,早已被浮躁的大众阅读边缘化,在公共场所,也越来越难见到三三两两读书的人。更残酷的现实是,作为读书主体的在校青少年学生,由于自主阅读的时间大量减少,正在失去他们黄金的阅读时期。读书正在异化为读题——无休止地读试题。这种状况令人堪忧!

　　导致此种严重状况的发生,原因固然是多方面的,比如,宣传力度不够,读书方向引导欠缺,读好书的氛围不浓,等等。写到这里,突然想起一个故事:清嘉庆年间,有一举人张瑛,为官三十余载,最为重视读书,每到午夜交更时分,都会派两个差役挑着桐油篓巡城。如果见哪户人家有人在挑灯夜读,便去帮他添一勺灯油,并送上鼓励,这就是"加油"一词的由来。而张瑛的儿子就是晚清"中兴四大名臣"之一的张之洞。在这里我特别期待政府能像张瑛一样,做一些实实在在的"加油"工作,更主要的是要出台一批鼓励读书、奖励读书的强有力措施。

读书之益
——开卷有益不为劳

"开卷有益"这句成语,来源于《渑水燕谈录》:"宋太宗日阅《御览》三卷,因事有缺,暇日追补之。尝曰:'开卷有益,朕不以为劳也。'"

宋朝初年,宋太宗赵光义命文臣李昉等人编写一部规模宏大的分类百科全书——《太平总类》。这部书收集摘录了 1600 多种古籍的重要内容,分类归成 55 门,全书共 1000 卷,是一部很有价值的参考书。这部书是宋太平兴国年间编成的,故定名为《太平总类》。对于这么一部巨著,宋太宗规定自己每天至少要看两三卷,一年内全部看完,遂更名为《太平御览》。当宋太宗下定决心花费精力翻阅这部巨著时,有人觉得皇帝每天要处理那么多国家大事,还要去读这么一部大书,太辛苦了,就去劝告他少看些,也不一定每天都得看,以免过度劳神。可是,宋太宗却回答说:"我很喜欢读书,从书中常常能得到乐趣，多看些书，总会有益处，况且我并不觉得劳神。"于是，他仍然坚持每天阅读三卷，有时因国事耽误了，也要抽空补上，并常常对左右的人说："只要打开书本，总会有好处的"。宋太宗由于每天阅读三卷《太平御览》，学问大进，处理国家大事也十分得心应手。当时的大臣们见皇帝如此勤奋读书，也纷纷效仿，所以，当时的读书之风盛行，连平常不读书的宰相赵普，也孜孜不倦地阅读《论语》，有"半部《论语》治天下"之谓。

读书之益，益在何处？

益在增智。英国的思想家培根说："读史使人明智，读诗使人灵秀，数学使人周密，科学使人深刻，伦理学使人庄重，逻辑修辞学使人善辩：凡有所学，皆成性格。"古代思想家黄宗羲说："学则智，不学则愚；学则治，不学则乱。自古圣贤，盛德大业，未有不学而成者。"这就告诉我们，书籍中蕴藏着丰富的宝藏，只要我们认真去挖掘，就能受益无穷。知识犹如人的血液，人缺了血液，身体就要衰竭；人缺了知识，头脑就要枯竭。不读书，人就会在铺天盖地的新事物、新思想面前，愚昧无知，精神空虚，神不守舍；不读书，人就会在飞速发展的社会中，无所适从，思想落伍，行为滞后。今天的时代，新知识、新信息层出不穷，世界正处在"知识爆炸"的时代。"书到用时方恨少"的恐慌会时常出现。据报载，1995年知识量每5年翻一番，到2020年，世界的知识量每73天增长一倍。今天已知科学的信息量相当庞大，科学知识正以史无前例的速度增长。霍金在1998年美国白宫千年晚会上发表演讲时曾说，如果科学知识仍然以现在的发展速度增长的话，人以每小时90英里的速度行走才能跟上新书出版的速度。在这种情形下，要想不落伍，最为便捷、最为经济、最为有效的办法还是读书。唯有读书，才能随时获取新知识、新信息，紧紧跟上时代发展的步伐。再者，书籍记录了人类的历史，记录了所有的新发现，记载了古今历代所积累的知识和经验。历史越久远，知识越厚重，书籍就越丰富。目前，我国是保存古书最多的国家，据不完全统计，其数量至少在十万种以上，这是一个硕大无比的文化宝库。这些优秀的文化要保存下来，发展下去，唯一办法靠读书。只有大家努力读书，才能继承文化，汲取文化，创新文化，才能使文化得以延续。人的学问增长是一个过程，是个螺旋上升的过程，只有一天一天地学，一日一日地读，日积月累，才能达到读书的量变到质变的升华。

益在明理。晚清名臣曾国藩在咸丰六年（1856）九月二十九日写信给九岁的儿子曾纪鸿说："凡人多望子孙为大官，余不愿为大官，但愿为读书明理之君子。"这样的期许令人为之一振。清雍正皇帝为皇子们写的一副对联是："立身以至诚为本，读书以明理为先。"此联传诵后世。可见读书明理之重要。读政治书籍，使人确立信仰，坚定理想，追求梦想，牢固树立正确的人生观、价值观和世界观。读科学书籍，使人明白什么是真，从而坚持实事求是，一切从实际出发，求真务实，坚持真理，修正错误。读人文书籍，使人明白什么是善，从而善从心生，发善心，行善事，与人为善，善行天下。读文学书籍，使人明白什么是美，从而纯洁心灵，坚定操守，德才双馨，求美取悦。读儒家书籍，使人懂得"孝悌忠信礼义廉耻"这国之八德的真谛，明白社会主义核心价值观的历史渊源，从而以此规范言行。读道家书籍，使人明白"道法自然，为而不争，清静为天下正，虚其心，正言若反"等原则的精髓，懂得遇事辩证思维，反正思维。

益在修德。德国著名诗人歌德有句名言："读一本好书，就是和许多高尚的人谈话。"俄国哲学家赫尔岑曾说过："不去读书就没有真正的教养。"英国著名哲学家伯特兰·罗素也说过："精神上的缺陷，都可以通过求知来改善。"我国古人有言："不读圣人书，难有圣人德。"东汉著名史学家班固也说过："常玉不琢不成文章，君子不学不成其德。"晚清名臣曾国藩认为，读什么样的书，就会成为什么样的人。他说："吾辈读书，只有两事：一者进德之事，讲求乎诚正修齐之道，以图无忝所生；一者修业之事，操习乎记诵辞章之术，以图自卫其身。"古今中外名人名言使我们懂得，读书是正身修德，涵养灵魂，提升人的精神境界的重要途径。只有不断读书，读好书，才能从书中汲取思想营养，逐渐形成高尚的品德，完善崇高的人生追求；只有不断读书，读好书，才能具有宽阔的胸怀和高远的眼光，严于律己，宽以待人，关键时候先人后己，先公后私，利益面前让，困难面前上，在为人处事上形成卓越的人格魅力；只有不断读书，读好书，才能用人类优秀的思想文化武装头脑，把优秀的传统文化融入血液中，弘扬"毫不利己，专门利人"的共产主义精神，真正做"一个高尚的人，一个纯粹的人，一个有道德的人，一个脱离了低级趣味的人，一个有益于人民的人"。

朱永新先生说："那些躺在图书馆或者我们家中书架上的图书，其实就是一个睡美人，等待着我们去唤醒。如果没有我们的唤醒，它就是一堆废纸。只有我们吻醒它、接触它、阅读它，它才真正地复活，真正地成为我们的一部分。"如此说来，读书重在行动。读书再有益，不读则一无所获，那我们就开始行动吧！

读书之力（1）
——终生读书终生慧

朋友，你知道人的一生须臾不可离开的东西是什么吗？你知道比权力更有力量，比财富更为富有的东西是什么吗？你知道人的一生要想变得聪明，最简单的办法是什么吗？你知道一个人如何才能活上两辈子甚至三辈子吗？如果不知道的话，如下故事或许能告诉你答案。

陈徐嘉鸣，1997年出生于浙江省平阳县水头镇一书香之家，自幼随父母认字读书，喜欢看《安徒生童话》《格林童话》和《皮皮鲁》系列，还有各种中外名著及科普、史地类书籍。一本《西游记》被他翻得破旧不堪。上小学后，在父母的引导下，坚持在网上写日记，8岁半便创作出近6万字的童话《小熊胖胖漂流记》，11岁又创作出一部近12万字的《流浪小狗》。之后开始第三部童话《北冰洋底》的创作，并在网络博客上连载，点击量惊人，被人称为"童话大王"。

明朝有个叫郭中允的孩子，幼年喜欢读书，6岁时初夏的一天下午，与一长者到池中洗浴，一只乌龟从水中冒出头来，浮在碧绿的水面，分开水波游动。长者指着乌龟对中允说："龟浮水上分开绿"。话音一落，中允望着池边苍翠的松树，随即就对："鹤立松梢点破青"。洗浴完毕，走上池岸，见竹林地上冒出茁壮的春笋，长者手指着竹笋对中允说："一笋出钻钻天"。中允从地上摘一朵草蕈，顺时对答："一蕈生钉钉地"。不一会儿，太阳西沉，照着前方一条小溪，长者手指小溪对中允说："溪水碧于南渡日"。中允转了转眼睛，便对出了下联："夕阳红似靖康年"。这三次之对，均极为精妙，令长者连声说："好，好！"

北宋学者司马光自幼好学，常"手不释卷，至不知饥渴寒暑"。7岁时，便能熟练地背诵《左氏春秋》，并能把两百多年的历史梗概讲得清清楚楚。司马光从小便智慧超人，"砸缸"的故事妇孺皆知。他19岁考中进士，授奉礼郎，面对各种诱惑，不为所动，坚持读书，坚定理想。后官至翰林学士，御史中丞等，主持朝政。卒赠太师、温国公。主持编撰《资治通鉴》294卷，著有《通鉴举要历》80卷，《稽古录》20卷，《翰林诗草》等。

唐朝三大诗人之一白居易，1岁开始识字，5岁便可即席赋诗，9岁随家人到外地生活，刻苦读书，口生疮，肘磨出了茧，头发全白了，仍坚持苦学。16岁便写出千古名句："离离原上草，一岁一枯荣，野火烧不尽，春风吹又生。"此间，随着交往的增多，各色人等向他聚来，这时他保持清醒头脑，交文友、挚友，不交酒友、损友，最后形成了较固定的五人"朋友圈"，人称"符离五子"。他们在一起交流心得，切磋诗文，成果颇丰。29岁考中进士，开始了仕途生涯。著有《白氏文集》65卷，《别集》2卷。其中《长恨歌》《琵琶行》《卖炭翁》等较为著名。

数学家张广厚，小学毕业时，因数学不及格，没考上初中。随父兄到矿上当童工，饱受艰辛。有空之时，坚持读书，1949年重返校园。之后他以优异的成绩完成了初高中的学业，并成为高中三年唯一一名数学次次考试满分的"数学尖子"。1956年又以优异成绩考入北京大学数学系，成为大学同学毕业生中唯一保持六年全优成绩的学生。1962年考上中国科学院数学研究所研究生，1966年毕业留所工作。进入中年的他，同样有工作等各种压力，但他在压力中读书，在读书中减压。一直从事整函数和亚函数理论的研究工作，发表论文20余篇。与杨乐的合作研究成果，被国外的数学家称为"杨张定理""杨张不等式"获1978年国家重大科技成果奖，专著《整函数与亚纯函数理论》获全国优秀科技图书一等奖。1983年10月，被党中央任命为全国科协书记处书记。

英国一家电视台跟拍了12个孩子56年，结果发现：每个孩子出身于什么阶层就有什么样的未来。然而，有一个叫尼克的幸运儿，是唯一一个从底层实现阶级跨越的案例。这既是打破阶级壁垒的特例，也是读书改变人生的最好例证。他出生在乡村，每天需要走3英里的路去上学。14岁时由于从小缺少与社会的互动，显得十分害羞，厚厚的玻璃眼镜下，满是对未来的忧愁和迷茫。但读书正在让他逐渐改变。一开始，在一本关于行星的插图绘本里，丰富的色彩和有趣的故事，唤起了他对科学的兴趣。一天，同学们正在热烈地讨论航天知识，老师热情地鼓励尼克说："你平时那么爱看书，一定很了解飞机的东西。"老师不经意的话语，却让尼克感受到了信任与鼓励，从此越发痴迷各式各样的科技书籍，用心钻研科学知识。21岁那年他顺利考入了牛津大学物理系。28岁时，因为英国紧缩教育经费，于是他移民美国做核电研究，并来到威斯康星麦迪逊大学任教授。

俞敏洪从小就酷爱读书，1980年考入北京大学西语系。其间，他不但读专业方面的书，更多的是读各种各样的好书，包括社会、历史、哲学、政治、经济、科学等方面的经典之书。据他自己讲，在北大五年本科生活读了近800本书，本科毕业后留校任教。1991年从北大辞职，进入民办教育领域，1993年创办北京新东方学校，从最初的十几个学生开始了创业生涯。创业过程中，不管工作再忙，事情再多，一天也没有忘记读书，仍然以每年60本的速度坚持读书。他每天晚上必做的一件事，就是睡觉前打开一本书，至少要读30页，读不完不睡觉。工作中也有迷茫，也有彷徨，比如，随着新东方不断成长，财务状况越来越好，挣钱越来越多，但钱多了，干什么？是他经常思考的问题。是读书给了他生命成长的意义，给了他前进的方向和动力，信心百倍地走向壮大，走向辉煌。新东方2007年起分十年共出资5000万元，与团中央联合设立"中国大学生五四奖励基金·新东方自强基金"，用于奖励每年寻访产生的优秀大学生自强之星。同时设立"新东方西部特困大学生专项助学金"，对西部省份的特困大学生进行资助。至今新东方各项慈善捐款达两亿多元。俞敏洪现任新东方教育科技集团董事长，中国青年企业家协会副会长，中华全国青年联合会委员等职。

贵州高级经济师邵德龙，参加工作后，系统自学了珠算技术、政治经济学、银行和保险管理等学科书籍，收集了许多资料，撰写了科普读物《珠算基础知识》《保险知识手册》等。1992年取得高级经济师称号。2005年被中国管理科学研究院等三家单位授予"中国专家学者十年贡献人物"称号。1998年退休后，又喜欢上了文史资料的收集整理。八年来收集资料36万字，撰写初稿12万字，已有45篇文史稿件被多家报刊采用。学习、写作已成为邵德龙老人生活中不可或缺的一部分，他说："我一天不读书，不写作，就过不得，心里不舒服。"退休八年他阅读了100多部经典著作，如《资治通鉴》《史记》《红楼梦》等，同时，每年订阅报刊18种。1998年他被《半月谈》杂志评为热心读者，2005年被贵阳市社会主义精神文明建设指导委员会授予"书香之家"称号。

　　朋友，以上故事既有少年，又有青年，既有中年，还有老年。他们的故事告诉我们：人的一生须臾不可离开的东西是知识，比权力更有力量，比财富更为富有的东西也是知识；人的一生要想变得聪明，最快捷、最经济的办法是读书，使人能活两辈子甚至三辈子的东西也是读书。读书，能驱散人们心头无知的迷雾，呈现"为千秋流芳名，为万世开太平"的人生天地；读书，能摧毁人们私欲的壁障，达到"不以物喜，不以己悲"的人生境界；读书，能推动人们智慧之舟驶向未来和远方。

读书之力（2）
——无限相信书之力

有人问一位哲学家："如果今天是你生命中的最后一天，你打算干什么？"他说："阅读。""如果你囚禁在牢房里，你干什么？"他说："阅读。""如果已经到了世界末日，你今天打算干什么？"他还是说："阅读。"为什么这位哲学家如此看重阅读、钟情阅读、热爱阅读？因为阅读能使人收获精神，收获希望！在一次阅读论坛上，著名阅读推广人梅子涵先生说："我在每个教室门外吆喝：'你们来阅读吧，你们来阅读吧！'到每个家庭门口吆喝：'读点童书吧，读点童书吧！'"他还说："我愿做阅读的更夫！希望大家都来做更夫，这样，阅读推广的道路才越来越宽！"为什么梅先生如此苦口婆心地倡导阅读、推广阅读、催促阅读？因为阅读能使人获得知识，获得力量，从容走向诗和远方。

"当代保尔"张海迪，5岁时因患脊髓血管瘤病，胸部以下全部瘫痪。在残酷的命运面前，她没有沮丧和沉沦，而是开始了艰苦的自学之路。一天，妈妈回家后给她带了一些《小朋友》杂志，里面有趣的故事和图画一下子吸引了她，从此以后，她就爱上了阅读。书籍丰富了她的生活，成了她忠实的朋友，为她被疾病困扰的干涸心灵注入了一股充满力量的清泉。她先后阅读了大量书籍，不到 9 岁就开始读长篇小说了。同时，她还自学了英语、日语、德语、世界语和相关专业课程。15 岁时，在随父母下放到农村的一段日子里，她先后读完了《针灸学》《人体解剖学》和《实用儿科学》等十多种医学专著。同时向有经验的医生请教。短短几年时间，她就成了当地小有名气的医生，无偿为群众治病，受到广泛赞扬。利用闲暇，先后创作了长篇小说《美丽的英语》《轮椅上的梦》和多部散文集、译著等。她 26 岁参加工作，当过医生、修理工、创作员等。36 岁患癌症，手术后，开始学习哲学专业研究生课程。经过不懈努力，1993 年获得吉林大学哲学系硕士学位。是阅读给了她知识，给了她写作的能力，给了她不一样的心灵体验。她被誉为 80 年代新雷锋、当代保尔、中国残疾人的杰出代表。先后担任山东省作协、青联和残联副主席，全国政协常委等职，现任中国残联主席。

　　这一故事告诉我们，读书是一种力量，是一种无形的力量，是一种无坚不摧的力量，是一种可持续发展的力量，是一种亘古而永恒的力量，更是一种诠释生命、超越生命、抵达生命本质，让生命丰盈丰满的不朽力量。因此，我们"要无限相信书籍的力量"（乌克兰教育家苏霍姆林斯基语）！

第三章 风 景

　　世界上美丽的风景，精彩纷呈，无处不在，什么最美？曙光美，朝霞美，比不上晨读的风景美；月光美，星光美，比不上夜读的风景美；节能灯美，霓虹灯美，比不上读书灯的风景美；洋房美，车房美，比不上书房的风景美；金店美，银店美，比不上书店的风景美；江南美，北国美，比不上读书的风景美；俊男美，靓女美，比不上读书人的气质美。世界上再引人入胜的风景，都不能与读书的风景相媲美。读书的风景，是世界上最优美、最亮丽、最曼妙、最温馨的风景。

读书之景
——若有诗书藏于心

读书的风景,从古至今,色彩斑斓,气象万千。

唐颜真卿《劝学诗》曰:"三更灯火五更鸡,正是男儿读书时。"明唐伯虎《闻读书声》曰:"公子归来夜雪埋,儿童灯火小茅斋。人家不必论贫富,才有读书声便佳。"明末王思任《听鼎儿读书歌》曰:"月沉灯渴雁无征,竹窗犹有读书声。鸡未着裈乌未醒,书声先旭开东井。"唐白居易《舟中读元九诗》曰:"把君诗卷灯前读,诗尽灯残天未明。眼痛灭灯犹暗坐,逆风吹浪打船声。"唐韩愈《短檠灯歌》曰:"夜书细字缀语言,两目眵昏头雪白。此时提携当案前,看书到晓那得眠。"宋晁冲之《夜行》曰:"孤村到晓犹灯火,知有人家夜读书。"以上诗句均描写的是古人夜读的风景。

有一幅老照片,是摄于 1940 年 10 月 22 日的英国,伦敦遭空袭后,伦敦荷兰屋图书馆前,瓦砾堆中,三个男子仍在尚未倒下的靠墙的书架旁翻书看书。这张令人感动的老照片,显示了人类面对灾难时坚忍不屈的意志,而读书就是这种意志的最好表现。这是战争期间面临灾难时人们读书的风景。

著名画家谢友苏画了一幅工笔人物画《书中乐》,画的是一位身着蓝布衫的老者,仰在椅子上读书的情景:画面中的老者,民国打扮,坐拥书城,悠然自得，正翻看一本线装书。只见他一只手捧着书，另一只手食指蘸着口水将要翻页。眼镜架在鼻子下端，小眼睛从镜框上面看上去，聚精会神，读他那本宝贝书。老先生留着小胡子，知人情世故，退江湖庙堂。这是民国时期一位老者读书的风景。

近年来，随着国家对全民阅读的重视，农民书屋、校园图书角、漂流书吧，如雨后春笋般地涌现，在行政村、学校和街头、站台边、商场一角、公园一隅，经常能看到"书虫"一族专注阅读的身影。读书，正在成为某些人的一种生活方式。他们或坐，或站，或哑笑，或严肃，但他们是那样专注，那样有味。这是当代社会阅读者读书的风景。

清晨，校园里常常见到如下情形：国旗下、小道旁、操场边，一个个同学，手捧书本，迎着晨风，沐着朝阳，或大声朗读，或低声吟诵。这是校园读书的风景。

世界上的风景千奇百怪，美不胜收：郁郁葱葱的森林，一望无际的草原，烟波浩渺的湖面，蔚蓝深邃的碧空，更有风光绮丽的江南，千里冰封的北国，金碧辉煌的宫殿，精致玲珑的园林。从自然风光到人文景观，美的风景无处不在，然而，再引人入胜的风景，也不能与读书的风景相媲美。读书的风景，是世界上最优美、最靓丽、最曼妙、最温馨的风景。

为什么这么说，主要基于三点：

其一，书中风景最美。书，是人类造就的一座风月无边、气象万千的精神山峰，那里有奇岩劲松、云海飞泉、空谷烟霞、险关栈道，也有春芳绚彩、秋叶正红、曲径通幽、松风竹雨，更有虎啸龙吟、山崩石裂、地火冲天、烈焰腾空。感天地，泣鬼神，吞大荒，撼日月，神奇美丽，引人入胜。尤其是好书、名著，既是人类文明史、精神史、审美史、奋进史的形象演绎，也是人类求真、求善、求美、求诚的生动展示，其中有穿越历史、烛照未来的远见卓识，有经天纬地、拯世救民的崇高抱负，有传承文明、坚守道德的人文担当，有机锋横出、慧眼独具的哲思玄语，有雅俗共赏、轻松幽默的精彩细节，有涉笔成趣、美不胜收、爱不释手的传世华章。书中风景真是美不胜收，比比皆是。

其二，读书本身就是一道美的风景。地铁中，有的人在昏昏欲睡，有的人在木木发呆，有的人在热烈聊天，更多的人是拿着手机或看视频，或玩儿游戏，或浏览资讯，如果这时有个人，捧着一本书，在拥挤的人群中，聚精会神地看书，这该是多么迷人的风景。公园里，有的在散步，有的在拍照，有的在打拳，有的在唱歌，如果这时有个人静静地坐在长椅上，手里拿着书，或倚或靠，默默地读书，是那样全神贯注，是那样沉醉其中，你说，这是一幅多么靓丽的风景。清晨，天刚蒙蒙亮，有个人轻轻地起床，简单洗漱后，拧亮台灯，随手捧起昨日未读完的书，开始了每天半小时的晨读，你说，这样的风景美吗？周末的晚上，有的与家人吃饭相聚，有的约朋友喝茶聊天，有的与同事跳舞唱歌，这时有个人忙完家务，走进书房，开始了每天坚持的夜读，无论酷暑还是严冬，天天如此，你说，这样的风景美妙吗？无论何时何地，无论哪般年龄，无论何种姿态，只要在读书，就永远是一道迷人的优美风景！

其三，学养丰厚的人就是美的风景。北京大学教授陈平原在一次演讲中谈到，北大校庆时，他曾写过一篇小文，题目叫《即将消失的风景》，说的是那些学养丰厚、有精神、有趣味的老学者，就是大学校园里最为靓丽的风景。他还介绍说，抗日战争时，在重庆，有一天，国民党元老陈铭枢请学者熊十力吃饭。熊十力面对浩浩长江，大发感慨，而陈铭枢则背对长江，看着熊十力。熊觉得很奇怪，说这么好的风景你怎么不看？陈答曰："你就是最好的风景。"熊十力听了很高兴，哈哈大笑。

写到这里，不禁使我想起驰骋诗坛的风云人物——叶嘉莹老人，已90多岁高龄。她是中国古典诗词研究专家；是受聘于中国台湾大学、美国哈佛大学等多所大学的客座教授；是2015—2016年度"影响世界华人大奖"终身成就奖的获得者。她90岁生日时，总理亲自写诗为她祝贺，称赞她心灵纯洁，志向高尚，为传播中国文化做出了重要贡献。最近先生又做了一件令人动容的事情：她将自己的全部财产，捐给了南开大学教育基金会，用于设立"迦陵基金"。她一生最大的愿望就是为年轻人开一扇门，将美好的诗词吟诵传承下去。有人曾这样评价她：她是白发的先生，她是诗词的女儿，她是中国古典文化的继承者和传播者，她是中国少有的诗词大家。她的一生，是不幸的一生，更是诗词的一生。少年丧母，晚年丧女，中年丧失感情和婚姻，似乎在整个生命历程中，全部都是生死离别，苦痛心酸。但是，她又是幸福的，她从诗词里，得到了慰藉和力量。在晚年丧女后，毅然放弃美国哈佛大学优越的教师待遇，回到了国内，担任多个大学的教学工作。每次她的课堂总是爆满，看着讲台上这个白发苍苍依然充满激情教课的老奶奶，无数学子感动得泪流满面，也发自内心地喜欢上了中国诗词。她这样不计功名利禄地工作，有人问她："到底诗词有什么用？"她坚定地说："诗词，可以让人心不死。她最大的心愿就是倒在讲台上，让诗词走进更多人的心灵。""若有诗书藏于心，岁月从不败美人。"这是对叶嘉莹老人最好的褒奖。她不用说话，手里拿着一本书，站在校园中，即使90多岁，也依然是中国最美的女先生，也依然是世界上最美的风景！

北大教授曹文轩说："我一直认为，一个人最迷人、最值得赞美、也是最经得起审美的一个姿态，是阅读。书卷气从哪里来？是通过长期的阅读慢慢形成的。它从人的灵魂与骨头里无声无息地散发出来……这个气质我认为是人世间最美丽的东西。"书中有最美的风景，读书是最美的风景，读书人更是最美的风景。可谓："世上风景千千万，唯有读书最美丽"。

读书之美
——腹有诗书气自华

爱美之心，人皆有之。究竟如何才能变美，见仁见智。有人认为，高档化妆品能使人变美；有人认为，华丽衣服能让人变美；也有人认为，高级营养品能让人变美；当然也有人认为读书能让人变美。究竟哪种观点更让人信服呢？

读书使人情趣美。所谓情趣，是指志趣、志向或情调趣味。情趣有雅俗之分，美丑之别。高雅情趣是健康、科学、文明、向上的情趣。读书能使人获得高雅情趣。古代读书人多数是富有情趣的人，他们自开蒙之日起，就与诗书画结缘，并与之相伴终生。诗书画三端，已经成为古代读书人的生活方式，或者说生命形态。诗可以言志，书画也可以言志。可以说诗书画是他们抒发志向、寄托情感的最佳载体，反过来我们也可以从他们的诗书画中看出他们的襟怀、抱负和情趣。五代时期契此（又称布袋和尚）诗"手捏青秧种福田，低头便见水中天。六根清净方为稻，后退原来是向前"是一种情趣。唐栖蟾《牧童》中的"日出唱歌去，月明拊掌归。何人得似尔，无是亦无非"是一种情趣。唐白居易《对酒》中的"蜗牛角上争何事？石火光中寄此身。随富随贫且欢乐，不开口笑是痴人"，也是一种情趣。文人情趣中有审美观亦体现着价值观和人生观。现代读书人比古人爱好更广泛、生活更有情趣。他们中有的喜爱吟诗作画，有的喜爱书法弈棋，有的喜爱唱歌跳舞，有的喜爱摄影旅行，如此等等。他们爱生活，面对沮丧和困顿，依然对生活无限热爱，对未来充满希冀。他们知道如何纳悦自己，滋养身心，用心生活，有一种获得幸福的能力。他们懂得在最普遍、最寻常的日子里，活出甜味，活出雅致，活出清欢。毕淑敏说过："你必得和日月星辰对话，和江河湖海晤谈，和每一棵树握手，和每一株草耳鬓厮磨，你才会顿悟宇宙之大，生命之微，时间之贵，死亡之近。"只有真正的读书人，才能感受到生活的乐趣和生命的意义，才能拥有内心的强大和精神的丰盈，才能在诗情画意中安身立命，幸福生活。

读书使人气质美。人的气质美丑，往往与长期、大量的阅读密不可分。对此，古今中外名言不少。最著名、最经典的当数苏东坡的一句诗："粗缯大布裹生涯，腹有诗书气自华。"说得最直接、最明白的是清末重臣曾国藩，他在给儿子曾纪泽的信中称："人之气质，由于天生，本性难变，唯读书可以改变气质，可以变换骨相。"经典电影《卡萨布兰卡》中的台词："你现在的气质里，藏着你走过的路，读过的书和爱过的人。"三毛的一段话更让人难以忘怀："读书多了，容颜自然改变，许多时候，自己可能以为许多看过的书籍都成为过眼烟云，不复记忆，其实它们仍是潜在的，在气质里、在谈吐上、在胸襟的无涯，当然也可能显露在生活里和文字中。"一个人长久读书，读过很多好书之后，久而久之，耳濡目染，书的灵透、书的雅致、书的睿智，崇美向善的文字，穿透岁月的尘烟，浸润到读书人的心灵里，由内及外，附着于举手投足、做人处世之中，从而形成一种翩然风度，一种迷人气质：目光变得清澈有神，面庞更加柔和宜人，表情也更加富有韵味，举止也更加优雅得体。这种气质美比起外表美来要耐看得多。外表美只愉悦眼睛，而气质美使灵魂入迷；外表美只漂亮一时，而气质美才光彩永久。读书还可以增添书香气。男人多读书，就会减少霸气、傲气和燥气，多些儒气、逸气和清气。爱读书的男人，谦逊平和，温文尔雅，充满涵养，充满睿智，举手投足间都流露着君子之风。女人多读书，就少了俗气、娇气和怨气，多些豪气、雅气和大气。书，是女人最好的"美容佳品"，淡妆素面却格外引人注目，是气质，是修养，是让人着迷的书卷气。爱读书的女人，走到哪里都是一道靓丽的风景。书不是化妆品，却会使女人美丽动人；书不是武器，却会使女人所向无敌；书不是翅膀，却会使女人翱翔长空；书不是魔镜，却会使女人魅力四射；书不是风云，却会使女人气象万千。读书人的书香气才是天底下最美丽、最迷人的气质。

　　读书使人心灵美。何谓心灵美？是指人的精神世界的美。通俗地说，就是对父母有孝心，对子女有爱心，对他人有善心，对国家有忠心。中国古代将心灵美称作"内秀""性善""仁""诚"等。孔子提出"里仁为美"，墨子认为"务善则美"，孟子认为"充实善信"是美德之人，只有善的、诚实的、有学问的人，心灵才是最美的。如何才能使人心灵美？主要途径还是读书。像孔子、老子、释迦牟尼等都是圣人，他们的智慧无时无刻影响着后人。所谓圣人，是人格高尚、境界高远的人，是心善灵美、志诚节仁的人，是从千百万人中脱颖而出、又经得起时间的考验，而流芳百世、千古不朽的人。他们的著作和思想，字字放射出"真"的光芒，句句闪耀着"善"的光辉，行行充溢着"美"的光彩。只要读他们的著作，就会受到"真"的砥砺，"善"的洗礼，"美"的滋润。只要读他们的著作，就能悟透"仁义礼智信"的精髓，就能弄清"道法自然"的真谛。再如，像马克思、列宁、毛泽东等人，他们都是革命的导师，他们都是心灵善、思想美的人，他们都是独一无二、举世无双的人，他们都是万民拥戴、万世怀念的人。他们的著作，传播的是共产主义思想，弘扬的是共产主义精神，指明的是共产主义道路。读他们的著作，心灵会得到净化，精神会得到涵养，境界会得到提升，人格会得到重塑。读书能使人的心灵变美，应该是被实践所证明的硬道理。

　　总之，情趣美靠读书，气质美靠读书，心灵美依然靠读书。凡是爱美的人，想美的人，那就加入读书的行列吧。读书会使你美起来的。

读书之晨
——墨花晨湛字生光

东方欲晓睡梦中，
忽闻庭院读书声。
谁家稚子醒来早，
读破朝霞漫天红。

古今中外，晨读的人不在少数。据《世说新语》载，古代名士有两大习惯，一是晨沐，一是晨读，如此习惯值得赞许。据《这么慢那么美》这本书介绍，北欧人也有一个不为人知的"三个半"作息时间，即：晚上十点半睡觉，早上五点半起床，起床后半个小时的阅读。这"三个半"作息时间，如能长期坚持，确实不易！

2012年中国家庭教育十佳公益人物贾容韬，在《改变孩子先改变自己》这本书中，介绍他的阅读情缘时说："我一不抽烟，二不打牌，三不酗酒。每天早上五点都会按时起床，当大多数人起床的时候，我已经读了数十页，甚至上百页书了。早起的习惯已经让人受益，起来读书更让人受益。我粗略算了一下，每天早上读书两个小时的习惯，如能坚持60年，每个工作日按8小时计，有效读书时间就是15年。从某种意义上讲，等于把生命拉长了15年。况且，这15年做的是最有意义、最让人受益的事情。不是吗？一个读书人时不时能品尝到一道精神大餐，动辄能享受到一席思想盛宴。世界上还有比这更令人满足的事情吗？试想一下，那些爱睡懒觉的人，找尽理由不读书的人，怎么会有这种福分呢？怎么能享受到这样的特殊待遇呢？"

　　晨读，是中华文化赋予华夏儿女最美丽、最鲜明、最有意义的印记。晨读，是让少年从小就播下"读书最好，读书最美"的神奇种子；晨读，是让青年人在吟诵中树立起"为中华崛起而读书"的豪情壮志；晨读，是让中年人体悟"不以物喜，不以己悲"的崇高情怀；晨读，是让老年人真正进入"三千年读史，不外功名利禄；九万里悟道，终归诗酒田园"的至高境界。

　　早晨，应该是读书的最佳时机。一年之计在于春，一天之计在于晨。早晨，空气清新，人经一夜之息，头脑颇为清醒，精力也很旺盛，此时最宜读书。有的人拧亮台灯，随手翻开一本心爱之书，或念、或诵、或读，一副很随意的样子；有的人起床洗漱，然后走进书房，正襟端坐，立刻进入书的世界；有的人挟一本《论语》或唐诗宋词，找一处有山有水有树的地方，仰观层峦峰嶂，俯视绿树婆娑，身在自然里，心在宝笈中。

　　晨读，濡养精神；晨读，砥砺心灵。

　　晨读如沐。清晨，既是谋划工作的起始，又是润泽心灵的开端。早上起来，就展卷阅读，让优美的诗句去除一夜的慵懒，让灵动的美文熏陶混沌的灵魂。如果说一个字是一滴水，一页纸是一杯水，一本书是一桶水的话，那么，当我们翻开一本书去读的时候，不就是在享受一场心灵的沐浴和智慧的洗礼吗？如果天天如此，生命的脚步将是何等的畅快，人生的琴弦将是何等的悠扬！

　　晨读如蜜。晨光里的一首唐诗，一阕宋词，一首元曲，如同百花在心灵的枝头粲然绽放；在朝霞里，那些圣哲、诗人、智者与我们侃侃而谈，总是让我们满载而归，我们心里能不甜蜜吗？唐代诗人张籍读了杜甫的诗后，沉醉其中，对杜甫的文采佩服至极。他捧着杜甫的诗篇日看夜读，可仍不尽兴，干脆将杜甫的所有诗文都烧成灰，拌上蜂蜜每天吃三勺，才深感痛快。读书痴狂到这种地步，真是世上罕见！

晨读如潜。深潜书海，将会看到，奇岩劲松，云海飞泉；深潜书海，还会看到，空谷烟霞，松风竹雨；深潜书海，更会看到，面朝大海，春暖花开。总之，深潜书海，大千世界，万象风云，美不胜收。宋代学者叶采潜心专研《周易》，外面杨花纷纷飘到屋里，坠落于砚池之中。他突然抬头看看窗外的世界，才发现春天已逝去很久。正如他在《暮春即事》中所描写的："双双瓦雀行书案，点点杨花入砚池。闲坐小窗读周易，不知春去几多时。"如此潜学，令人神往叹服。

晨读如魂。有位作家说过："读书有两个作用，一是让我自以为非，一是让我有一间自己的房子，有内心的生活。"晨读，是丰富内心生活的最佳方式；晨读，是安放灵魂的最佳选择；晨读，是濡养精神的最佳举措。晨读，其实也是在寻找丢失的灵魂。

现代人在对待读书的态度上，大致有三种状态：一种是不读书，一种是少读书，另一种是痴读书。我认为，第一种属于身生活，第二种属于心生活，第三种属于灵魂生活。这是人们自己搭建的楼房，身生活在楼底，心生活在楼中，灵魂生活在楼顶。站在楼顶上晨读的人，会最早感知晨曦的美好，曙光的温暖；最早悟出生命的可贵，人生的曼妙！

总而言之，丰富一个人的有限人生，需要晨读；涵养一个民族的气质，需要晨读；铸就一个国家的文化根基，需要晨读。晨读，贵在重视，贵在自觉，贵在养成，贵在坚持。只要日日读，晨晨诵，就能读出一个霞满天，诵出一个高境界。

读书之夜
——灯火夜深书有味

夜读，是自古以来人们读书的主要方式，是千百年来一道持续不断而又美丽的风景。除人们耳熟能详的诸如"映雪""囊萤""凿壁偷光"的夜读故事外，还有无数诗篇描写了历代文人夜读的情景。有描写自己夜读的，如陆游的《冬夜读书》："挑灯夜读书，油涸意未已；亦知夜既分，未忍舍之起。人生各有好，吾癖正如此。"有描写他人夜读的，如晁冲之的《夜行》诗："孤村到晓犹灯火，知有人家夜读书。"王禹的《清明》诗："昨日邻家乞新火，晓窗分与读书灯。"有劝人夜读的，如颜真卿的《劝学诗》："三更灯火五更鸡，正是男儿读书时。"有描写自己在旅途中夜读的，如白居易的《舟中读元九诗》："把君诗卷灯前读，诗尽灯残天未明。眼痛灭灯犹暗坐，逆风吹浪打船声。"有描写父子相伴夜读的，如陆游的《冬夜对书卷有感》："白发萧萧年八十，依然父子短檠灯。"有描写自己子孙夜读的，如唐伯虎的《闻读书声》："公子归来夜雪埋，儿童灯火小茅斋。人家不必论贫富，才有读书声便佳。"

往事越千年。今日夜读条件比古人不知要好多少倍，但夜读的氛围却差了许多。尽管如此，仍有不少读书人在坚守着夜读的阵地，传承着先辈夜读的传统和习惯，夜读的风景依然灿烂。他们把夜读当成生命的禅堂，精神的家园，灵魂的栖息地，当作一天最美好、最自由、最惬意的时光。在万籁俱寂，夜深人静时，当人们抖落一身疲惫，静静地坐在书桌前、台灯下，手捧

读书：奋斗着的根基 >>>

一本自己喜欢的书，默默地读，细细地悟，完全融入书的世界，情感在缓慢地调动，思绪在自由地舒展，这是何等的美好啊！

雨伴夜读迷人。下雨天总给人一种时光静好、岁月安稳的感觉。有首诗写得好："枕上诗篇闲处好，门前景物雨中佳。"倘若是春雨将更加迷人。比如"沾衣欲湿杏花雨，吹面不寒杨柳风。"比如"细雨湿衣看不见，闲花落地听无声。"每当读到这样的诗句，脸是笑的，心是美的，情是飞的。那春天的夜雨呢，更觉浪漫和美妙。"好雨知时节，当春乃发生，随风潜入夜，润物细无声。"春雨善解人意，佳句诗意盎然。入夜，伴着潇潇的春雨，一个人静静地看点书，写点文，便有不一样的感受。这时，窗外雨落杏花，风吹竹叶，滴答声一声声传来；屋内优美的散文，抒情的诗句，一首首，一篇篇，默默地吟咏，让思维如春雨悄悄润入字里行间，让书香像佛音慢慢浸润浮躁的心田。这春雨是多么醉人，这书香是多么让人神往！

月伴夜读浪漫。晴朗的夜晚，月亮早早地挂在树梢，不知不觉来到你的面前，轻轻地拉你的手，亲热地吻你的脸。像一位少女，脸颊是那样羞涩，舞步是那样轻柔，对人是那样善解人意，细致入微，动作又是那样俏皮可爱。书桌上、椅子上、床铺上，到处是她的身影，到处是她的余香。月光照在书上，书中藏着月光，人在此情此景中，进入书中情节，解读书中哲理，令人舒畅，使人幸福。月光朦胧，书香弥漫。陶醉了，为这月色；陶醉了，为这书香。人生得一知己足矣，有月儿伴读，夫复何求！

雪伴夜读温馨。金圣叹说："雪夜围炉读书，为人生之大幸福。"雪夜围炉，又有书香相伴，自当幸福满满。冬雪之夜，冷静而深沉。书桌前，书香诱人；窗户外，雪花飞舞，万籁俱寂，悄无声息。雪花匆匆滑过，像白色的精灵划出的轨道，犹如一道优美的弧线。在这神秘幽静的雪夜，采撷人间精美的语言之花，与洁白无垠的雪花一同飘进童话般的世界，该是一种多么别有意蕴的生命的享受。此刻，合上书，走到窗前，放眼望去，一片洁白的外衣，已经覆盖整个大地，无限遐思慢慢散发，人生不就是白色铺开的雪面吗？只有在优秀文化这个穹苍下，一步一个脚印，才能闪耀灵动的光芒，创造生命的奇迹。

总之，夜读，使人对那句著名的"世界上最广阔的是大海，比大海更广阔的是天空，比天空更广阔的是人的心灵"有更深的体会；夜读，使人胸襟纳百川，志越万仞山，目极千年事，心地一平川；夜读，使人任凭岁月如四季变换，往事如舞台换幕，仍能不迷失方向，站稳脚跟，保有自我；夜读，使人找到适合自己灵魂生长的沃野，像高高山上一棵草，绽放出生命应有的风姿和光芒。夜读更是一种空旷高远的意境，一种亲切温馨的氛围，一种兴趣盎然的情调，一种醇厚醉人的享受。让我们重视夜读，日日坚持，在夜读里体验人生的幸福，在夜读中提升生命的境界。

读书之灯
——晓窗分与读书灯

晚上读书，需要灯来照明。人类历史上灯的出现，为我们的祖先照亮了前进道路，让黑夜变得更美丽，更安全，让人们读书变得更方便，更舒适。在灯与火的世界里，照明经历了从火、油到电的发展历程。照明工具从火把、蜡烛、煤油灯到白炽灯、日光灯，发展到现在琳琅满目的节能灯、装饰灯，可以说一部照明的历史，是人类文明发展历史的见证，也是人们看书、读书、写书历史的见证。

在古代相当长的年代里，蜡烛是较为奢华的消费品，在汉代还是作为贡品的稀罕物。当时，读书人普遍用的是油灯，可油灯费油，士子们经常为省下食油点灯而导致营养不良。清代画家描写了当时的情况："菜根切莫多油煮，留点青灯教子书。"本来就寡淡清苦的生活，还要省下菜油做灯油，无疑雪上加霜，使身体愈渐虚弱。为了买书和夜读，寒士学子们宁愿节衣缩食。贫寒书生点不起油灯，仍想读书，怎么办？便想了不少办法，于是，便有了如"映雪""囊萤""凿壁偷光"等历史上著名的苦读故事。

今非昔比，今日读书条件已发生了翻天覆地的变化。就读书的灯具来说，已发展到了LED灯时代，即用高亮度发光二极管做的照明灯，具有高效节能、寿命长、环保等一系列优点。就一般家庭而言，用电已不成问题。照明设施如此发达，在家里可随时读书。现代社会图书市场又非常火爆，什么书都能买到，网上购书也很方便。况且网上阅读更加便捷，不管是出门，还是出差，旅途中，随时随地都可以阅读。这是多么好的读书条件啊！即便如此，对书籍仍然无动于衷的人，真的可悲。曹文轩说："至于那些明明知道阅读的意义却又禁不住被各类享乐诱惑而不去亲近图书的人，我们更要诅咒。因为这是一种主动放弃的堕落。"

一个盲者在一个漆黑的夜里行走，他点了一盏灯，有人问他为何点灯，你反正看不见，这灯是点给别人看的吧？盲者回答："不，我是点给自己的，因为我看不到，可别人却已看到了我，这样我就不会被撞伤。"是啊，只有为别人点燃一盏灯，才能照亮我们自己。一个双目失明的盲人，他没有白天和黑夜的一丝概念，看不到花开花落，看不到高山流水，看不到柳绿花红的万千世界，他甚至不知道灯光是什么样子的，他尚且懂得挑一盏灯，为自己，也为别人照明。在我们懵懂的人生中，生命之灯不是生来就有的，你我不正是一直生活在盲者与光明交错中吗？我们浑然不知明天会发生什么，命运之神将如何安排？我们犹如盲者，在生命之河中探索着前行，然唯有你懂得生命的意义，有了人生追求的目标，对生活才渴望，对未来才憧憬，我们的人生才精彩纷呈，熠熠生辉。一个充满活力的人，自然会感染周围的人和你一起行动，那么你的人生道路就顺畅了，跌倒的概率也就低了。点亮属于自己的那一盏生命之灯，既照亮了自己，也照亮了他人；只有先照亮自己，才能照亮别人。这样，即使在生命的夜色里，我们仍能寻找到属于自己的平安和灿烂！

那么，如何才能点亮自己的那一盏生命之灯呢？唯有读书。景克宁教授在《书与读》中写道："书，是知识的结晶，也是文明的摇篮。我的一生都是和书相依为命的。书给我以思想、认识、理想、信念，帮助我在'十年浩劫'中活了过来。书，使我的生命再造。没有书，也就没有我的过去和现在。书，正在帮助我走向明天。所以，书是我生活的起点，也是我人生的归宿。"文学大师季羡林说得更直接："书是人类认识的载体，有价值的书是人类智慧的结晶。一个民族的精神文明，表现在这个民族的精神生活中，也储存于这个民族长期流传的典籍书册中。书——人类生命的灯。"

读过《假如给我三天光明》的人都知道，作者海伦·凯勒的一生充满了传奇色彩。她仅在生命的头十九个月像普通人一样拥有光明和声音，之后就因病跌入了黑暗与寂寞的深渊。就是这样一个又聋又哑的残疾人，却创造了人间的奇迹。她不但学会了读书说话，而且以惊人的毅力完成了在哈佛大学德克利夫学院的学业，成为人类历史上获得文学学士学位的第一位盲聋人。她说："知识给人以爱，给人以光明，给人以智慧，应该说知识就是幸福，因为有了知识，就是摸到了有史以来人类活动的脉搏，否则就不懂人类生命的音乐！"的确，知识的力量是无穷的，正是知识使海伦创造了这人间奇迹！海伦遭遇不幸之初，她不知道如何排遣与世隔绝的孤独感，她古怪、粗暴、无礼，直至她的莎莉文老师走进了她的生活，教会她认字，才使她张开了心灵的眼睛，得以与人沟通。一接触到了知识，孤独的海伦就意识到，只有知识才能铺就一条通向光明之路。当海伦感悟到"水"——这个她所认识的第一个字后，便开始了对知识、对世界强烈的渴求，使她在常人难以想象的单调和枯燥中学会了德语、拉丁语、法语等多国语言，阅读了多部文学和哲学名著，吸吮着那些伟人和智者的思想精髓。她把学习比作攀登奇山险峰，跌倒了再爬起来，每达到一点进步，就有一份鼓舞，逐渐看到了更为广阔的世界。这些知识，像一道光，照亮了她的内心世界，也架起了海伦与世界、与人沟通的桥梁！

如果说知识点亮了海伦的眼睛，爱则使她的心灵闪耀着光芒。海伦热爱自然，热爱生命，更热爱着他人。她创办了美国盲人基金会，为像她一样的人带来了福音。她原本是一个被照顾、被帮助的人，却为社会创造了无法估量的价值，为人类献出了熠熠生辉的精神财富。真可谓：读书之灯既照亮了自己，也照亮了别人。

读书之房
——且与书房伴流年

书房，放置图书、读书、写作的地方。不同的人，感触各异。

书房——爱书人的梦想。"一庭花草半书房，且与书房伴流年。"这应该是许多爱书人的梦想。梁实秋有言："一个正常的良好的人家，每个孩子应该拥有一个书桌，主人应该拥有一间书房。书房的用途是庋藏图书并可读书写作于其间，不是用于公开展览借以骄人的。"我虽然不是一个读书人，但应该算个爱书人。有个书房，在20世纪80年代确实是奢望。直到2005年，机关分了一套经济适用房，面积不小，原购买的两千余册书，终于有了"安身立命"之所，我心中自然高兴。然而当时身在外地工作，很少回家，虽有书房但未在书房完整读过一本书，写过一篇文章。书歇着，房闲着，应该是个浪费。到了2012年，自己退休了，看书的时间多了，但是，儿子生了孩子，他们在北京工作生活，看孩子是父母的"使命"，没办法，又跟着儿子到了北京。居住之地虽面积不小，但毕竟是五口之家，在北京有个住的地方就不错了，书房更是别想。看书、写作只能在餐桌上将就了。原居住地的书房闲着，北京的书房盼着，拥有一间书房，仍是个梦想。

书房——读书人的天堂。阿根廷盲人作家博尔赫斯说过："上帝给了我浩瀚的书海和一双看不见的眼睛，我依然暗暗设想，天堂就是图书馆的模样。"书房，有家庭图书馆的作用，也应是读书人的天堂。张潮说："有工夫读书谓之福，有力量济人谓之福，有学问著述谓之福"，三福之中有两者与书房沾边。读书人确实需要一个适合自己读书写作的环境。古人读书时非常讲究，书房得建在后花园中，旁边还要有一汪莲池，门前种桃，后门栽杏，窗前还有几根竹。室内除了书架书桌，还有一榻，累了可以小憩；有一把剑，厌了可以舞弄；另有香炉、瑶琴供静心提神。这样优美的环境，令人钦羡和向往。清代袁枚有诗云："寒夜读书忘却眠，锦衾香烬炉无烟。美人含怒夺灯去，问郎知是几更天。"书房里的浪漫呓语跃然纸上。如今城市人多居楼上，有时缺少读书的氛围。但古人也有喜欢在楼上读书的，明人吴从先说："仙人好楼，余亦好楼居，读书宜楼……"。他还列举了楼上读书的五快："无剥啄之惊，一快也；可远眺，二快也；无湿气浸床，三快也；木末竹颠与鸟交语，四快也；云霞宿高檐，五快也。"读书人的心态，随遇而安，随遇而读，岂不快哉！读书有个好的环境固然好，若无也要读出快乐，读出趣味，读出境界。据说钱锺书、杨绛先生家中，条件并非优越，但他们的学问无须多言。黄裳先生在《榆下集》中这样写道："杨绛、钱锺书是住在清华园的名教授，我把采访安排在晚上，吃过晚饭后我找到他的住处，他和杨绛住着一所教授住宅，他俩同在客厅里，好像没有生火，或许炉火不旺，觉得很冷，整个客厅没有任何家具，越发显得空落落的。中间放了一张挺讲究的西餐长台，此外两把椅子，再无别物。长台上堆着两叠外文书和用蓝布硬套装着的线装书，都是从清华图书馆借来的。他们夫妇就静静的对坐在长台两端读书，是我这个不速之客打破了这个典型的夜读环境。除了上课办公开会之外，可以说深居简出，晚上的空余时间对于他们来说，是青灯黄卷的好时光。他俩不愧是一对读书种子。"这就是读书人的天堂，也是大学问家的天堂。

书房——藏书家的乐园。《魏书·李谧传》曰："丈夫拥书万卷，何假南面百城。"意思是说，大丈夫拥有万卷书（才学过人），胜过去做管理百座城池的君主。后因以"坐拥百城"喻人藏书之富与爱书之痴的嗜好。真正的思想家，都是自己幸福的主人，因为他自己就是一个帝国。古人不但爱读书，且爱藏书，并以书多为乐，书多为荣。张岱在《夜航船》里有几则"万卷书"的典故:"晋张华好书,尝徒居,载书三十乘,凡天下奇秘,世所未有者悉在华所。"曹曾积书万余卷。及世乱,曾虑书箱散失,乃积石为仓,以藏书籍,世名"曹氏书仓"。"惠施多方,其书五车""齐金楼子聚书四十年,得书八万卷,虽秘书之省,自谓过之。""唐李泌家积书三万轴。韩诗云:'邺侯家多书,架插三万轴,一一悬牙签,新若手未触。'"有的人把藏书视为亲人。清朝的叶德辉(1864—1927)藏书近30万卷,开玩笑地在书橱标贴一字条:"老婆和书,概不外借。"他也确实爱书,比如每年农历六月初六的晒书日,必亲自动手来晒书,翻动整理他的书籍,不肯借他人之手。他说:"吾家别无长物,书即吾之财产,不得不慎重处理。"这些藏书家,视书如命,保护图书就像保护自己的家人一样,甚至比保护家人更用心。藏书也有乐趣。晋朝时候,每年七月七日富豪之家,就把衣服拿到太阳下晒,以防发霉或虫蛀。一位名叫郝隆的人,却仰卧于地,袒露着肚皮。人家问他干什么,他说:"我晒我腹中的书"。由此留下"袒腹晒书"的佳话,其读书的书房也被称为"晒书房"。

  书房,是爱书人的梦想,是读书人的天堂,是藏书人的精神家园,愿天下读书人都有一个自己喜爱的书房。

读书之门
——开启书门天地宽

书是智慧之门，一旦开启，将会展现不一样的天地，不一样的人生。

我对课外阅读的开蒙，真的要感谢我的一位发小。他从小就爱读书，尤其喜爱中国古典文学。大约是在1967年，当时，我在上高小。有一天，他拿着一本《迎春花》让我看，那是我第一次看长篇小说。故事情节紧紧吸引着我，让我不忍放下，常常忘记了吃饭，有时母亲几次催促，才恋恋不舍地放下。晚上就着煤油灯，不停地看啊看，一直看到深夜。我记得，不到两天，就看完了这部小说。小说使我激动不已，兴奋异常。让我第一次看到了外面的世界，第一次看到了战争的残酷，第一次体验到了人性的纯真、善良，第一次领略了爱情的美好、甜蜜。之后，我又阅读了多部小说，如《苦菜花》《红旗谱》《播火记》等。由于看书的缘故，使我在学校写的作文也有了进步。上了高中，遇到了我的语文老师孟宪范，她上的每堂课，大家都听得津津有味，且她还鼓励大家看课外书，对我们都有很深的影响。记得我的语文成绩在各门功课中是最好的。孟老师几次将我的作文当作范文宣读，使我学习的劲头更足了。高中两年的学习，为我的一生打下了良好的基础。

　　1972年年底，高中即将毕业，正好征兵工作开始，我顺利参了军。到了部队，始终没有忘记的就是看书学习。参军几十年，每一次大的人生转折，都是沾了读书的光，受了读书的益。1974年部队精简整编，我被分到了机关特务连，由于平时爱读书，写了不少读书笔记。团政治处宣传股的老前辈听说特务连有个爱读书的小伙子，且钢笔字写得也不错，就把我调到了机关，任报道员。由于表现突出，1975年被推荐到内蒙古大学哲学进修班学习。在大学一年时间里，读了不少有关哲学、历史、文学等方面的书籍。1976年顺利提干。在连队待了三个月，就调到了师政治部宣传科工作。这时候，我结合工作读了大量有关写作特别是公文写作方面的基础知识书籍，再加上实际工作的锻炼，写作水平有了较大提高，不到两年时间就成为科里的骨干。1979年年底，调到河北省军区政治部组织处工作。在省军区工作的20年时间里，工作岗位虽有变化，但始终未变的是读书的习惯。是读书丰富了我的闲暇生活，是读书帮助我适应了军级机关的工作，是读书让我的公文写作水平有了较大进步。这期间，我利用闲暇时间，撰写了不少文章，被《解放军报》《战友报》《河北日报》《杂文报》等报刊刊用。另外，还参与了《社交一百法》和《军队机关业务工作指南》两本书的编写工作。

　　几十年的读书生活，使我更加深刻地认识到：书是智慧之门，读之则脑洞大开，睿智异常；书是学海之门，读之则云海飞霞，风月无边；书是心灵之门，读之则水静流深，止于至善；书是世界之门，读之则精彩纷呈，气象各异。

读书之店
——书店命运大如天

书店，是城市的文化地标，是国民不可缺少的文化活动空间，是体现文化"软实力"的载体和民族文明程度的象征。

书店是否繁荣与政府支持有关。在荷兰最南部的小城马斯特里赫特，静静地坐落着一家被英国《卫报》评为世界上最美的书店——教堂书店。2001年，荷兰最大的连锁书店集团向马斯特里赫特的市议会提出了申请方案，希望将其中的一座修建于公元13世纪的古教堂打造为书店，双方一拍即合。经过四年多的修复工作，这座世界上最漂亮的教堂书店于2006年正式开业。古老的建筑，高大的穹顶，艳丽的壁画，与上千种精美书籍完美结合在一起，给人以强烈的视觉冲击，任何一位走进书店的人想必会有一种朝圣的感觉，壮丽、恢宏而又精美绝伦的审美享受包围着来自世界各地的爱书者。书店中有一个三层楼高的黑色钢制书架，它从地面一直延伸至教堂顶部的石拱处，通过梯子或书架旁的楼梯可以上到最高层。站在上面俯视教堂四周，便会有种坐拥书城的感觉。在这样的氛围中，感觉不读书简直就是犯罪！美国政府非常重视社区精神，很多独立书店都建在社区读者俱乐部，让书店不仅成为人们汲取知识的场所，也成为邻居朋友们交流思想、增进友谊的地方。在美国的很多地方，独立书店变成了凝聚社区的纽带，这让独立书店获得了源源不断的力量。有时独立书店还会和一些自由作者、诗人以及画师建立合作，不仅为他们提供工作环境，并且定期举办交流会，传递读者感受，激发作家灵感，让思想的火花通过对话走进社区，进入寻常百姓家。

书店是否繁荣也与经营有关。台湾流传一个说法：如果世界上最高的101大楼是台北的地理坐标，那么，诚品书店则是台北的文化地标。还有人说，诚品是台北的灵魂，台湾最美的人文风景。1989年，首座诚品书店在台北市仁爱路圆环边诞生。温馨的实木地板、优雅的店内陈设、丰富的中外文图书与终日缭绕的古典音乐，造就了特殊的"诚品印象"。时至今日，在台湾地区诚品竟开了49家分店，1家儿童书店以及4家音乐馆。书店遍布台湾的各主要县市，其中仅台北市就有19家之多。在诚品敦南总店，上下五层的空间，一楼是名为"知性风采"的知识展览区域；二楼是1000多平方米的书店；地下两层为文化风尚用品卖场，出售艺术气息浓厚的文具、玩具、居室用品和装饰品；最下面一块圆形空间是诚品音乐馆，摆放品种极为齐全的音像制品。穿插其中的是各种美食咖啡吧，供小憩或交朋会友。这就是诚品打破传统书店的经营模式，利用书店带动商场与零售的复合经营策略。诚品将书店定义为多元的、动态的文化事业，而非仅是书籍零售业。"诚品现象"的最大创新是翻新了书店的经营概念，将书店提升为新文化的休闲场所，使书店不只是卖书，而是成为名副其实的文化大卖场。1999年，敦南店将营业时间开放为24小时，这项亚洲首创的举措，受到热烈的回应，一个永远不打烊的文化卖场就此成为诚品的标志。

书店是否繁荣更与人们的读书热情有关。英国女作家佩内洛普·菲兹灯拉德的小说《书店》讲述了一个耐人寻味的故事。故事发生在英国小镇哈堡，弗萝伦丝在丈夫去世八年后，突然决定开一家书店。那是她的梦想，因为她少女时代曾在一家书店工作过，留下过很多美好回忆，并认识了后来的丈夫。为取得贷款，她花了半年左右的时间向小镇银行经理解释自己开书店是以盈利为目的的。而经营了不到一年的时间，书店关门了，弗萝伦丝离开了这个小镇，因为她终于明白，这个小镇真的不需要一家书店。整个小镇的人都关注小镇的命运，但对他们来说，书店仿佛离他们的生活很远。

国内著名出版人路金波曾在接受《第一财经日报》记者采访时表示："诚品书店之所以成功，是因为台湾人的读书阅读率高，且其核心买书人大都是年轻人，但在中国大陆，买书的大都是老人和小孩儿，且国人的阅读率远低于全球平均水平。只有中国人最基本的文化需求提高后，实体书店的命运才可能有所改变。"我非常赞同路先生的观点。试想，假如国人有三分之一的人口爱读书、爱藏书、爱买书，情况会怎样？实体书店的命运马上就会改观。现在的情况是，即使政府对实体书店支持的力度再大，税收减的再多，把书店开到家门口，不爱读书的人照样不买书，实体书店照样难以维系。所以，唤起人们的读书热情是当务之急。因此，国家应采取多种措施，利用多种形式，唤醒国人的读书意识，形成文化共识，精神共识。只有这样，才能从根本上改变实体书店的命运。

第四章　读　魂

读书，读出诗意，读出美感，读出善念，读出清欢，是韵；读书，读出思考，读出自我，读出自省，读出自觉，读出人性，是魂；读书，读出奉献，读出宁静，读出境界，读出非我，读出道法自然，读出天人合一，这就是读书的灵魂。

读书之境
——众里寻他千百度

什么是境界？即事物所达到的程度或层次。读书的境界，就是读书人所能达到的程度或层次。做人有境界之分，读书有境界之别。

自古以来，关于读书的境界有多种说法。最为世人推崇的应是我国近代国学大师王国维先生的读书三境界。他在1908年发表的《人间词话》中谈道："词以境界为最上。有境界自成高格，自有名句。"他还说，古今之成大事业、大学问者，必经过三种之境界——"昨夜西风凋碧树，独上高楼，望尽天涯路"，此第一境界也。"衣带渐宽终不悔，为伊消得人憔悴"，此第二境界也。"众里寻他千百度，蓦然回首，那人却在，灯火阑珊处"，此第三境界也。(《读书之道》，中华书局2015年版，第157-158页)"三境界"是他的读书体会，也是他的读书诀窍。我们可以把第一境界归结为迷茫和立志；把第二境界归结为执着和奋斗；把第三境界归结为顿悟和收获。

有人仿效王国维的做法，提出了读书四境界：一曰"孤舟蓑笠翁，独钓寒江雪"，是说读书要静心、专心；二曰"采菊东篱下，悠然见南山"，是说读书是一种享受，快乐、欣然。三曰"会当凌绝顶，一览众山小"，说的是读书到一定程度的胸怀、气势和见地。四曰"欲穷千里目，更上一层楼"，是说学问无止境，读书不停步。

季羡林先生也给我们描绘了古人读书的三种境界，一曰："红袖添香夜读书"，二曰："绿满窗前草不除"，三曰："雪夜闭门读禁书"。

还有人把读书的层次分为：第一层是"看山是山，看水是水"；第二层是"看山不是山，看水不是水"；最后是"看山还是山，看水还是水"，臻入"独与天地精神往来"的超然化境。

更有人对清康熙帝读书的境界做了总结：一是欣然，二是愤然，三是敬然，四是陶然。

宋代诗人蒋捷的《虞美人·听雨》，对读书的领悟更高一筹，他把读书比作听雨："少年听雨歌楼上，红烛昏罗帐。壮年听雨客舟中，江阔云低，断雁叫西风。而今听雨僧庐下，鬓已星星也，悲欢离合总无情，一任阶前，点滴到天明。"（《宋词三百首》清朱孝臧选偏，2013年版第420页）他说的这种读书境界，是一般人所无法企及的。

由于读书的需求不同，心态各异，读书境界从低到高大致有三种情况。

功利阅读的境界。也就是为求知而读书，为立身而读书。人生在世，首先要解决的是吃饭问题、工作问题。要想找个好工作，就要考个好大学，上个好专业。工作后，为了有个好待遇，就要评职称、考证书等。这些均是为升学，为求职，为职称，为搞研究而读书。这种职业之书，专业之书，读了就能有好成绩，就能得到实在的好处和当下的利益，是一种功利性、实用性的读书。人们为了求知、实用而读书，书籍就充当了一种工具，起到传授知识、经验和技能的作用，成为变革现实、改变命运的力量。这是人类文化代代相传、薪火相接的必经之路。在人类历史上，这样的读书是最为普遍也最为普通的。孔子的学生子夏说："仕而优则学，学而优则仕。"古人要想当官，就必须一级级应考。要考好就必须苦读，于是，就有了许多脍炙人口劝人勤奋读书的句子："十年寒窗苦，一朝天下闻""三更灯火五更鸡，正是男儿读书时""男儿欲遂平生志，五经勤向窗前读""天子重英豪，文章教尔曹""万般皆下品，唯有读书高"等。可见，为了求知的读书，最典型的特征就是苦读。因为所学内容多为枯燥无味，但大家为了学业，为了职称，为了改变自己的生存环境，只能硬着头皮去读，其实大家心里并不情愿，并不喜欢，并无兴趣，出于无奈，不得不读，这种强迫性的读书自然极为难堪和痛苦。如果我们把读书分为三个境界的话，此类的立身、求知、功利性读书，应该是初级境界。

　　随心阅读的境界。就是真心实意，全身心投入，为养心而读，为立德而读，为兴趣而读，为快乐而读，为濡养心灵而读，为悟透生命真谛而读。就是一切从兴趣出发，自发读书，自愿读书，自觉读书，自由读书。没有负担，没有压力，轻轻松松，快快乐乐，兴致盎然。读书已成为一种生活方式，一种生活态度，一种工作需要，一种行为习惯。以书为伴，以书为友，以读书为乐，以读书为荣。最大的特征就是自由性。可以自由选书，愿看什么书就看什么书，不管是科学书，还是人文书，或是文学书，可根据兴趣自由选择；也可自由择时。在哪个时段读书均可，可晨读，也可夜读。可平时读，也可节假日读。可见缝插针读，也可大块时间读。无论出门还是出差，或是旅游，随身带本书，随时随地读几页。在时间上灵活选择，只要高兴，随时阅读。在这方面，林语堂先生在《读书的艺术》一文中，说得更直接、更明确："什么才叫真正的读书呢？这个问题很简单，一句话说，兴味到时，拿起书本来就读，这才叫真正的读书，这才是不失读书之本意。这就是李清照的读书法。你们读书时，须放开心胸，仰视浮云，无酒且过，有烟更佳。或在暮春之夕，与你们的爱人，携手同行，共到野外读《离骚》，或在风雪之夜，靠炉围坐，佳茗一壶，淡巴菰一盒，哲学、经济、诗文，史籍十数本狼藉横陈于沙发之上，然后随意所之，取而读之，这才得了读书的兴味。"读书人的读书境界一览无余。记得陆游曾撰《书巢记》，也有此种说法："吾室之内，或栖于椟，或陈于案，或枕藉于床，俯仰四顾，无非书者。吾饮食起居，疾痛呻吟，悲忧愤叹，未尝不与书俱。"可见，对于真正的读书人来说，自由之读难于言说，读书之味，如饮甘泉，读书之趣无穷无尽。

　　精神阅读的境界。这是读书的最高境界，书人合一是其主要特征。在读书过程中，书籍紧紧吸引着读者，同化了读者的观点，俘获了读者的心灵。同时，读者也摄取了书中的精华。这时，读者和书成为一体，也就是说，读者和书，你中有我，我中有你，经过沐浴、掺揉、锻造，成了一个新的读者。加拿大学者阿尔维托·曼古埃尔在他的《阅读史》中说："床和书的结合，让我有种夜夜都可以回家的感觉，在任何天空之下，都没有人大声吆喝，要我做这做那；我的身体一无所需，在这些纸页之下一动不动，所发生的故事在书本中，而我则是故事的叙事者。生活之所以发生，乃因我翻动这些书页。"

在如此安静、如家的环境中,曼古埃尔已经完全与书的故事融为一体,进入了忘我的境界。南宋诗人陶渊明也曾描述过自己的这种读书状态,他说:"闲静少言,不慕荣利,好读书,不求甚解。每有会意,便欣然忘食。"可见,读书之陶醉,已经达到极致。天人合一,这是精神阅读的另一特征。这一特征的精髓体现为一种天人之间的融会贯通,就是不知何者为我,何者为物,物我两忘。读书到一定程度,就能做到不受书的限制,不受作者左右,能从更广阔的空间去阅读,眼界更高远,认识更客观,显示一种博大的胸怀和宏伟的气魄,就能达到余秋雨先生所说的"领略崇高,问津壮丽,体验多元"的境界。"看山还是山,看水还是水"则是此种境界。读书读到这种境界,就有乘物以游心,胸怀"天地与我并升,而万物与我为一"的格局,挥洒"时行则行,时止则止,动静不失其时"的自如,视见"斜阳照墟落,穷巷牛羊归"的自如,听闻"荷风送秋气,竹露滴清响"的天籁,感受"空山不见人,但闻人语响"的空旷。精神阅读的第三个特征是时人合一。把时间赠予读书,在书海里荡漾时间,是这一特征的真实写照。人生有限,学海无涯,学习永无止境。天天读,月月读,年年读,一日不辍,终生读书,才是至高境界。明代著名文学家李贽一生嗜书如命,以至于成痴。他写了一首《读书乐》四言诗:"龙湖卓吾,其乐何如?四时读书,不知其余。""束书不观,吾何以欢?怡性养神,正在其间。"(《读书之道》中华书局,172 页)一年四季,只知读书,不知其他事,乐此不疲,乐在其中。

读书的三重境界,无雅俗之分,无优劣之别。功利阅读是必由之路,随心阅读是崇高追求,精神阅读是最高境界。

读书之思
——熟读深思子自知

德国哲学家康德在《实践理性批判》一书中说:"两种东西,我对它们的思考越是深沉和持久,它们在我心灵中唤起的惊奇和敬畏就会日新月异,不断增长,这就是我头上的星空和心中的道德定律。"康德死后,这两句话刻在他的墓碑上,可见意义非凡!若化用康德的话说一句:两种东西,我对它们的思考越深沉和持久,它们在我心灵中唤起的惊奇和敬畏就会日新月异,不断增长,这就是我头上的古圣先贤和我心中的好书。然而,残酷的现实是,古圣先贤正在被人们慢慢忘却,历代经典正在被人们渐渐冷落。这正是我今天忧思、省思、迷思和百思不解的问题。

事情还得从一篇随感说起:旅沪印度工程师孟莎美的一篇随感——中国人的阅读问题,已在互联网上流传多年,为立此存照,鉴戒未来,现全文转录如下:

我坐在从德国法兰克福飞往上海的飞机上。正是长途飞行中的睡眠时间,机舱已熄灯,我蹑手蹑脚地起身去厕所。座位离厕所比较远,我穿过很多排座位，吃惊地发现，我同时穿过了很多排 ipad——不睡觉玩 ipad 的，基本上都是中国人，而且他们基本上都在打游戏或看电影，没见有人读书。

这一幕情景一直停留在我的脑海里。其实在法兰克福机场候机时，我就注意到，德国乘客大部分是一杯咖啡、一份报纸、一本书，或者一部 kindle、一台笔记本，安静地阅读或工作。中国乘客中也有阅读和工作的，但不太多——大部分人或在穿梭购物，或者在大声谈笑和比较价格。

中国是一个有全世界最悠久阅读传统的国家，但现在的中国人却似乎有些不耐烦坐下来安静地读一本书。一次我和一位法国朋友一起在虹桥火车站候车，这位第一次来中国的朋友突然问我："为什么中国人都在打电话或玩手机？没有人看书！"

我一看，确实如此。人们都在电话上（大声谈话），不打电话就低头写短信、刷微博或打游戏——或喧嚣地忙碌，或孤独地忙碌，唯独缺少一种满足的安宁。在欧洲，火车的速度也许已经没有中国快，火车站的现代化程度也许不再领先，但大部分人是在阅读中度过等待的时间的，即使打电话的也是轻声细语，生怕吵到了身边乘客宁静的阅读。

当然，我知道中国人并不是不读——很多年轻人几乎是每 10 分钟就刷一次微博或微信，从中获取有用的信息。但微博和微信的太过流行也让我担心，它们会不会塑造出只能阅读片段信息、只会使用网络语言的下一代？

真正的阅读是指，你忘记周围的世界，与作者一起在另外一个世界里快乐、悲伤、愤怒、平和。它是一段段无可替代的完整的生命体验，不是那些碎片的讯息和夸张的视频可以取代的。

当然，网络侵蚀阅读是一个全球化的现象，我其实更想说的是，当下的中国，缺少那种让人独处而不寂寞、与另一个自己——自己的灵魂——对话的空间。生活总是让人疲倦，我们都需要有短暂的"关机"时间，让自己只与自己相处、阅读、写作、发呆、狂想，把灵魂解放出来，再整理好重新放回心里。

过于忙碌是压力所迫，并不是一种过错。但我只是忧虑，如果就此疏远了灵魂，未来的中国可能会为此付出代价。宁可慢一下，松一下……（摘自《给阅读一点时间》上海大学出版社 2016 年版第 3—4 页）

孟莎美的这篇随感，篇幅不长，但问题重大；字数不多，但切中时弊；

用语平和，但令人汗颜！写本篇时，我又反复读了这篇文章，许多忧思、迷思和遐想在脑海盘旋，久久挥之不去。

第一，孟莎美写的不读书现象是否属实？应该肯定地回答，写得完全属实，且实际情况要严重得多。为什么她的文章一经发表，即刻在网络上疯传，反响震动如此之大，就是说出了大家平时司空见惯却又没有引起足够重视，认真加以思考的问题。在我国，无论城市还是乡村，不读书的问题还是存在的。而玩儿手机成了大家须臾不可离开的东西，平时走进电梯哪怕只有短短十多秒钟，也要掏出手机看上几眼；走在马路上，即使经过红绿灯，也照看不误。地铁公交上、候车候机更是如此。更有甚者，有的人一边开车，一边玩儿手机。因玩儿手机，误车误机，丢钱丢物，被碰伤，出车祸，甚至丢掉性命的屡见不鲜。玩儿手机玩儿什么，应该说，看视频的多，玩儿游戏的多，刷朋友圈的多，浏览资讯的多，而真正电子阅读图书的少之又少。这就是残酷的现实，且近几年愈演愈烈，已经发展到全民玩儿手机的地步。

第二，碎片化阅读算不算阅读？现在，表面上看，大家都是阅读者。你看，每人每天要刷几十条微博，看几十条微信。每天睡觉前依依不舍的是手机，第二天清晨第一个寻找的依然是手机。吃饭时随手拍几张照片，发到朋友圈秀一下。上班时还惦记着手机，时不时还会刷微信、看段子。甚至在朋友聚会上，不少人宁愿和手机另一端的人私信，也不愿和许久未谋面的老同学、老战友聊上几句。说实话，这种碎片化的阅读，并不是真正意义上的阅读。真正的阅读，是一种关注生命与精神的阅读，而碎片化阅读关注的是新闻和生活资讯；真正的阅读是在读有价值的文本，而碎片化阅读读的是娱乐休闲；真正的阅读有利于人们精神成长，而碎片化阅读是为了获得更多的信息。正如孟莎美所言，真正的阅读，是忘记周围的世界，和作者一起在另一个世界里悲欢离合，是一段无可替代的完整的生命体验。阅读这些海量信息，知识含量极低，往往会迅速消失，看这些东西，本质上是一种浏览而非阅读。真正的阅读需要读者沉下心，神情专注，通过直面的信息进行思考。

第三，我国与发达国家的阅读差距究竟有多大？看差距，主要看两个关键性指标：一是看国民阅读率（统计样本为 18—70 周岁中国公民）。1999 年至 2017 年，我国阅读率最高的是 1999 年，第一次全国国民调查的阅读率为 60.4%，最低的是 2005 年为 48.7%，后十多年逐渐回升，2017 年达到了

59.1%。59.1%的国民阅读率意味着仍有超过四成的国民在过去一年中,没有读过一本书,考虑到中国巨大的人口基数,这个不读书的群体数量大得惊人。反观其他发达国家和地区,2005年日本的国民阅读率为73%,其中六成国民读书成风。2012年,美国国民的阅读率高达78%,其中30—39岁群体的阅读率更是达到84%(这一群体无疑是美国未来的中坚力量),而同年我国的国民阅读率仅为54.9%,其差距一目了然。二是看人均阅读量。较之于国民阅读率,人均阅读量乃是一个令人看重的指标,在新闻界,人均阅读量更是被视为国民阅读的重中之重。调查发现,2017年我国成年人国民人均纸质图书阅读量为4.66本,较2016年的4.65本略有增长,而2015年的这个数字是4.58本。从这里可以看出,近几年我国成年国民年人均阅读量变化不大。反观发达国家,2017年日本人均年阅读11本,韩国9本,美国7本,法国8本,和他们相比,我们还有不小的差距。通过以上两大关键指标的视审,我国国民阅读的现状与发达国家的差距是明显的。但是,事情的真相有时更残酷,更令人悲凉。2013年5月20日《中国青年报》一篇题为《联合国调查显示中国平均每人一年读书不到一本》的文章指出:联合国教科文组织进行的一项调查显示,中国13.99亿人口,扣除教科书,平均每人一年读书1本都不到。是的,人均阅读量不足5本的水分被挤掉后,剩下的数字真是让人脸红心跳!

第四,国民不读书的后果是什么?对不读书产生的后果,孟莎美在文章的最后只有一句话,"我只是忧虑,如果由此而疏远了灵魂,未来的中国会为此付出代价。"什么代价,她没说,我想至少有三点:

一是不读书会造成创新力量的减弱。科技人才是创新的核心力量,而中国的大学生则是科技人才的主力军。倘若大学生或者科技人员长期缺少经典阅读的熏陶和积淀,个人的创造力就会降低,社会进步就缺少了灵魂,国家和民族的发展就缺少了动力,智慧的花朵就会枯萎,知识的源泉就会枯竭,屹立于世界民族之林将很难。

二是不读书会造成道德力量的减弱。雨果说过:"普遍的道德是社会的基础,普遍的良心是法律的基础。"只有大家都按一定的道德来规范言行,整个社会才会有良好的秩序和风气。假如人们不读书,构建和谐社会就缺少了人文基础,国家和民族就缺少了可持续发展的原动力。一个民族如果长期不读书，不读经典书籍，信仰就会丧失，理想就会空白，道德就会滑坡，世风就会日下，拜金主义、个人主义、享乐主义就会严重泛滥，整个社会就会是一盘散沙。

　　三是不读书会造成文化力量的减弱。文化的力量具有物质力量难以匹敌的精神力量，具有超越时空的穿透力量。文化的力量是一个民族的重量，一个国家的分量，一个社会的体量。社会历史的发展和进步，民族的独立和振兴，国家的繁荣和富强，人民的幸福和安康，都离不开文化力量的支撑。一个国家和民族，如果长期缺少读书的氛围，缺乏读书的气象，缺失优秀文化的濡养，其精神家园就会荒芜。

读书之气
——书盈浩气满人间

何谓气？气，乃构成人体维持人体生命活动的最基本物质。气，有物质和精神之分。俗话说，人活一口气，佛争一炉香。人要生存，只有解决吃喝问题，才能确保新鲜氧气不断输入体内，让生命更加鲜活健康；同样，人要有精气神，只有多读书，才能从书中吸取精神力量，充盈于我们血管中的气就能顺畅散发，否则就会氧气不足，萎靡不振，无精打采。读书是益气回肠、正气浩荡的源泉。

读书养壮气。所谓壮气，就是临渊不惊、临危不惧的胆气；就是宁死不屈、宁折不弯的骨气；就是宁抛头颅、不失节操的正气；就是国难当头奋然起，危难时刻敢舍身的勇气。放眼古今，能具有此等境界的人当为人杰。如何才能达到这种境界？读书应是主要途径。明代著名学者、文学家、思想家方孝孺（1357—1402），在"靖难之役"期间，拒绝对篡位的燕王朱棣草拟即位诏书，刚直不屈，孤忠赴难，被诛十族。方孝孺的政论文、史论、散文、诗歌俱佳，绝大部分收集在《逊志斋集》中，明史说"方孝孺，工文章，醇深雄迈。每一篇出，海内争相传诵。"《四库全书总目》评其文章更是"纵横豪迈，颇出入东坡、龙川之间。"他是中国历史上最早被誉为"读书种子"的大儒，明成祖朱棣的高参姚广孝曾说"杀孝孺，天下读书种子绝矣。"说到方孝孺，古往今来的志士仁人，心情都会非常沉重，唯有"读书种子"这一美誉，为人们所喜闻乐见。尽管改朝换代，沧海桑田，读书濡养壮气，永远是人间至理。无产阶级革命家、军事家方志敏（1899—1935），1924年加入中国共产党，参与创建了江西的中共党、团组织和革命根据地。1935年1月，因叛徒告密被俘。在狱中他坚贞不屈，视死如归，写下了《可爱的中国》《狱中纪实》等可歌可泣、脍炙人口的不朽之作，堪称中国近代史上的正气歌，是时代精神的千古绝唱。1935年英勇就义，年仅36岁。在革命活动中，方志敏最爱读的书是《共产党宣言》和《资本论》，是革命理论滋养了他生命蒸腾的英雄之气和亢奋激扬的壮士之气。

　　读书养豪气。豪气，即豪放的气概、英雄的品格，长期读书的人，做人做事就会展现不同的气象和豪迈风姿。具有豪气的人，把酒临风，横槊赋诗；当今之世，舍我其谁；天生我材必有用，千金散尽还复来；自信人生二百年，会当水击三千里。三国时期的军事家、政治家、诗人曹操，领军打仗三十余年，手不舍书，孜孜不倦。他对经史典籍，政治、军事、天文、地理，无不涉猎，尤其是特别爱好兵法。抄集诸家兵法，名曰《摘要》，又注《孙子》十三篇，皆传之于世。同时，他在读书中善于思考，学以致用。白天讲武策，夜间思经卷，善于将书本上得到的知识用于政治、军事实践。裴松之引用《魏书》说曹操："其行军用师，大较孙吴兵法，而因事涉奇，谲敌制胜，变化如神。"成功的读书和实践，赋予了曹操泉涌般的智慧，造就了他卓越的才能和英雄气概，使他在当时风云变幻的年代里，纵横捭阖，如鱼得水，取得了军事上、政治上、文学上非凡的成就。他是中国文学史上第一个史诗诗人，是"建安风骨"最重要的代表。他登高必赋，造及新诗，被之管弦，皆成乐章。"老骥伏枥，志在千里，烈士暮年，壮心不已"的豪迈名句，至今仍为革命者自喻自勉；一首《观沧海》，竟使伟人毛泽东在睥睨千古皇帝的《沁园春·雪》之后，于《浪淘沙·北戴河》中，独对其表现了由衷的赞颂。曹操读书，虽使他愈加奸诈，但更使他成为一个杰出的政治家、军事家、文学家，成为中国历史上少有的具有豪迈气概的英雄人物。

读书养逸气。逸气，是指超凡脱俗的气概、气度。"逸气，谓俊逸之气。"唐李白《天马歌》云："逸气棱棱凌九区，白璧如山谁敢沽。"具有逸气的人，不以物喜，不以己悲；心不恋进退，思不虑得失，举杯邀月，游目骋怀；不求与日月相始终，只见今世之乐无穷；即使在人生最晦暗的时刻，也能沐江山之风月，驾凌波之扁舟。能使人逸气满满的，唯有读书。司马迁在《史记》中说，西伯被拘禁而推演出《周易》，孔子处困境而写成了《春秋》，屈原被放逐创作了《离骚》，左丘失明后完成了《国语》，孙膑膝盖骨被剜去撰修了《孙膑兵法》，吕不韦谪迁蜀地，《吕览》却流芳于世，韩非在秦国被捕，才有了《说难》《孤愤》《诗经》三百篇。读书涵养人之逸气，陶冶人之灵性，让人远离庸俗与卑微，让人走近高尚与优雅。以上那些圣人贤士因读书而有书气、逸气、浩然之气，更为内心的愤懑而著书立说，把满腔的逸气注入书中，让这些诗篇也充满了逸气。

读书养清气。清气，即天空中清明之气，引申为光明正大之气。宋朝王僧达《答颜延年》诗曰："崇情符远迹，清气溢素襟。"元代王冕《墨梅》诗云："吾家洗砚池头树，朵朵花开淡墨痕。不要人夸好颜色，只留清气满乾坤。"元代宫天挺《范张鸡黍》中云："可惜你腹中大才，胸中清气，都做了江山之秀。"具有清气的人，能做到与天地相应和，与自然相吐纳，万物静观皆自得，四时佳兴与人同；春虫秋蝉，尽可入耳，夏雨冬雪，皆可濯心；见花落水流，能知其旨趣，听禽鸣天籁，可悟其天真。在这方面，陶渊明应是代表人物。他是东晋末至南朝宋初伟大的诗人、辞赋家。曾出仕为县令，后弃职而去，归隐田园。他是中国第一位田园诗人。被称为"古今隐逸诗人之宗"。陶渊明"自幼修习儒家经典，爱娴静，念善事，抱孤念，爱丘山，有猛志，不同流俗。"他早年间曾受过儒家教育，有过猛志逸四海，骞翮思远翥的志向，在那个老庄盛行的年代，他也受到了道家思想的熏陶，很早就喜欢自然："少无适俗韵，性本爱丘山。"又爱琴书："少学琴书，偶爱娴静，开卷有得，便欣然忘食。见树木交荫，时鸟变声，亦复欢然有喜。常言五六月中，北窗下卧，谓凉风暂至，自谓是羲皇上人。意浅识罕，谓斯言可保。"(《与子俨等疏》）陶渊明的田园诗数量最多，成就最高，他是田园诗的开创者。他的田园诗以纯朴自然的语言，高远拔俗的意境，为中国诗坛开辟了新天地。在他的身上，同时具有道家和儒家两种修养，均为读书所致。可谓：读书养清气，情怀满乾坤。

壮气、豪气、逸气和清气四气合在一起，就是做人的最高境界——"浩然正气"。胸有如此浩气，必然去燥气，养静气；去俗气，养雅气；去迂气，养才气；去暮气，养朝气；去惰气，养锐气；去霸气，养和气；去怯气，养胆气；去邪气，养正气；去小气，养大气。有此浩气，必然能傲立于天地间，做到"威武不能屈，贫贱不能移，富贵不能淫"。在物欲横流诱惑多多的今天，要养好"浩然正气"，就要把读书当作一生最大的爱好，多一点书卷气息，少一点物质享受，自由地领略"书味在胸中，甘于饮陈酒"的幸福境界。

读书之种
——读书种子传千古

有颗种子真神奇，
聚变裂变力无比。
日日欣赏天天看，
心灵开花福满地。

何谓读书种子？《现代汉语大词典》解释为："读书人，能读书做学问的人。"《辞源》解释为："喻累代读书之人，如种子相传，衍生不息。"台湾中国文化研究所编辑的《中文大辞典》解释为："谓读书人世代相传如种子之衍生不息也。""读书种子"一词，最早见于北宋黄庭坚《山谷别集》卷六《戒读书》："四民（士农工商）皆当世业，士大夫家子弟能知忠信孝友，斯可矣。然不可令读书种子断绝，有才气者出，便当别世矣。"

清人王永彬《围炉夜话》里写道："家纵贫寒，也须留读书种子；人虽富贵，不可忘力穑艰辛"。读书种子又简化为"书种"，宋朝杨万里《送李待制季允擢第舨蜀》诗云："高文大册传书种，怨句愁吟恼化工。"同样是宋朝的刘过诗云："力学如力耕，勤惰尔自知。便使书种多，会有岁稔时。"

现代人用读书种子的较为多见，如作家甘建华《在株洲相遇一群读书种子》一文中说:"秋意正浓、丹桂飘香的时节,我有幸应邀参加全国民间读书年会……听闻了许多场内外的书人书事,最主要的是结识了一大批藏书、爱书、著书、编书的朋友。"又如一个大学生回忆道,曾经于一个大雨滂沱的周末,远远地赶往博物馆,去听一位书者的文学讲座。同样是冒雨而至的教授,称听讲的我们是可贵的"读书种子"。好一个"读书种子",虽不能至,心向往之。心底确实是极喜欢的,人活一世,还有比"读书种子"更让人欣慰、更让人向往的称呼吗?读书种子几时发芽?何处开花?一派莽莽苍苍。

从以上读书种子的解释和使用上看,读书种子含有四个层面的意蕴:一是泛指读书人;二是指传承道德、学识的人;三是指爱读书、真读书,能影响和带动他人共同读书的人;四是指博览群书,文翰纵横并撰述不辍的人。

读书种子,是指极爱读书精神之承接,并可影响传递于后人的人。因此,凡称得上读书种子的人,不仅自己喜爱读书,一生以书为伴,从中汲取学识、智慧和力量,而且还能关心和影响他人读书,在自己身边营造一个浓厚的读书、求知氛围。中国的传统文化,之所以绵延不绝,是因历代皆有众多的读书种子。他们人格高尚,学养渊深,同时又诲人不倦,以传薪火。孔子"弟子三千,贤人七十",应该是读书种子的鼻祖。明代大儒方孝孺是有名的读书种子,年幼时,不仅勤学且聪明过人,被乡人称为"小韩愈"。成年后,跟从明初著名政治家、文学家宋濂学习。曾任朝廷翰林侍讲,后升为侍讲学士。还到蜀地成都担任世子传(王太子的老师),引导蜀人树立起重教兴学勤学的良好风气。他为人刚直不阿而孤忠赴难,成为我国历史上唯一被"灭十族"的人士,其杀身成仁的精神一直被后人称赞。

章太炎被人称为"坚实"的读书种子,既学富五车,又多传世之作,门下弟子甚众,且卓然立世者不少。1906年至1911年,他避难日本东京,并开坛讲学,当年听讲的学生中,日后多有出类拔萃者,如黄侃、钱玄同、朱希祖、许寿裳、鲁迅、周作人等。其中的数位,后来又成为北京大学及其他名校的传道授业者。

逮至改革开放后,在中国这块美丽的土地上,出现了一个新的群体,那就是阅读推广人。我认为,他们才是当代真正的读书种子。在这个群体中,既有专家学者,又有普通父母;既有专业机构,又有民间组织;既有媒体人,又有出版人。他们很多人从喜爱阅读走上推广阅读的道路,从纯粹自得其乐的读者成长为阅读推广人。其中，著名人士如朱永新、梅子涵、朱自强、彭懿、王林等。他们这些人中，多数都有自己的工作，自己的事业，他们利用业余时间，热心从事阅读推广，他们都是典型的读书人。就拿全国政协副秘书长、民进党中央副主席朱永新先生来说吧，他是个学者型的官员，学识、阅历丰富，任职、兼职较多，成就、荣誉令人感叹不已！多年来，他笔耕不辍，读书著书，《朱永新教育文集》是他多年著述的汇编，共16卷，500多万字。很多著作在国内外影响较大，有的被译为英、日、韩、阿拉伯等文字。《我的教育理想》就是一部充满激情与理想的教育专著，印刷多达20余版次，畅销高达30多万册，被全国广大教师称为"最具震撼力的教育名著"。同时，他践行教育理想，从2002年起，由他发起的新教育试验在全国推广，至2013年全国有25个省市自治区的1500余所实验学校，150余万名教师和学生参与实验之中，他以实际行动悄然改变着中国的教育。他还是近年来阅读推广"第一人"，他提出的"一个人的精神发育史就是他的阅读史""一个民族精神境界取决于这个民族的阅读水平""一个没有阅读的学校永远不可能有真正的教育""一个书香充盈的城市才会是一个美丽的城市""改变从阅读开始"等观点，已经成为全社会的共识。作为全国政协"老兵"的朱永新，目光一直没有离开阅读，连续十多年对阅读问题展开调查研究，提出了诸如建立国家阅读节、把全民阅读作为国家战略、建立国家阅读基金、成立国家阅读推广委员会、加强社区图书馆建设、把农家书屋建在学校、给实体书店免税、国家领导人带头做阅读模范等提案，其中将9月28日设为国家阅读节，是他最为看重的提案之一。它的阅读情怀、教育情怀、使命情怀，为"读书种子"这个称号做了完美诠释。

再来说说梅子涵吧，他是儿童文学作家、上海师范大学教授。几十年来，他为儿童写了几十部书集，如《女儿的故事》《戴小桥和他的哥们》等；作为儿童文学的研究者，他写作、主编了多部理论著作，如《儿童小说叙事式论》等；作为儿童文学教授、博士生导师，他培养了几十位儿童文学研究生。他被誉为"中国儿童阅读推广第一人"。还有其他一些众多的阅读推广人，他们懂阅读，懂教育，懂家长，不遗余力地举办一些活动，不厌其烦地提醒他人，崇尚阅读，坚持阅读，确立"让阅读成为一种生活方式"的文化时尚和生命价值坐标。经过他们的不懈努力，带动和培养了一批又一批的阅读推广新生力量，让越来越多的人受益于阅读。

阅读推广已成为播撒读书种子的主要形式。

我们要大声地说，阅读推广人做的事情，是世界上最美丽的事情，是甚为美丽、极其美丽、尤为美丽的事情。有个美丽的故事：许多年以前，有一个叫爱丽丝的小女孩，她的爷爷告诉她三件事，一是去很远的地方旅行，二是住在海边，三是做一件让世界变得更美丽的事。前两件事不难，难的是第三件事。有一年春天，爱丽丝喜出望外地发现，山坡上开满了一大片蓝色、紫色和粉红色的鲁冰花，这时，她知道要做的第三件事了。整个夏天，她的口袋里装满了花种子，她把它们撒在了乡间的小路边、教堂后边……第二年春天，漫山遍野的鲁冰花全开了，花香袭人，沁人肺腑，小镇变得更美丽、更诱人了。阅读推广人不就是一个个像这位小姑娘的人吗？他们所做的事情是让人心变得更美丽的事情，确实是一种美丽，以书香播种的美丽。

我们还要由衷地说，阅读推广人做的事情，是世界上最阳光的事情，是甚为阳光、极其阳光、尤为阳光的事情。山东省青岛市李沧区阅读推广人林凤谦，曾经是2010年度感动青岛十大人物之一，多年来热心公益助学和读书的推广。他曾深有感触地说："我自己就是因为读书改变了命运，上学时就喜欢读书，参军到了部队，更是变成了书痴。因为爱读书，爱写作，被保送到南京政治学院新闻传播系学习。"他说："我在内蒙古见过开在蓝天下的格桑花，那么灿烂，后来回到青岛，见到同样的花却开得不好。为什么在贫瘠的大草原上开出的花朵比肥沃的土壤中更灿烂？不是缺少营养，而是缺少阳光。书，就是生命中的阳光"。阅读推广人所做的工作，不正是播撒阳光的工作吗？

我们更要反复地说，阅读推广人做的事情，也是世界上最无私的事情，是甚为无私、极其无私、尤为无私的事情。中国共产党早期青年运动领导人萧楚女，生前在农讲所和黄埔军校带病工作时曾说："同学们！你们想蜡烛不是能照亮黑暗、带来光明吗？做人也要像蜡烛一样，在有限的一生中，有一分热，发一分光，给人以光明，给人以温暖。"他形象地形容自己的人生观，是"蜡烛人生观"，并以此自励。蜡烛燃烧的时候，蜡珠顺流而下，火苗闪闪，无声无息地将光明献给了人们，自己却在火苗里，用身躯拼搏，直至生命最后一刻。蜡烛燃烧了自己，却照亮了别人。我们的阅读推广人，不就是蜡烛精神的体现吗？朱永新曾说阅读推广，是一件予人玫瑰，手留余香的工作。我认为，阅读推广人的人生观，正是"蜡烛人生观"，是最无私也最幸福的工作。

综上所述，我们不难得出结论，"读书种子"，既是个形象的称谓，也是个文雅、美好的称谓，还是个有内涵、有温度、有情怀、有精神的称谓。古今中外，凡被称为"读书种子"的人，都是最可爱的人，最可敬的人，还是特别能奉献的人。愿中国的大地上，涌现更多的"读书种子"，涌现更多的"书香家庭"，尽快建成一个温馨浪漫的"书香社会"，建成一个欣欣向荣的文化强国。

读书之诗
——便引诗情到碧空

我从小就爱诗，尤其喜爱劝学诗。记得还是上初中的时候，那时正处"文革"初期，正是"文化荒芜"的年代。上学只学简单的《工业基础知识》和《农业基础知识》，课外书籍几乎为零。此时，比我大两岁的一个发小，他是从河南南阳长大的，因变故返回家乡，从小就酷爱读书，且深知读书之重要。当他看到我们这些伙伴不读课外书时，很是着急。于是，就倡议成立了一个读书小组，每天晚上组织大家读书、学文化课，更多的是读文学、历史方面的书籍。一时，成为我们村一道亮丽的夜读风景。至今人们对此还津津乐道。然而，也有一些少年，不知读书，疏于看书，热衷玩耍。为了改变这种状况，他就组织我们到新华书店，到文化人的家里，购买、搜集劝学诗、读书格言、箴言等，然后用复习纸抄写若干份，人手一册，对大家激励巨大，影响深远。当时搜集的二十多首诗，我至今仍记忆犹新。比如，唐朝韩愈《劝学诗》："读书不破费，读书利万倍。窗前读古书，灯下寻书义。贫者因书富，富者因书贵。"宋代姚勉《劝学示子元夫》诗："事业功名在读书，圣贤妙处着工夫。区区只为潭潭府，不敢如韩训阿符。"清代萧抡谓《读书所有见作》诗："一日不读书，胸臆无佳想。一月不读书，耳目失精爽。"等等。这些劝学诗，语言通俗，说理明确，朗朗上口，易懂易记。当我们第一次读到这些古诗时，心中由衷的感叹，世界上还有如此优美的诗句，犹如春风化雨，滋润心田，令人豁然开朗，心里透亮。应该说，这些诗句，对于懵懂的我们，产生的教育意义是巨大的。一是助力立志。少年是立志的花季，有时需要外力的牵引，有时需要园丁的浇灌。《神童诗》中"少年多才学，平生志气高"和"将相本无种，男儿当自强"等诗句，就是美的牵引，就是读书种子的撒播，就是志向内在力的转化。当我们第一眼看到这样的诗句时，"一个人应当有理想，有志向"的想法在心中油然而生。后来我们那拨人多数都有一份令人羡慕的工作和事业，可能与此时所学诗句有关，志向萌芽很可能在那时就孕育了。二是鞭策勤学。人生得意源于勤，人生失意疏于惰。读书靠勤奋，做事怕懒惰。自古以来，学有建树的人，都离不开一个"勤"字。上述诗句中，"力学如力耕，勤惰尔自知"和"三更灯火五更鸡，正是男儿读书时"，当时均给了我们莫大的鼓励。三是激励惜时。在这个世界上最浪费不起的就是时间。时间流逝，不可捉摸。浪费时间叫虚度，利用时间才是生活，没有什么缰绳能勒住飞驰的时间。劝学诗中"少年易老学难成，一寸光阴一寸金"，对珍惜时间做了最好的诠释。当时看到这样的诗句，就深感时间之重要，懂得了浪费时间就是浪费生命的道理，内心为原来浪费了那么多时光而深深懊悔，决心抓紧时间，努力读书，刻苦读书，为社会做出更大的贡献。

读书之歌
——日日读书季季歌

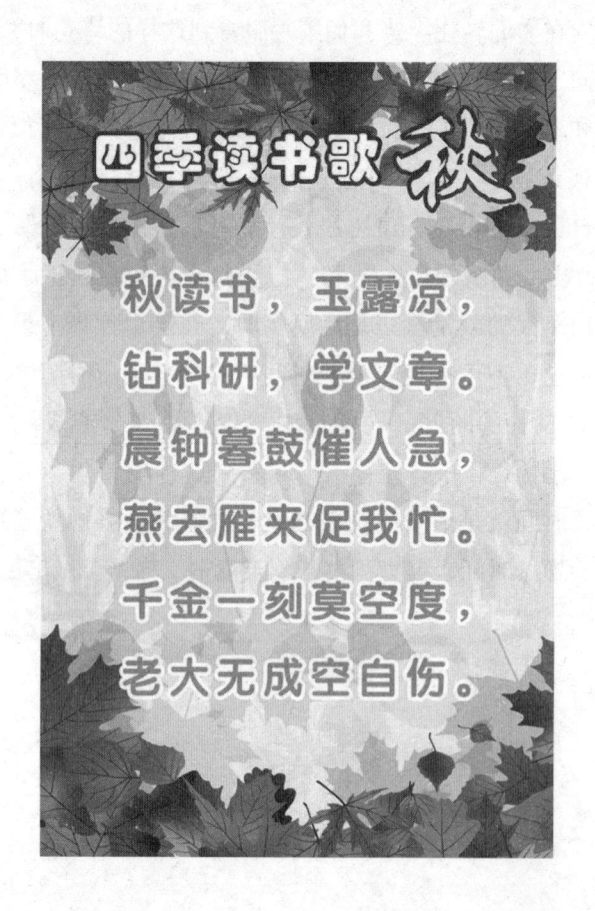

四季读书歌 秋

秋读书，玉露凉，
钻科研，学文章。
晨钟暮鼓催人急，
燕去雁来促我忙。
千金一刻莫空度，
老大无成空自伤。

  歌者，咏也。曲、诀、谣、吟、咏，均应叫歌。自然，凡是赞美、歌颂读书的曲、谣、诀、吟、咏，均应称之为读书之歌。
  读书，是世界上最美妙、最曼妙、最幸福、最甜美、最享受、最惬意、最快乐的一件事。自古以来，无数诗人，用深情的笔赞美过她；无数歌者，用高亢的曲歌唱过她；无数哲人，用圣洁的语言解读过她。然而，在众多诗篇中，使我最为推崇、最为喜爱的是民国时期熊伯伊的《四季读书歌》和宋朝翁森的《四时读书乐》。

《四季读书歌》：

春读书，兴味长，磨其砚，笔花香。读书求学不宜懒，天地日月比人忙。燕语莺歌希领悟，桃红李白写文章。寸阳分阴须爱惜，莫负春色与时光。

夏读书，日正长，打开书，喜洋洋。田野勤耕桑麻秀，灯下苦读声朗朗。荷花池畔风光好，芭蕉树下气候凉。农村四月闲人少，勤学苦攻把名扬。

秋读书，玉露凉，钻科研，学文章。晨钟暮鼓催人急，燕去雁来促我忙。菊灿疏篱情寂寞，枫红曲岸事彷徨。千金一刻莫空度，老大无成空自伤。

冬读书，年去忙，翻古典，细思量。挂角负薪称李密，囊萤映雪有孙康。围炉向火好勤读，踏雪寻梅莫乱逛。丈夫欲遂平生志，一载寒窗一举汤。

《四时读书乐》：

春：山光照槛水绕廊，舞雩归咏春风香。好鸟枝头亦朋友，落花水面皆文章。蹉跎莫遣韶光老，人生唯有读书好。读书之乐乐何如？绿满窗前草不除。

夏：修竹压檐桑四围，小斋幽敞明朱晖。昼长吟罢蝉鸣树，夜深烬落萤入帏。北窗高卧羲皇侣，只因素谂读书趣。读书之乐乐无穷，瑶琴一曲来熏风。

秋：昨夜前庭叶有声，篱豆花开蟋蟀鸣。不觉商意满林薄，萧然万籁涵虚清。近床赖有短檠在，对此读书功更倍。读书之乐乐陶陶，起弄明月霜天高。

冬：木落水尽千崖枯，迥然吾亦见真吾。坐对韦编灯动壁，高歌夜半雪压庐。地炉茶鼎烹活水，四壁图书中有我。读书之乐何处寻？数点梅花天地心。

以上两首读书之歌，至少向我们表达了两种观点，或两种思想，或两种意蕴。

一是天下好事数读书，天下乐事数读书，天下美事数读书，天下甜事数读书。从诗歌优美词句讲，你看，读书多好啊！只要读书，就兴味长，笔花香；只要读书，就心遂平生志，老大不后悔。你看，读书多乐啊！只要打开书，就喜气洋洋，乐不可支；只要打开书，就读声朗朗，乐写文章。你看，读书多美啊！春天，在莺歌燕舞、桃红李白的时光里读书，能不美吗？夏天，在荷花池畔、芭蕉树下阴凉处读书，能不美吗？秋天，在晨钟暮鼓、燕去雁来的氛围里读书，能不美吗？冬天，在围炉向火、踏雪寻梅的环境里读书，能不美吗？你看，读书多甜啊！十年寒窗苦，一举把名扬。寒窗虽苦，勤学虽苦，一旦学有所成，功成名就，什么苦啊累啊，早已抛至九霄云外去了，剩下的唯有甜，只有笑了！另外，从更深的意蕴看，世界上任何事情，均是利害相连、好坏相伴、益损相生。世间最大的好事、乐事、美事、甜事，应是"洞房花烛夜，金榜题名时，久旱逢甘霖，他乡遇故知"，然而，好极也生忧，乐极也生悲，美极也生烦，甜极也生愁。唯有读书，读好书，只有好处，没有害处；读好书，只有益处，没有坏处。读书无论贵贱，读一日即有一日之利；读书无论贫富，读一卷即有一卷之益；读书无论老少，读一遍即有一遍之好。宋代重臣倪思说过一句话很有名，他说："松声、涧声、山禽声、夜虫声、鹤声、琴声、棋子落声、雨滴阶声、雪洒窗声、煎茶声，皆声之至清，而读书声为最。"说的也是这个意思。

二是日日都是读书日，月月都是读书月，季季都是读书季，年年都是读书年。一个人假如不喜读书，不爱读书，任何时候都有理由：春天，困倦；夏天，炎热；秋天，蚊咬；冬天，寒冷。即使这些困难皆能克服，也能找出其他一些托词，什么"没时间啊"，什么"读书有什么用啊"，什么"看微信不也是读书吗"，什么"上班一天这么累，哪有精力读书啊"，等等，各种理由，不一而足。正如林语堂在《读书的艺术》中讽刺不爱读书的歌谣所说的："春天不是读书天，夏天炎炎正好眠。秋有蚊虫冬有雪，若要读书待明年。"如果真是这样，哪有机会，哪有工夫读书啊？只能日复一日，年复一年，天天虚度光阴，月月荒废学业，年年浪费生命。假如热爱读书，酷爱读书，挚爱读书，那么，一年三百六十日，日日都是读书日；一年四季，季季都是读书季。春天，万物复苏，草长莺飞，山光照槛，流水绕廊，百花盛开，百鸟争鸣，好一派"迟日江山丽，春风草花香"的美好景象！面对如此美景，不读书，岂不耽误了时光，辜负了春光！真的体验不到"小鸟枝头亦朋友""绿满窗前草不除"的快乐情趣。夏天，修竹压檐，麻桑四围，小斋幽敞，光线透亮，蝉鸣一树，花开四野，"接天莲叶无穷碧，映日荷花别样红"。此时，手捧一卷，心陷书中，烦躁顿消，物我两忘，岂不快哉！秋天，云淡树高，金色满地，豆花争开，蟋蟀齐鸣，确是个"霜叶红于二月花"的季节，确是个"旧书不厌百回读"的时刻。只要读书，就能尽情品味秋读的乐趣；只要读书,就能悠闲进入"起弄明月霜天高"的境界。冬天,万里寥廓,银装素裹,四壁图书,围炉向火,人在书中,书在手中,茶香书香,相映成趣。读书之乐,乐在其中。身在其中,不读亦难。不读书,怎能体验"围炉向火好勤读"的意境和志趣;不读书,怎能悟透"数点梅花天地心"的高远和浪漫?

愿读书之歌人人唱,天天唱;愿经典好书人人读,天天读。

第五章 家 国

爱读书，善读书，真读书，读书不为当官发财，只为丰盈心灵、塑造风骨的人，才是实在的读书人；为天地立心，为生民立命，为往圣继绝学，为万世开太平的人，才是真正的读书人。

将爱读书、读好书视为家风，人人买书读书，个个用书著书，家庭藏书评书，生活高雅，追求高远的家庭，才是读书之家。

村有书屋，家有书读，人多儒雅，民风淳朴，人无贵贱，无不读书的村庄，才是读书之村。

书香延续百年，世代人才辈出的家族，才是读书之族。

全民读书热情高，人均阅读量高，国民文明素养高；国家图书馆多，实体书店多，家庭藏书多。这"三高三多"应该是读书国家的主要指标和参考。

读书之人（1）
——一房纸卷读天下

何为读书人？民国时期杨玉清先生在《论读书》一文中说："以读书混文凭的人，不是读书人；以读书混官做的人，不是读书人；以读书为时髦、为装饰品的人，不是读书人。"如此看来，只有酷爱读书，终生与书为伴，与书为友，以读书为荣，以读书为乐，把读书作为一种生活方式的人才是读书人。

那么，现代读书人有哪些特点呢？

一是爱书。这是读书人特点之首。一个不爱书的人，很难说是个读书人。懂得书籍的作用，深知读书的意义，明白读书的真谛。视书如宝，观书似命。看到书就心生喜欢，看到好书就爱不释手。家长启蒙，与书结缘；老师引领，与书为伴；往圣教诲，与书神交。有位哲人说："人生的终点，不是死亡，而是与好书绝缘的那一刻；人生的起点，不是诞生，而是与好书结缘的那一刻。"星云大师也常对别人说："公路天空是我的床铺，汽车飞机是我的餐厅，一本书和膝盖是我的书桌，一支笔是我所有的动力。"星云不但是佛界大师，更是爱书的楷模。

二是读书。酷爱读书，应是读书人的显著特点。读书，不是隔三岔五的读，而是天天读，日日读；不是那种"说起来重要，忙起来不要"的读，而是见缝插针、随时随地的读；不是功利性的读，而是关注生命与精神成长的读；不是娱乐化、快餐化的读，而是传承文化经典的读。阅读已成为一种习惯，一种自觉，一种生活方式，已成为生活的一部分。生活即阅读，阅读即生活。

三是买书。喜欢买书，喜欢经常买书，喜欢从不同渠道（书店、书展或网络）买书，喜欢经常带着孩子买书。在购书上，舍得花钱，舍得投资，只要看到好书，或自己喜欢的书，要千方百计买到手，从不迟疑。

四是藏书。喜欢藏书，有条件的家庭有自己的书房，或建立自己的电子书库。什么是藏书家？有一则另类名词解释说："藏书家——让书籍睡在家里，自己在门口守夜的人。"宋代史学家司马光，就爱好藏书，他曾多次教导自己的儿子说："做生意的人要多积蓄一些本钱，读书人就应该收集书籍。"藏书，对读书人来说，是一种精神享受，是一种自我欣赏，是一种高尚情怀。著名文学评论家、散文家李元洛写过一篇散文《上有天堂，下有书房》写道："一介书生的我，不惜冒犯民谣，斗胆唐突胜地，径自改俗谚口碑为'上有天堂，下有书房'。因为20世纪后期，我有幸拥有一间书房以来，我天天文学于其中，文化于其中，精神食粮于其中，其喜洋洋者矣，乐不思蜀也乐不思那虚无缥缈的天堂。"看来，读书人既有藏书又有书房，何其幸哉！

五是著书。包括写文章，写笔记，写日记，写博客，写论文，写著作，等等。作为读书人，把自己在读书过程中的所见所闻、所思所想、所省所悟，或者在某一方面有创新的见解写出来，是一种责任，是一种担当，是一种使命，是文化传承，是精神弘扬。著书，是对读书人的基本要求，不动笔的人很难叫读书人。著名翻译家许渊冲，译莎士比亚的作品，至今交稿10本，出版6本。如今，九十多岁的他，仍然每天工作到凌晨三四点。他说："能出一本是一本，如果我活到一百岁，计划把莎士比亚翻译完。"每个读书人都应学习许老这种生命不息、笔耕不辍的精神。

写到这里，使我想起纪晓岚在《阅微草堂笔记》中记载的一个故事：有一位老学究在夜里赶路，忽然遇到了他死去的朋友。老学究性情刚烈，也不害怕。便问亡友去哪儿去？亡友答："我在阴间当差，到南村去勾摄一人，恰好与你同路。"于是，两人一起走。到了一间破房子前，亡友说："这是读书人的家"。老学究问，你怎么知道？亡友说："一般人在白天都忙于生计，以致淹没了本来灵性,只有到了睡着时,什么也不想,灵性才清朗明透起来,所读过的书,字字都在心中射出光芒,透过人的全身窍照射出来。那样子缥缥缈缈,色彩缤纷,灿烂如锦绣。学问像郑玄(东汉末年的经学大师)、孔颖达(唐经学家),文章像屈原、宋玉(楚国辞赋家)、司马迁的人,所发出的光芒直冲云霄,与星星、月亮争辉;不如他们的,光芒有几丈高,依次递减。最次的人,也有一点微弱的光芒,像一盏小油灯能照见门窗。这种光芒,人看不见,只有鬼才能看见。这间破屋上,光芒高达七八尺,因此,我知道这是读书人的家。"

这个故事虽有迷信色彩,但从一个侧面说明,读书人也是分层次的。考察当代读书史,上至大学问家,下至普通民众,读书内容有较大差异,读书的成就有大有小,所表现出的层次呈立体阶梯状,大体有四种状态。

一是凡人。就是普通读书人。他们喜欢读书,每天都读书。读书是自己的一种爱好,一种习惯,一日不读书,就觉得心里难受。读书目的,一不为名,二不为利,只为精神的愉悦和心灵的丰盈。读书内容也是五花八门,有的喜欢诗歌,有的喜欢小说,有的喜欢历史,完全根据自己的喜好读书。虽然他们没有什么成就,但每天都是充实的;虽然他们物质世界不是很富有,但他们的精神世界却色彩斑斓,气象万千。我身边就有许多这样的读书人。我的一位朋友,是一位普通的中学教师,过着普通人的生活,没有其他嗜好,唯一爱好就是读书,基本上是日读百页书,年读百本书。每天写日记,一日不辍。每读一本书,都写读后感,长则几千言,短则寥寥数语,几十年如一日,这就是一位普普通通的读书人。

二是书人。书人,意谓写书之人。安庆师范学院图书馆副研究馆员黎莉、新阅读研究所研究员朱寅年、阅读推广人吴靖、中学高级教师江富军等人就是书人中的几个代表。他们长期坚持读书,随着阅读量的增加,由读别人的短文、诗歌、长篇,到在报刊上发表自己的文章;由读别人的书,开始梦想写自己的书,出版自己的著作。在目前印刷出版业相当发达的今天,大约有万分之一的人能圆自己的出书梦。这类读书人,出书数量不一,有的一生只写一本书,有的则几本,甚至几十本。出书内容千差万别,或诗歌、或散文、或小说、或随笔、或杂文、或书画、或自传。出书质量也参差不齐,有的文笔隽永,文采飞扬;有的文风朴实,内涵丰富;有的所思所悟,真情实感。

写书，是古人"三不朽"之一，是长期读书的一种必然，是一种创造性劳动。对于读书人来说，是一次蜕变，是一个飞跃，是读书的延续和升华。

三是名人。是指在国学、文学、哲学等领域杰出的或引人注目的大师级人物，是读书能力超常而备受景仰的著名人物，如近现代的唐文治、章太炎、陈寅恪、钱穆和钱锺书等人。他们博览群书，学贯中西；他们学而不厌，诲人不倦；他们具有极高的读书水平，对各科知识均能融会贯通，灵活运用；他们识阴阳，晓变化，知兴衰，明更替；他们上知天文，下知地理，三教九流，无所不通，诸子百家，无所不晓。他们是一群文章、著作曾引起轰动、热议，且长盛不衰的人。这是读书人的较高境界。

四是伟人。是指学问渊博，功绩卓著，受人爱戴、令人尊敬的人。假如凡人如繁星、书人如亮星、名人如北斗星的话，那么，光芒如日月的人物，就是伟人。他们内心光明如日月，精神光大如天地，学问渊博如海洋，情怀高洁如梅兰。他们是几百年甚至上千年仍令人深切怀念、永远纪念的人，如孙中山、鲁迅、毛泽东等人。这应该是读书人的最高境界。

杨玉清先生在《论读书》中，对读书人做过严肃的界定："能辅世长民，能经天纬地，那才真正是中国之所谓读书人。"可见，读书人读书的终极目标，就是改造社会，造福人民，对国家和人类做出贡献。因此，我们要甘心做凡人，立志做书人，不断学习名人，始终爱戴伟人，永远做一个名副其实的读书人！

读书之人（2）
——百无一用是书生

古代读书人，在中国几千年的文明历史中，曾建立了不朽功勋，创造了无数辉煌，单论品性也优点多多，譬如崇天乐道、知书达理、修身养性、乐善好施、安贫守独、豁达宽容等。他们也有缺点，如轻信愚忠、墨守成规、抱残守缺等，然而，从总体上看，他们是一批优秀的人，可爱的人，令人怀念和崇敬的人。

古代读书人的称呼非常多，且形形色色，趣味非凡。比较典型的有二十几种，含有贬义的有，书痴：即书呆子。书箧：讽刺读书虽多，但不解书义、获益甚少的人。学究：常常讽刺腐儒为学究。蠹书虫：字面意为咬书的害虫，转喻死读书的人。掉书袋：讽刺喜好广征博引炫耀自己学问渊博的读书人。含有褒义的相对较多，如学库：喻博学饱识之士。书城：唐代李泌，不但看书多，而且家中藏书汗牛充栋，被誉为"书城"。书仓：后汉的曹平，积石为仓以藏书，号曰"曹氏书仓"。书窟：五代人孟景翌，一生勤奋读书，出门则藏书跟随，终日手不释卷，读书所坐之处，四面书籍卷轴盈满，时人谓之"书窟"。书巢：南宋诗人陆游，在山荫家居时，建造了一个书房，自命为"书巢"。书淫：指好学不倦、嗜书入迷的人。著脚书楼：宋代赵元考的绰号。他博闻强记，经史子集无书不读，因其博学多才当时人称"著脚书楼"。据记载赵元考家富藏书，曾编撰有《澄心堂书目》及《建业文房书目》，著录图书有3000余卷。古代读书人的称呼，不管贬也好，褒也罢，总之，他们都是爱读书、真读书、苦读书的人，都是才高八斗、学富五车的人。

古代读书人的理想非常崇高。主要体现在两句经典名句上：一是"修齐治平"，即修身齐家治国平天下。从字面上理解就是《大学》里讲的，格物而后知致，知致而后意诚，意诚而后心正，心正而后身修，身修而后家齐，家齐而后国治，国治而后天下平。这是一种从小到大的因果关系。"格物、致知、诚意、正心、修身、齐家、治国、平天下"是一个不断递进的过程。朱熹曾认为"八条目"中"格物、致知、诚意、正心"，实质上就是修身的问题。这样，"八条目"可概括为常讲的"修齐治平"四个条目。由此把"修身、齐家、治国、平天下"作为《大学》之道的核心。这是儒家治国之道的核心策略。其中，修身是内圣，齐家、治国、平天下则是外王，只要做到了"修齐治平"，也就实现了儒家内圣外王的最高理想。可见，这四个环节作为一个有机的整体，体现了内圣外王之道，是一个完美的理论体系。而这个体系的精髓和目标就是要实现"克明俊德、以亲九族。九族既睦，平章百姓。百姓昭明，协和万邦"的和谐理想社会。二是"四为句"，即"为天地立心，为生民立命，为往圣继绝学，为万世开太平。"这是北宋理学家、史学家张载所说。涉及社会和民众的精神价值、生活意义、学统传承、政治理想等内容。我们可以把张载的"四为句"翻译成：为社会重建精神价值，为民众确立生命意义，为前圣继承绝之学统，为万世开拓太平之基业。这是古代读书人的历史使命和最高理想。有多少人为之不懈努力，有多少人为之奋斗终生，有多少人为之流血牺牲。由于时代和历史的局限，他们的理想和使命很难实现。

古代读书人善养浩然之气。主要体现在四个方面：一是壮气。临渊不惊，临危不惧；宁死不屈，宁折不弯；宁抛头颅，不失节操，国难当头能愤然而起，危急时刻敢舍身成仁。风萧萧兮易水寒，壮士一去兮不复还。二是豪气。把酒临风，横槊赋诗；壮心不已，志在千里；自信人生二百年，会当水击三千里；万物皆备于我；当今之世，舍我其谁；天生我材必有用，千金散尽还复来。三是逸气。不以物喜，不以己悲；心不恋进退，思不虑得失，举杯邀月，游目骋怀；不求与日月相始终，只见今世之乐无穷。四是清气。与天地相应和，与自然相吐纳，万物静观皆自得，四时佳兴与人同；春虫秋蝉尽可入目,夏雨冬雪皆可濯心;见花落水流,能知其旨趣,听禽鸣天籁,可悟其天真。

古代读书人还是个有担当、有骨气、坚守民族大义和独立精神的群体。从屈原到韩非,从司马迁到班固,从嵇康到陶潜,从李杜到八大家,从辛弃疾到方孝孺,从王夫之到龚自珍,他们缔造了一个伟大民族的文化土壤,赋予了一代代中华读书人不屈的品格。他们是华夏文明的传承者,是家国苦难的承载者,是封建强权的反抗者,是涵养世界的拓荒者。他们的风骨可谓感天动地。在他们生活的时代,如果他们稍向君王、权贵做些让步,他们就能得到高官厚禄,或者平步青云,飞黄腾达。可他们天性太倔,所以,要么遭流放,要么受到刑罚,要么连累家族,甚至身首异处,血溅七尺,但他们仍不改其志。"铁肩担道义,辣手著文章""穷则独善其身,达则兼济天下""安得广厦千万间,大庇天下寒士俱欢颜""苟利国家生死以,岂因祸福避趋之",这些千古名句正是这些读书人的真实写照和诠释。"大江东去,浪淘尽,千古风流人物",能代表一个历史时代的,不是坐拥江山、君临天下的皇帝,也不是呼风唤雨、叱咤风云的枭雄,而是这些"读书人"。他们所代表的正是民族精神文化的主体,柔弱的书生实为民族的"脊梁"。

古代读书人的人生目标非常高远,即立德、立功、立言,史称"三不朽"。据《左传襄公二十四年》记载,晋国的范宣子以为,自己家族世代为官,可称"死而不朽"了。国人穆叔(叔孙豹)说,那只是"世禄",不是"不朽","豹闻之,大上有立德,其次有立功,其次有立言。虽久不废,此之谓不朽。"立德,即树立高尚的道德;立功,即为国为民建功立业;立言,即提出具有真知灼见的言论。此三者才是虽久不废,流芳百世的。虽说古代杰出读书人多如过江之鲫,但是能达到"三不朽"的却不多。

据说,我国历史上能够称为"三不朽"的读书人共有两个半人,分别是孔子、王阳明和曾国藩(半个——原因是他镇压太平天国农民起义)。孔子是世界上公认的伟大教育家和思想家,被后世称为"万世师表"。1984年被联合国教科文组织评为"世界十大历史文化名人",名列第一。孔子创立的儒家文化成为中国封建社会国家指导思想长达两千余年。

王阳明是中国古代哲学史上的"心学大师",对于人生存在意义所做的哲学反思,具有反叛性、挑战性。他的功劳在于使得人的主体意识得到空前的提高。今天在浙江余姚他的故居有一副楹联为"立德立功立言真三不朽,明理明知明教乃万人师"。曾国藩,清朝时期的军事家、理论家、政治家,文学上也有成就。他大到治国、治军,小到治家、修身。有很多东西值得人们思考和学习。毛泽东、蒋介石、梁启超等都把他作为人格偶像来崇拜。有人用对联总结曾国藩一生:"立德立功立言三不朽,为师为将为相一完人"。

古代读书人的优秀品德、优良品格、优美品行还有很多,在这里只能挂一漏万地略述,但是他们留下的精神财富和文化遗产,我们要继承下来,发扬光大,使之永流传,传千古。

读书之人（3）
——情怀不败读书人

　　古代读书人除了理想崇高、目标高远、正气浩然、风骨浩荡外，他们的情怀也可圈可点，光耀千秋。本篇仅就古代读书人的情怀，略品一二，供己内省。

　　家国情怀。所谓家国情怀，就是忠诚为家，报效国家。换言之，家国情怀，就是齐家治国情怀。"一片丹心图报国，两行清泪为忠家"，就是对家国情怀最好的诠释。自古以来，无数读书人把此作为人生的理想和追求，所有的人生价值和人生意义都深深植根于家国天下之中。家国情怀首先是一种爱国情怀。在这方面，苏武牧羊北海边，心存汉社稷的故事最能打动人。西汉时期天汉元年（公元前100年），汉武帝准备攻打匈奴，匈奴派使者求和。为表善意，即派中郎将苏武拿着旌节出使匈奴。到了匈奴，送上礼物准备返回，不想这时匈奴中有人造反，苏武的手下牵连其中。苏武知道自己有辱使命，决定自尽，未遂。单于就把他关押起来不给饭吃，苏武靠吃雪和毡毛活了下来。匈奴人认为很不可思议，就把他流放北海边牧羊。所有羊都是公羊，要求他让公羊生下小羊才让他回去。19年后，经过千辛万苦，苏武才回到了长安。苏武出使时才40岁。19年后，长安的人民出来迎接他，看到白胡须、白头发的苏武手里拿着光杆子的旌节，没有一个不受感动的。苏武的故事，就是对爱国情怀的最好解读。其次是齐家情怀。家庭是社会的细胞，是一个人生命的来源与成长的依托，也是一个人精神的归宿与情感的寄托。只有把家庭建设好，使人拥有和睦的家庭、浓厚的亲情并恪守孝道，才能为国家安宁提供坚强的支撑。孟子曰："天下之本在国，国之本在家，家之本在身。"儒家主张家国同构，我们熟知的"一屋不扫，何以扫天下""一室不治，何家国天下之为"，就是最好的说明。只有把家庭建设好了，方能全身心投入国家建设。有时家和国也有冲突和矛盾，一事当前，是先家后国，还是先国后家，往往能彰显一个人的情怀和精神。千百年来，深明道义的读书人，在利益面前，他们往往会将国家利益放在首位，毫不犹豫地放弃个人和家庭利益，甚至牺牲自己的生命。林则徐说："苟利国家生死以，岂因祸福避趋之"。谭嗣同在"百日维新"失败后，虽有机会逃走，但却选择了牺牲。临刑前，他写道："我自横刀向天笑，去留肝胆两昆仑。"这些大义凛然的形象，正是读书人家国情怀的突出显现。

忧乐情怀。是否忧民忧国、乐民乐国，是检验一个读书人忧乐情怀的重要标准。民众痛苦，他忧心忡忡，国家灾难，他昼夜难眠，这才是一个真正的读书人。忧乐情怀是儒家文化的重要元素，自古为文人学士所推崇。孟子的"生于忧患，死于安乐"，屈原的"长太息以掩涕兮，哀民生之多艰"，杜甫的"穷年忧黎元，叹息肠内热"，顾炎武的"天下兴亡，匹夫有责"，左宗棠的"身无半亩，心忧天下"等诸多名言，莫不道出历代读书人对国家的关心、对黎民的关爱。乐亦如此，"君子乐得其道"和"乐以天下"，均是读书人忧乐情怀的至高境界。宋代文学家范仲淹是古代忧乐情怀的集大成者，其千古名句"先天下之忧而忧，后天下之乐而乐"，成为忧乐合一高尚境界的经典表述。另外他在其他方面的一些论述同样使人感慨：在天下与个人的关系上，他提倡"不以己欲为欲，而以众心为心"，说的是要大公无私，克己奉公，无论何时何地、顺境逆境，都要胸怀天下，心系民众，始终把国家兴亡、苍生苦乐放在首位，置于心中。在忧与乐的关系上，他主张"进则尽忧国忧民之诚，退则处乐天乐道之分"，也就是说在位时，应为国家的兴旺发达、百姓的安居乐业而夙兴夜寐，不在位时，则应以顺时顺天、回归自然而自得其乐。这是何等高尚的思想境界和忧乐情怀！

担当情怀。有人曾评价过古代读书人："中国古代文人有两条命，一个是生命，一个是使命。"可以说，古代文人有着崇高的责任感和使命感。他们把责任和使命看得比生命还金贵。孟子说过"生亦我所欲也，死亦我所欲也。二者不可兼得，舍生而取义也。"他们展现出来的这种担当精神，让无数人引以为自豪。在中国历代文人中，仅担当而言，苏东坡便是个典型代表。他的一生都是在贬谪中度过的，他不屈于现实，坚守自己的操守，即使在饱受迫害的情况下，也仍然坚持理想，追求梦想。无论是从《水调歌头》里的"但愿人长久，千里共婵娟"，还是《卜算子》里的"缺月挂疏桐，漏断人初静"，再到《江城子》"老夫聊发少年狂""射天狼"，直至《赤壁赋》的"唯山间之明月，江上之清风，是造物者之无尽藏也"。从这些诗作中，我们可以看到苏轼的一种坚守，一种担当。在苏轼的一生中，都在为国计民生奋斗着。在政治上，他主张变法革新，既反对保守派的"祖宗之家法不可变"，又反对王安石的激进。其实，这也决定了他被排挤的命运。在民生方面，他兴修水利，治理黄河，解决江南水患，成为百姓眼中的"苏青天"。不论时局如何变换，不变的是他那份担当，那份忠心，他心怀百姓，心怀社稷，为国家、为百姓，他可以不计回报，不计前嫌，这便是苏轼的担当情怀和宽广胸襟。

山水情怀。大自然鬼斧神工的山水，钟灵毓秀，风情万种，仁者乐山，智者乐水。自古以来，读书人总是投身于自然山水之中，怡情悦性，吟诵歌咏。美丽的山水与多情的文人结合，便是那一篇篇传诵千古的山水美文。"登山则情满于山，观海则意溢于海"。南宋的文学家、史学家吴均，因撰《齐春秋》而触怒了梁武帝，遭焚书贬官。而富春江山水却因此而大幸。"风烟俱静，天山共色；从流飘荡，任意东西"，多么明丽而宁静，从容而怡然的情景。"水皆缥碧，千丈见底，游鱼细石，直视无碍"，江水是那样的清澈、透明。更奇的是它"负势奇上，互相轩邈，争高直指，千百成峰"。把原本静止的重山叠岭写活了。更令人叫绝的是山中"泠泠作响"的泉声，"嘤嘤成韵"的鸟声，"千转不穷"的蝉声，"百叫无绝"的猿声，简直就是一首大自然的交响曲。唐宪宗永贞元年，柳宗元因参加翰林学士王叔文领导的政治革新运动失败，被贬为永州司马，初到永州任闲职，终日游览山水，直到有一天偶然发现西山,有一种找到知音般的欣喜。于是,淋漓尽致地表达了自己孤标傲世的情怀。欣喜之余,"引觞满酌,颓然就醉",以至于"心凝形释,与万化冥合",达到了一种物我交融、天人合一的绝妙境界。

古代读书人的情怀,让我们欣赏,令我们赞美,更让我们感动,使我们感奋。如果我们不爱国,不爱家;如果我们不忧国,不忧民;如果我们不担当,不奋起;如果我们不乐山,不喜水,我们将何以面对古人,无愧子孙?

读书之人（4）
——立心立命为圆梦

我一直以为，"为天地立心，为生民立命，为往圣继绝学，为万世开太平"的真正的读书人很难找到。最近，当我有幸读到王承书的故事后，改变了我原来的看法。感天动地的事迹，让我眼前一亮，使我感慨，这不就是我要寻找的真正的读书人吗？

王承书，1912年6月26日出生于上海一个书香世家。读小学和初中时，曾两次因体弱多病休学一年，非但未落下功课，且成绩还遥遥领先。17岁时，喜欢上了物理学。1930年，考上了燕京大学物理系，班里13个新生，她是唯一的一名女生。经过四年的努力，1934年她成了物理系连续三年以第一名成绩毕业的女生，并获得学校当时最高荣誉——金钥匙"斐托斐"名誉学位。两年后，又获燕京大学硕士学位。也正在此时，她遇到了她一生的挚爱，他叫张文裕，是燕京大学教授。1939年，在著名物理学家吴有训的见证下，他们喜结连理。1941年，她获得美国巴尔博奖学金，丈夫陪她一起来到美国。当时的密歇根大学，从来没有接收过已婚妇女做学生，国际物理学权威乌伦贝克教授，硬是破例收下了她，让她进行气体动理这一理论的研究。1951年，她和导师创建了以他们姓氏命名的"WCU（王承书-乌伦贝克）方程"，一经发表就轰动了全世界，这个极有价值的公式，至今仍为科学界引用。接下来，她又第一个证明了索南多项氏。这个成果再次引起国际学术界的巨大轰动。当时好多人认为，她的前途无可限量，如果继续在美国发展下去，假以时日，将有极大可能获得诺贝尔奖。

然而，她却拒绝了这样光明无限的未来。

1949年，当中华人民共和国成立的喜讯传来时，她就迫切想要回国效力，可当时朝鲜战争爆发，美国不允许他们回国。到了1955年，中美达成有关协议，她终于等来了回国的机会，她与丈夫马上提出申请，第二年就回到了祖国。

1958年，我国筹建热核聚变研究室，尽管她从未涉足过该领域，但经过两年的刻苦努力，就成了该领域的顶尖专家。正当她乘风破浪奋力前行时，又一个秘密任务摆在她的面前：分离铀同位素。如果她接受了这个任务，今后将不能再出席任何公开会议，为此将隐姓埋名一辈子。1962年，她告别丈夫和孩子，悄悄来到中国第一座浓缩铀工厂——504厂。在众多科研工作者中，她是唯一的一名女性。在504厂，她抢时间、抢任务、抢速度，忘我工作，和大家一起先后解决了数百个理论、技术、材料、工艺等问题。1964年1月14日，504厂终于成功取得第一批高浓铀合格产品，为原子弹爆炸提供了最根本的燃料保证。同年10月16日，伴随着一声巨响，硕大的蘑菇云在神州大地腾空而起，超级大国的核垄断终于被打破。1973年，她又提出开展激光分离法的研究，经过艰苦攻坚，在1991年实现了激光分离浓缩铀，成为我国激光分离技术上一个重大里程碑。

她的毕生奉献令人肃然起敬，更可贵的是她一生淡泊名利。她家中的陈设，除了三个旧书柜、一套旧沙发，就是睡了一辈子的硬板床。她同丈夫生前约定，不给孩子留钱财。丈夫去世时，她将十余万元的积蓄捐给了希望工程，又在西藏日喀则萨迦县捐建了一座"文裕小学"。

王承书的故事，让我们看到，她的志向是如此高远，心胸是如此宽广，眼光是如此远大，情怀是如此高洁，理想是如此伟大。应该说，她是科学家的标杆，是知识分子的典范，更是读书人的骄傲。她的不凡经历和感人事迹，足以功垂青史，让人永远铭记！

读书之家
——家溢书香能致远

读书之家也叫"书香之家"。古人为防止蠹虫咬合书籍,便在书中放置一种芸香草。这种草,有一种清香之气。夹有这种草的书籍,打开之后清香袭人,故而称之为"书香"。后来,人们据此加以引申,形容读书人有"书香气",而读书人家则被称之为"书香之家"。

家有书香,是中华民族的一个优良传统。《颜氏家训》中写道:"若能常保数百卷书,千载终不为小人也。"古人正是看到了读书对于一个人成长的重要,才谆谆教诲自己的后辈,要多读书。我们先辈崇尚读书,重视读书,不仅流传下来很多有关头悬梁、锥刺股、囊萤映雪等读书励志的故事,还有"读万卷书,行万里路""有田不耕仓廪虚,有书不读子孙愚""腹有诗书气自华"等读书名言警句流传千古。正是这些读书故事、读书格言,激励着一代又一代中国人以读书为荣,以读书为乐,以"读书之家"为荣,以"书香之家"为乐。

家,是人们活动最多的地方。如果没有书香,仅仅只是吃饭睡觉的场所。家,一旦有了书籍的存在,有了阅读的浸润,那气象就变得与众不同。是读书让家变成了一个有趣的精神空间,是阅读赋予了它特别的文化气质,是阅读让家闪闪发光,是阅读让有趣的灵魂散发香气。读书人家被人称为"读书之家"应具备以下几个条件：一是爱书。把书看作是心爱之物、酷爱之物、钟爱之物、挚爱之物、宠爱之物。二是买书。常到书店或在网上购买自己心爱的书籍。购书开支能占消费支出的1/10，每年购书在20本以上。三是藏书。有条件的家有书房；无条件的有书橱。藏书应在2000册以上。四是读书。成为习惯，成为需要，成为一种理想的生活方式。每日读书在半个小时以上。五是用书。把学到的知识用到工作、生活上，用到提升人文素养和思想境界上。六是写书。家庭成员多数有自己的著作问世。

读书助力事业腾飞。从某种意义上说，读书是干好工作的不竭动力，是事业成功的"催化剂"。读书使人方向明，目标清，浑身有用不完的劲。读书使人睿智，办好事情有方向，处理问题有办法，解决难题有招数。浙江省有这么一家人，是典型的读书之家，曾被评为"浙江省学习型家庭"。家有藏书25000余册。一家之主总在繁忙的工作之余坚持著书立说，十多年来，他主编或参与编著的书籍20余本，发表各类文章100多篇。他的爱人是中学教师，也酷爱读书。读书使她学养丰厚，师德馨香，教书育人俱佳，工作成绩优异。结合工作，她出版了60余本专著和教学用书。在父母的言传身教下，他们的儿子也从小就养成了读书习惯，学习成绩常常名列前茅。

读书有助家庭和睦。读书的人必然豁达宽容，通情达理；读书的人，往往像孩子一样真诚，像夕阳一样温暖，像天空一样宁静。只要有书相伴，即使相互之间有摩擦，同样的矛盾却有不一样的化解方式；即使跌入平凡与琐碎，同样的事情处理，却有不一样的情调。应该说，读书是家庭和睦的"黏合剂"。广西壮族自治区有一家村民，原来婆媳关系一直不太好，吵吵闹闹是常事。后来这位媳妇因为读书，转变了她的观念与看法。接下来的日子里，她不再对婆婆生气了。在一起的时候,还经常给婆婆讲讲书里的小故事。婆婆出去打牌时为她泡上一杯茶,回来晚了给婆婆留好饭菜,遇到摩擦时先避一避。一段时间后,婆婆也发生了较大变化。从此,一家人变得其乐融融。

读书营造高雅生活。在读书的家庭里,阅读是精神生活的"主旋律",业余时间常常洋溢着温馨、求知、上进的文化氛围。海军首个获得全国"书香之家"荣誉称号的东海舰队杭州舰副政委王全忠一家,热爱读书,每天读书早已成为习惯。王全忠每天晚上入睡之前,一杯清茶,一本书,都要读上两个多小时。无论在单位值班,还是在家休息,除了体育锻炼,最多的时间便是泡在书里,遨游于书海,以至于被朋友笑称为"三不会干部":不会麻将,不会扑克,不会网游。周末假日里,他们一家会相约去图书馆阅览图书;去电影院看文艺片;去博物馆聆听讲座,观看书画展;茶余饭后品味书香,欢度时光。

家庭是社会的细胞,是人生的第一所学校。每个社会因为有不同的个人和家庭的存在而充满活力,而不同家庭的丰富多彩构成一幅世界的图画。因此,倡导全民阅读,关键在于倡导家庭阅读;建设书香中国,核心在于建设书香家庭。华裔旅美文学家、翻译家柳无忌先生说得好:"我们盼望有无尽数的书香家庭、书香社团、清茶书铺,以及为读书服务的图书馆,联合起来,构成一个理想的却并非不能实现的书香社会。"台湾社会精英倡导"新读书主义",提出"自己再累也要读书,工作再忙也要谈书,收入再少也要买书,住处再挤也要藏书,交情再浅也要送书。"对建设书香家庭、书香社会提出的理念,更具体、更有指向性。每个家庭都应行动起来,努力让读书成为一种自觉,一种习惯,带头打造书香家庭,让爱读书、会读书、读好书成为家风。营造良好的读书环境。书房和书本应占据优越位置,把封面优美的书籍,放在显眼的、孩子可随手拿到的位置,让电视靠边,让手机靠边。家长应自觉为孩子做好表率,当好引领者,选择好书籍,培养孩子的阅读爱好,与孩子一起享受阅读的快乐与幸福,早日成为名副其实的"书香之家",为建设理想的书香社会做出应有的贡献。

读书之村
——孤村到晓犹灯火

　　一个村庄,不管富庶或贫穷,倘若人人爱书,个个爱读,该是多么美好的事情!读书的村庄,一定民风淳朴,村风敦厚;读书的村庄,一定村有书屋,家有书读;读书的村庄,一定家溢书香,户绕书声;读书的村庄,一定言谈文明,举止儒雅;读书的村庄,一定学校典雅,教师德高;读书的村庄,一定学子众多,人才辈出。古人曾对读书的村庄有过这样的描述:"家有诗书,人多儒雅,序塾相望,弦诵相闻""人无贵贱,无不读书"。这可能是对读书之村的最佳诠释。可惜,像这样的景象,在全国应该鲜有。然而,也有不少典型事例,让人高兴,令人欣喜。古代有所谓"宰相村""进士村",现在也有不少现代版的"状元村"。这里不妨列举几例:

　　山西省运城市闻喜县礼元镇裴柏村,是个著名的"宰相村"。自秦汉以来,历六朝而盛,至隋唐而盛极,五代之后,余芳犹存。在上下两千年间,"豪杰俊迈,名卿贤相,摩肩接踵,辉耀前史,茂郁如林,世不乏人。"据《裴氏世谱》记载,裴氏家族在历史上先后出过宰相、大将军、中书侍郎、尚书、侍郎、常侍、刺史、太守400多人,郡守以下不计其数。正史立传与载列者600多人,名垂后世者不下千余人。七品以上官员,多达3000多人。其家族人物之盛,德业文章之隆,在历史上堪称罕见。正可谓"将相接武,公侯一门"。裴柏村以"中华宰相第一村"的美誉而蜚声中外。

　　浙江省庆元县松源镇大济村，在历史上自宋仁宗至宋理宗年间陆续出现了 20 多位进士及非进士出身涉足仕途者 100 余人，故有"进士村"之美誉。吴氏始祖在创建大济村之初，曾不惜重金建造了一座"豹隐洞"书堂，聘请名师教授四子应试制艺文章，十年内伯仲双双题名雁塔，赫然名震乡里，时称"一门双进士"。在当时方圆不过二华里，人口不过三百人的小村庄，肇基始祖儿子至玄孙的两百多年间，蝉联进士二十多名，占全县进士三分之二。宋朝时，著名理学家朱熹曾游学于此；明朝时，著名哲学家王阳明曾到大济讲学；清康熙年间，名儒陆珑琪慕名到大济游学，在"日涉园"书院讲学三年。

　　广东省深圳市宝安区观澜街道办丹坑村，是个有着 600 多年历史的古村落。村民大多姓莫，他们的祖先，就是两广地区首个状元——莫宣卿。爱读书是莫家人的根，爱读书、爱知识是这个家族最大的文化基因，崇文重教是这个家族千年不变的传统。莫家一个鲜明的特点，就是从事教育的人特别多，"丹坑村出校长"这一传统实际上是对丹坑人乐意投身教育事业的一种民间描述。

　　湖南省邵阳市隆回县虎形山瑶族乡富寨村，地理位置偏僻，多年来考入大学者却众多。他们中有的从事教育，有的从事医学，有的投身科技，有的献身国防。该村还产生了第一对夫妻博士，不仅是同村人，且还同在大学任教授。该村被人们称为"状元村"。

　　安徽省亳州市蒙城县岳坊镇葛寒寨村，俗称"状元村"。该村除了晴耕之外,十分重视雨诵,读书之风盛行。改革开放以来,该村考入各类大学几百人,其中有亳州市文科、理科高考状元,蒙城县理科高考状元多名。同时,还有多人留学于美国、德国和加拿大等国。

湖南省娄底市新化县水车镇楼下村,一个近千人的小村庄,先后有一百多名莘莘学子踏入全国各地的知名学府,也是闻名遐迩的"状元村"。清代两广总督游子太、近代"睁眼看世界第一人"思想家魏源、辛亥革命先驱谭人凤、湖南一师曾与毛泽东同桌的罗翙吾等杰出代表,都曾在此地求学。

山东省泰安市岱岳区化马湾乡洼里村,是个小山村,以种植为生,也是个远近闻名的"状元村"。多年来,该村形成了比学赶超的学习氛围,人才辈出,家家户户基本上都有大学生。

河北省邯郸市馆陶县路桥乡王桃园村,一百多户人家,考入大中专院校的就有一百多人,其中不乏硕士、博士,成为当地有名的"状元村"。王桃园地处偏远,民风淳朴街道规划井井有条,村子中央一面墙壁上,有个专栏引人注目,红底黑字记录着考上大中专院校大学生的名字。

纵观以上"宰相村""进士村""状元村",自然环境并非良好,读书条件并不优越,有几个村甚至地处穷乡僻壤,为什么古代能产生如此众多的宰相、进士、状元,现代产生如此多的大学生,原因固然有很多,但都具有如下相同的特点:

家训传承。裴柏村裴氏家族之所以声名显赫、历久不衰,除了特定的历史因素外,主要是和裴家严格的祖训家规有关。裴氏始祖曾制定了十二条家训,其中第九条就是读书明德:"人不读书,马牛襟裾。学而时习,其乐有余。一技专长,生计无虞。立达希贤,典型规模。"意思是说,人如果不读书,就和马牛一样不懂得礼节。学习的时候,经常温习,其乐无穷。人要有一技之长,生计就没有顾虑。向社会贤达看齐,争做典范楷模。这些家规祖训,对于敬宗尊祖、耕读行世、崇德向善,保持宗族的繁荣发展,发挥了重要作用。两千年来,裴氏族人传承家风,严守祖训,躬身践行,不仅以此律己,更以此激励和教育着裴氏家族一代又一代后人发奋读书,锐意进取。在《裴氏世谱》的《列传》中,我们看到这样几个例子:裴炎在弘文馆就读时,每逢休假,别的学生都外出游玩,可他仍坚持读书。裴休"童时与兄俦、弟俅偕隐济源别墅,昼讲经,夜著书,终年不出户"。而裴植的母亲夏侯氏管教子女更加严厉:"小有罪过,必束带伏阁,经五、三日乃引见之,督以严训。"正是由于裴氏子弟的自强勤奋和森严家规,才使裴氏"将相蝉联出,公侯奕叶长"。

尊师重教。裴柏村裴氏后裔以德馨为荣,以读书为乐,非常注重子女的读书和教育,村子里最好的建筑,就是投资100多万元建造的学校。建校的时候,村民们踊跃参加,自发捐款近20万元。尊师重教是我国自古以来的优良传统,是弘扬文明、传承文化的基础之策。然而,在那个特殊的年代却遭到了严重破坏。恢复传统,任务艰巨。当时姚庙村党支部书记苏光明是个睿智的人,他在这方面采取了两条措施:一是把学校建好。1968年,他带领众乡亲把村里的一座老庙拆掉,建起了有20间砖瓦房、4间草房的小学,无钱添置课桌、凳子,他就带领老师到处砍树,有棵大桑树连续砍了两天才刨掉。老师们白天上课,晚上当木匠,做了200多套桌凳,成为当地唯一不用学生自带桌凳的农村小学。二是把老师的心拴住。在那个年代,有个老师叫孔三顺,因其家庭背景有所谓"污点",有的人想把他赶走,苏支书顶住政治压力,发动村里的党员硬是把孔老师留了下来。后来,孔老师成了姚庙学校的校长,还被评为省劳动模范。当年实行的是工分制,姚庙小学的老师都享受村支书的待遇,高出社员们平均工分的20%。在这种尊师重教的浓厚氛围下,老师们干劲十足,全身心投入教学工作中。1987年,刘绪清老师腿上长了一个毒疮,不能走动,他硬是让学生把他抬上讲台。1977年冬季,国家恢复高考,姚庙村考取了6个大学生,在当时的随县轰动一时。1983年小学升初中,姚庙村考上初中的学生占了全镇30多个村庄的三分之一。近年来,该村更是人才辈出,事业有成者众多。

家长助力。孩子们的读书成才之路,尤其是贫困地区的学生,离不开家长的谆谆教导和经济支持,否则,情形难以想象。20世纪70年代,富寨村村小的8个教师中,有7个是本村的民办教师,虽然他们并非科班出身,但他们深刻认识到只有读书,孩子才有出路。一开始,他们就向学生和自己的孩子灌输这个思想,激发孩子的内动力。正因如此,7位民办教师小孩儿基本上都考上了大学。在众多的家长中,几乎所有的家长都坚持这样的信念,只要孩子想读书,愿读书,哪怕再苦再累也要让孩子上学。村民罗光旭两个儿子都是大学生,他说,为了让孩子读书,曾南下广东做了13年的建筑工,仅在老家过过两个春节。他每天要在建筑工地劳作10多个小时。最初每月只能拿400元的工资，但为了孩子，他硬着头皮坚持了下来。姚庙村的姚行翠老人提起往事仍老泪纵横，她的丈夫病逝前，一再嘱咐她一定要让五个孩子读书认字。因家中种种困难，四个孩子先后失学，为不辜负丈夫的重托，咬咬牙，借了5000元的高利贷，硬是将三姑娘吴爱玲供上了大学。吴爱玲在读高中时买不起菜，母亲就炒白盐送到学校，给女儿下饭。如今，吴爱玲已是随州市曾都二中的一位英语老师，她教的两个学生先后获得全国英语奥林匹克竞赛一等奖。

榜样引领。榜样的力量是无穷的，榜样是看得见的"哲理"。好的榜样，是最好的引导；好的楷模，是最好的说明。身边鲜活的榜样，如旗帜、如标杆、如镜子，释放出无形的感染力、影响力，能够起到春风化雨、润物无声的效果。一个大学生能带动一群中学生；而一群大学生，可以带动整个村庄或几个村庄。改革开放后，王桃园村走出了第一批大学生，如今这些人在各乡镇和县直部门的岗位上，为家乡的发展做出了突出贡献。正是这些身边的人和事，对孩子们的学习热情起到了潜移默化的激励和推动作用。随着社会的日益发展，村民们更加认识到知识的力量，读书的重要。大家串门聊天，谈论最多的话题，就是孩子的学习。姚庙村走出去的大学生，大多已事业有成。通过读书，使一个个农家子弟改变了命运。这些成功案例，成为孩子们日后争先效仿的榜样和长辈们教育子女的"资本"。

以奖促学。乘着改革开放的东风，丹坑村的经济条件越来越好，于是，2004年村里做出了一个决定，只要考上大学就能得到一定金额的奖励，并从第一位大学生开始补发。本科奖励5000元，专科奖励3000元，还为大学生们赠送牌匾，牌匾上的话都是根据每个人的具体情况所特制的。村里的干部说，奖金可能很快就花完，但牌匾将伴随他们一生一世，希望能起到激励作用，让他们一直奋斗下去。2006年，丹坑村有9名学生参加高考，8人顺利考上大学，七女一男，将他们称之为"七星伴月"。为鼓励学子，2007年奖励力度有所提高，本科生提高到8000元，专科生提高到5000元。段村从2005年以来，村里每年都会为考上二本以上院校的学子们赠送"功德匾"。2016年，全村共有9个学生考上了二本以上的院校。"功德匾"上书写"关爱教育，功德无量"八个大字。村支书王相奎说这有两个用意，一是增强学生、家长以及社会对教育的关注，重视教育、关爱教育，为教育的发展营造良好的环境。二是用以激发学生的学习热情，促进他们奋发有为，不断进步。

家训传承，尊师重教，家长助力，榜样引领，以奖促学，是读书之村的突出特点，望读书之村如烂漫山花开遍祖国的大江南北。

读书之族
——家族代有才人出

一个人喜爱读书易，一个家庭长期坚持读书易，倘若一个大家族书香延续千年，世代人才辈出真的很难。然而，有一个家族做到了，这就是江南钱氏家族。该家族名人辈出，堪称近代望族，有人总结钱家出过"一诺奖、二外交家、三科学家、四国学大师、五全国政协副主席、十八两院院士"。这究竟是怎样一个家族呢？

先祖播种。俗话说得好：种瓜得瓜，种豆得豆。祖先种善，子孙得善；祖先种恶，子孙得恶。钱氏家族的先祖播撒的种子中，有个非常神奇的种子，不是别的，正是"读书种子"。他们的先祖钱镠（852—932），浙江临安人，我国五代人士，出身寒微，7岁属文，15岁辍学，21岁从军，骁勇多谋，曾任临安石镜镇偏将。907年被五代的梁朝封为吴越国国王。主政吴越后，崇儒纳贤，好学不辍，不但熟读春秋，而且兼习武经，尤其在晚年，酷爱书法，擅长隶书，有《题钱明观桥记》等精品传于后世，为子孙后代树立了勤奋好学的榜样。在他的影响带动下，王室读书蔚然成风。特别是教育后代读书至要、读书明理、知书达理，强调"读书为第一等事，读书子弟为第一等人"。为使书香家风代代相传，他深谋远虑，生前两度订立治家"八训""十训"，要求子孙秉承祖训，清正恭谨。后来演变为宝贵的精神遗产——《钱氏家训》。此家训分为个人、家庭、社会、国家四个部分。其中,在个人方面,他嘱道:"读经传则根底深,看世鉴则议论伟;能文章则称述多,蓄道德则福相厚。"在家庭方面,他说道:"子孙虽愚,诗书须读。"在社会方面,他信奉:"信交朋友,惠普乡邻;恤寡矜孤,敬老怀幼"。在国家方面,他反复强调:"执山如山,守身如玉;兴学育才则国盛,交邻有道则国安。"这些均是"读书种子"的撒播,都是读书基因的遗传,都是家风族约的弘扬,为子孙后代赋予了无穷的精神力量和前进动力。

子孙竞飞。受家训家学影响,钱氏后人大多靠读书取仕,英才迭出如雨后春笋,科举及第者为数众多,自北宋至今载入史册的名人就有上千名,仅在宋代一朝考取进士者就有320人。其中最为典型的是钱昆、钱易两兄弟,未受世袭官职,埋头读书,以其真才实学科举取士,闻名于学林。钱昆之子钱彦远、钱明逸,其孙钱勰、钱藻和钱和,均高中科第。被时人誉之为"李白之才"的钱易,以其才能,官至内相翰林学士。如此叔侄兄弟,一时传为美谈。及至元明清三代,钱氏族人依然有大批考中进士。尤其是在中国科举史上总计"连中三元"者仅14人,而钱氏后裔钱棨就是其中之一。他在两年之内,连中三元,是清乾隆朝的解元、会元和状元。如再追溯少年时曾连中县试案元、府试案元、长庠洋元,前后合称"六元",创造了中国科举史上的奇迹。当西学东渐、新学盛行之时,钱氏后人依然秉承祖训,勤奋读书,因而钱氏英才如井喷一般,成群现于现代中国,大陆这边钱基博、钱玄同、钱穆等扬名于国学界;钱学森、钱三强、钱伟长等领军于科技界;钱锺书、钱仲联等享誉文坛。海峡对岸的钱氏后人,也是英才迭出,仅钱思亮、钱纯、钱煦、钱复父子四人,各领风骚于台湾的财坛、政坛和科坛,对台湾的发展贡献卓著。更有诺贝尔化学奖获得者钱永健与其父兄钱学榘、钱永佑,皆以勤奋读书和学术研究，名扬于科学界。

　　父行子效。在书香世家，父亲的言传身教，至关重要。对于后代的培养，钱家人始终秉承"言传身教，自强不息"的教育理念。有人总结，真正的教育，是用一个人的人生，去影响另一个人的人生；是用一个灵魂，去唤醒另一个灵魂。欲让子孙成为什么样的人，那么，你就去做什么样的人。在钱氏家族的发展史上，盛产杰出父子档，父行子效、父儒子博的实例不胜枚举。钱锺书是我国著名作家、文学研究家，他的父亲钱基博，也是一名成就非凡的大儒，集古文家、文体学家、教育家于一身，有着"集部之学，海内罕对"的美称。钱基博藏书非常丰富，"计所藏书二百余箱，五万余册。"而这也仅是众多藏书中的一部分。钱锺书就是在这万贯藏书中长大的，文学功底也是在这时打下的。钱基博教子向来以身作则，"于车尘马足间，也总手执一卷"。每次钱锺书从新式学堂放学回来，父亲都和他一起念古文。钱基博每读一书，都要摘录、标注，以致"生平读书无一字滑过"，而钱锺书每每翻阅父亲读过的书，总被密密麻麻的注解所感动、所激励。钱基博对钱锺书的影响可谓潜移默化。20世纪30年代，风云变幻，军阀混战，钱基博写出了《现代中国文学史》，该书正式出版后，三版即告售罄。1944年长沙失守，日寇兵临城下，钱基博所在的师范学院奉命西迁，而他却自请留守，欲以身殉国。正是因为钱基博这般治学严谨、身正行直的君子之风，方有后来醉心诗书、淡泊名利的钱锺书。大家都知道世界著名科学家、"中国导弹之父"钱学森，他的父亲钱钧夫也是中国有名的教育家，他博学多才，对儿子的教育也是集百家之长，以儒学为主，现代教育为副，所授不但有西方科学、文史哲政，更有诗词歌赋、美学艺术等方面的知识。不光培养钱学森勤奋好问、精于思考的习惯，更有按时作息、计划做事、谦虚做人的优良品格。钱学森常说："我的第一位老师是我的父亲。"除上述两对父子外，还有钱玄同与钱三强父子，钱学榘与钱永健、钱永佑父子，钱基厚与钱钟韩父子，钱穆与钱逊父子，等等。

　　以上故事让我们明白：读书第一、诗书传承、书香接续，是钱氏创造绵延千年、兴而不衰奇迹的主要原因，是打破"君子之泽，五世而斩"固有规律的重要武器，是一个家族避免辉煌一时、迟早被历史抛弃的不二法门。

读书之国
——他山之石可攻玉

放眼世界,酷爱读书的国家的读书状况如何呢?不妨让我们看一看。

世界上,凡是优秀民族和发达国家都有着良好的读书传统。俄罗斯是世界上公认的"读书民族",不管发生了什么事,哪怕天快塌下来,他们还是照读不误。二战期间,莫斯科被德国包围,然而,苏联国家图书馆在整个战争期间照常开放,稍有闲暇的人照常来借阅。苏联解体后,各级图书馆与人们的生活一样,陷入相当困难的境地,但民众对读书的热情却丝毫未减。即使在迄今为止尚未通公路或电话的村庄,人们依然保存农村图书馆。1.4亿俄罗斯人,私人藏书就有200亿册,每个家庭平均藏书近300册。俄罗斯在近代史上也是一个多灾多难的民族,但这么一个爱读书的民族,没什么艰难困苦不能战胜。

英国人喜欢读书的良好习惯也是有口皆碑的,堪称欧洲"第一读书国家"。据市场调查,英国人均年购书经费184欧元,德国人均158欧元,法国人均111欧元。英国人每天上班,他们的手提袋里都会装一本书,外出度假的时候,也要在旅行箱里携带几本书、报纸或者杂志。去英国朋友家做客,常常会看到,客厅的沙发一角,或者卧室的床头柜上,放着一摞摞的书籍。聚会时,人们常常因为谈论同一本书而成为好友。英国人还爱把书当作生日礼物、节日礼物或纪念物赠送朋友。

　　美国也是个读书大国。据调查，如今美国人闲暇最喜欢的三项活动的时间分配为：一是与家人和孩子玩儿，占20%；二是看电视，占21%；三是读书，占35%，高居榜首。美国人是世界上生活节奏最快的人群之一，但忙有忙的读书办法，大量的图书被录制成光盘和磁带，供人们走路、开车、健身时听读。美国的年长者，更是珍惜人生黄昏，力争多读点书。在美国不少人把读书当成一辈子的事，很多美国人一辈子的生活经历就是进进出出校门几十年。大学里同学年龄相差很大，同一个班级，有刚刚高中毕业的十七八岁的少男少女，也有为人父母的三四十岁的中年人，还有为人祖父母的六七十岁、鬓发斑白的老者，几乎每一间教室都有比教师年龄大的学生在听课。美国人这样痴迷读书，原因很多，而最主要的是美国现代高科技的发展及职业技能要求的日新月异，不论你职位高低、财资厚薄，随时都有被淘汰的危险。在美国，绝大多数18岁以上的人都自己挣钱读书，有的人把钱挣够了，才进学校攻读三四年课程，也有的是边读书、边打工或是读读停停。学生用十多年读个博士学位的现象并不罕见。要改变环境，要提高自己，唯一行之有效的办法就是读书。

　　综观酷爱读书国家的情况，有如下几个特点。

　　一是国家重视措施多。近年来，世界不少国家，把营造阅读风气，提升阅读能力，列为教育改革的重点，就连阅读能力在全球名列前茅的英国、日本、芬兰等国，也都纷纷发起全民阅读活动，旨在动员全民参与阅读，构造良好的阅读环境。美国为了激起国民阅读的更大热情，近年来陆续推出一系列阅读计划。1997年克林顿政府提出"美国阅读挑战计划"，2001年布什政府提出"不让一个孩子落后"的法案。2006年11月，在时任总统普京的支持下，俄罗斯出版与大众传媒署与俄罗斯图书联盟，共同制定并发布《国家支持与发展阅读纲要》。2008年1月，英国首相布朗会同部分儿童作家，共同启动"2008全国读书年"活动，并投入3700万英镑用于全年的阅读推广活动。东欧国家保加利亚，在百年前就形成立法，规定每30户居民的村子都要建立人民阅览室。

　　二是图书馆多。法国的图书馆是相当发达的。且不说国家图书馆与各大学图书馆丰厚的学术和文化类图书收藏，就是一般的社区图书馆（每区都有，且覆盖面相当广），藏书一般都很不错，读者可以免费办证，只要想读书，即使没钱，也是可以随时看书的。匈牙利国土面积和人口都不足中国的百分之一，但却拥有近两万家图书馆，平均每 500 人就有一座图书馆。以色列国家的公共图书馆和大学图书馆共有 1000 多所，其中学术和专门图书馆约 400 所，是全世界人均拥有图书最多的国家，平均 4000 人就会有一个图书馆。不仅仅是城市，每个村镇和基布兹都会有陈设典雅的图书馆和阅览室。这个仅有 800 万人口的国家，持有借书证的就有 100 万人之多。德国 8300 万人口，就有 1.4 万多个图书馆，藏书 1.29 亿册。许多图书馆，通过组织作家演讲会、举办文化活动以吸引读者。小镇里往往也有图书馆，而没有固定图书馆的乡村，则常常会得到流动图书馆的光顾，这更方便了普通人借书。

三是实体书店多。在德国买书很方便，无论是城市还是乡村，书店都极易找到。一座 1 万多人的小镇，起码会有一两家规模较大的书店。在全国范围内，书店就有 5000 多家。在书店内，如果购书者找不到自己想要的书，书店一定会帮助从出版社订购，购者很快就可以拿到书。德国书店内的环境都十分安静、幽雅，一些大书店还设有播放音乐的咖啡厅，人们可以一边喝咖啡，一边看书。一些书店，还有为人们读书专设的空间，放着很多沙发和椅子。在书店里，书按照不同区域分类明晰，便于读者查找。在以色列最繁华的街道都会有书店的存在，而且国家在大型私营书店的选址以及税收等方面都会给予足够的优惠政策，从而保证国民的阅读不受经济发展带给书店经营方面的压力。

四是读书人口多。《中国教育报》曾刊登留美学者的文章，介绍美国人读书的情景：无论是漫步在密西根湖畔，还是游戏于迪士尼乐园；无论是凝视着高耸入云的自由女神，还是置身于地铁中，每一个角落，每一个空间，你都能发现一些美国人——不管男女老幼，只要有片刻空闲，都会拿出他们的"珍宝"——内容各异的书报，旁若无人、如醉如痴地阅读。在公共汽车站、在公园、在书店里，同样可见站着的、坐着的人们或看书或读报；人们候车、候机时，闲聊的少，读书的多。在英国同样如此，在地铁上、在公交汽车上、在公园路旁的长椅上、在纪念馆的台阶上，以及在阳光下的咖啡馆里，人们时时可见读书者的身影。他们那种安静、怡然，沉浸在阅读快乐中的专注神情让人难忘。匈牙利也是世界上读书风气浓厚的国家之一，常年读书的人数达 500 万以上，占人口的 1/4 还多。一个崇尚读书的国家，当然会得到丰厚的回报。在匈牙利，诺贝尔奖得主就有 14 位，涉及物理、化学、医学、经济、文学、和平等众多领域，若按人口比例计算，匈牙利是当之无愧的"诺奖大国"。

五是从孩子抓起的多。德国的一项研究表明，一个人在 13 岁最迟 15 岁前，如果养不成阅读的习惯和对书的感情，那么他今后的一生中，将很难再从阅读中找到乐趣，阅读的大门可能将永远对他关闭。德国促进阅读基金会理事长海因里希·克雷比施说："给孩子读书和讲故事，是最不复杂、也是最合算的对未来的投资。"德国出版商，为适应不同年龄阶段的"阅读阶梯"，出版了形式多样的图书，有的书与儿童的玩具并无区别，使孩子从小就培养对图书的亲近和兴趣。2006 年 6 月 24 日，作为庆祝英国女王伊丽莎白二世 80 岁生日活动之一，白金汉宫邀请了 2000 名儿童举办了一次阅读聚会，儿童们和他们喜爱的故事里的角色们共同参加了一个特别的茶话会。在北欧国家挪威，为了让 12 岁到 15 岁的青少年保持对图书的兴趣，顺利度过青春期，政府官员和社会名人经常深入学校，组织中学生举行隆重的阅读仪式。美国小学生的口袋里常常揣着书，有空就读起来。学生们作业量少，但课外阅读较多，学校规定，学生每天的课外阅读不得少于 30 分钟。英国的学校非常重视对"世界读书日"的宣传，每年 4 月的"世界读书日"之前，全英的中小学生都会组织各种各样的宣传活动，活动会持续一周时间。活动周第一天，每名小学生都会收到学校赠送给他们的大礼包。礼包里有一本世界童话故事书、一张精美的"世界读书日快乐"的贺卡，还有色彩斑斓的各种招贴画，通常还会有最新的阅读目录，引导学生们去阅读。

第六章 四 季

春夏秋冬

　　春雨潇潇书种埋,夏阳暖暖书花开。秋风爽爽书果结,冬雪飘飘书香来。四季读书,季季幸福。春读书,心花怒放,花团锦簇;夏读书,神清气爽,冰心玉壶;秋读书,硕果累累,精神成熟;冬读书,水静流深,夜话拥炉。人生四季,勿忘阅读。少年读书,奠定基础;青年读书,立志宏图;中年读书,事业成熟;老年读书,夕阳夺目。

读书之春（1）
——有春做伴好读书

春天来了，"几处早莺争暖树，谁家新燕啄春泥。乱花渐欲迷人眼，浅草才能没马蹄"。春天气象，目不暇接。十种面目，十种诗行；百种姿态，百种感慨。一年最是春光好，有春做伴好读书。

春风伴读，乐在其中。春天好倦，晚饭后，疲劳至极，困意会慢慢袭来，这时，春风会悄悄到来，及时剪断通往梦乡的丝线，使人精神百倍地投入书中。有时，人会为房子、车子而忧心忡忡，春风会及时裁去欲望、贪婪的俗念，不由自主地伴着春风，沐着花香，走进书的世界，净化人的心灵，让人不由得感叹春风的神奇："不知细叶谁裁出，二月春风似剪刀。"

春雨伴读，乐在其中。古人有语："秋雨宜弈棋，春雨宜读书。"在春雨潇潇的晚上，妻儿睡了，电视关了，所有的纷扰没有了。这时，拿起一本百读不厌的书籍，边读边思边听，读书中美文，思蕴着其中的意义，听窗外雨声，这是多么惬意的事情呀！有时读着读着，会灵感顿生，吟诗作画，是自然的事情。陆游的"小楼一夜听春雨，深巷明朝卖杏花"的诗句，大概是在一窗春雨中，闲听雨打杏花后写出来的吧！

春花伴读，乐在其中。有诗云："春花秋月入诗篇，白日清宵是散仙。"记得一位长者，在自家养了好多花卉，一到初春时节，他家已是花的世界。

名贵花卉，争奇斗艳，绿木成荫，繁花似锦。我想，假如此时再邀几位知己，边赏花，边品茗，边读书；谈着书事，聊着花事，说着茶事；花香迷人，书香迷茶，茶香迷花；人在花中，茶在景中，人书花茶，相融互合，真可谓：此景只应天上有，人间不常几回寻。

春柳伴读，乐在其中。在"花滴露，柳摇烟，艳阳天"的日子里，带着爱人孩子到公园里、池塘边，择一"碧玉妆成一树高，万条垂下绿丝绦"的地方，和爱人孩子一起读唐诗、诵宋词，或读四书、诵五经，让孩子在幼小的心灵里埋下经典的种子，浅浅喜欢慢慢爱，像柳树一样扎根再扎根；让大人在柳花飞舞中，对人生、对万物深深思索，对世上的一切在柳枝的嬉戏下淡淡释放。这正是"柳条百尺拂银塘，且莫深青只浅黄。未必柳条能蘸水，水中柳影引他长"。

春山伴读，乐在其中。春天里的山岗，是绿的世界、花的海洋，徜徉其间，趣乐无穷。寻一偏僻之处，高声朗诵《道德经》，悟道法自然的博大精深，解返璞归真的人生密码，心情宁静而超然。读书声在山谷中回响，山谷在朗读中沉静。这容易让人生发无限感慨，与山同行，与山相依，与山同读，别有一番情趣。

春读环境好，草长莺飞，柳绿花红；春读天气好，风和日丽，不寒不燥；春读心情好，神清气爽，明朗畅然；春读效果好，濡灵养魂，心旷神怡。元人翁森在《四时读书乐》的《春》里这样写："山光照槛水绕廊，舞雩归咏春风香。好鸟枝头亦朋友，落花水面皆文章。蹉跎莫遣韶光老，人生唯有读书好。读书之乐乐何如，绿满窗前草不除。"翁老先生写尽了春读书的浪漫和境界。古人把"良辰、美景、赏心、乐事"当作人生"四美"，春天里读书，岂不是四美兼有的乐事。

民国时期，熊伯伊也有一首《四季读书歌》，他在《春》中写道："春读书，兴味长，磨其砚，笔花香。读书求学不宜懒，天地日月比人忙。燕语莺歌希顿悟，桃红李白写文章。寸阳分阴须爱惜，休负春色与时光。"写出了春读书的乐趣和情调，对天下读书人提出了殷切期望和要求。如花美眷，似水流年，努力读书，莫负春光。

与春相伴，一路书香；与书相伴，一路春光。

读书之春（2）
——少年负笈梦华荣

自然界有春夏秋冬，人生也有"四季"。人的一生大致可分为四个阶段：少年时期、青年时期、中年时期、老年时期。按此"四季"读书，有主有次，各有侧重，分开层次，定能收到不错的效果。

先来说说少年时期的读书。人们常说，花季少年，少年如春，确实如此。少年时期如春天般美好。花季少年如能与书结缘，爱上阅读，那就更是锦上添花，如虎添翼。

春天，是深耕的季节。俗话说："九九加一九，耕牛遍地走。"按照农时，惊蛰一过，农民就开始耕地了。为了庄稼长得好，农民会精耕细作，地要翻得深，土要耙得细。对于孩子也是如此，为了日后孩子能爱上阅读，父母要做好充分的准备工作。怀孕前，要读些育儿书，戒烟戒酒等，以便给孩子遗传健康基因；怀孕后，利用一切手段进行胎教，如播放经典音乐、经典书籍等，给孩子早早传递音乐或经典的信息；孩子出生后，3岁之前，让孩子在音乐中听经典，在经典中听音乐，何其有益。

春天，是播种的季节。唐诗云："春种一粒粟，秋收万颗子。"对于播种，农民往往非常重视。播种前，要选购优质种子，有的要浸泡，有的要与农药搅拌，防止病虫害，等等。孩子长到3岁，这时要有意识地在孩子幼小的心灵里播撒读书的"种子"。教育专家贾容韬说得好："孩子好比是一块优质煤炭，虽然蕴藏着光和热，但不会自己燃烧，需要借助火种和助燃剂才能燃烧起来。而书籍是最好的火种，最好的助燃剂！"为了让孩子读书的"种子"早日生根发芽，为了让孩子的火种早日点燃，一个重要措施，就是亲子共读，每天利用晚上睡前的时间，给孩子讲童话书，讲有趣的故事，养成习惯，天天如此。长此以往，孩子就会慢慢爱上阅读。

春天，也是管理的季节。为了庄稼长得好，长得壮，农民要适时进行田间管理，如浇水、除草、施肥、打药等。少年期的读书，同样需要精心管理。首先要营造一个良好的读书环境，让家里到处充满书籍，餐桌、沙发、床头等最醒目的地方，要摆满书籍，眼睛看到的是书籍，手能摸到的是书籍，让家成为一个小型阅览室。再就是，家长要身体力行，做好榜样。在与孩子陪读的时光里，家长要把主要精力用在读书上。白天读，晚上读，只要有时间就读书。孩子没起床，你就拿起书，孩子睡觉了，你还要再读一会儿。在这里，并不是让你做做样子，而是要真读真看。只要家里有了读书氛围，孩子不读书也很难。每次要带孩子一起逛书店，发现好书要多买几本，以送给周围的人，这些对孩子都是"润物细无声"的作用。

少年读书，人生之本。少年，一旦与书结缘，就会展现不一样的人生：青年时成才的机会就多，中年时成功的概率就大，老年时幸福的指数就高。孔子是5岁前后开始读书，后来成为圣人，成为儒家鼻祖。宋代女词人李清照，4岁跟父母识字读书，5岁已经读完了《诗经》和《楚辞》，其中许多文章都能背诵如流。10岁起父母开始教她填词作诗，15岁已能作词。中央电视台著名主持人董卿，是一位才华出众的主持人。不管主持什么类节目都很受欢迎，尤其是她主持的中国诗词大会和《朗读者》更是反响不凡。董卿这些出色的表现，均与她在幼年时较早地接触中国的传统文化和日后常读中外经典书籍密切相关。她出生于传统的知识分子家庭，从小就抄成语，背古诗。中学时代，三五天就通读一本书。《红楼梦》《基度山伯爵》《茶花女》等中外名著是她的床头书。她现在仍然坚持睡前一小时的读书时间，数年如一日，从未中断。名著的濡养，知识的浸润，使她典雅知性，光彩照人。数学家苏步青，少年时代读了大量的诗词典籍，有着深厚的人文素养，历史和文学基础相当出色，正因如此，他不但在数学领域做出了突出贡献，而且还能写出"渡头轻雨洒平沙，十里梧桐绿万家。犹记当时停泊处，少年负笈梦春华"这样大气的诗句，成为一个著名的教育家。少年不读书，后患无穷，有时甚至是寸步难行。《史记》记载项羽"少时，学书不成，去学剑，又不成"，他的叔叔项梁很生气，项羽说读书能写姓名就够了，剑术只能对付一个人，我要学敌万人的本领。于是，项梁教他兵法，项羽也是浅尝辄止。后来，项羽四面楚歌、自刎乌江，空叹"骓不逝兮可奈何，虞兮虞兮奈若何"。唐朝杜牧认为项羽见识短浅，临死了只惦记着虞姬和爱马。项羽这是少知而迷，无知而愚。

少年读书，家庭之福。一个家庭最大的幸福，莫过于子女有出息，有作为。子女处于少年时期，家长最大的幸福，莫过于子女学习好，成绩佳。孩子学习成绩好，家长就有幸福感，家里就有欢乐。孩子怎样才能学习成绩好呢？喜欢读书是关键。资料显示，喜欢读书的孩子，比不读书的孩子成才概率高5倍。一位教育专家曾做过跟踪调研，结果显示：凡是学习状态好、学习成绩稳定上升的孩子，有一个共同点，那就是从小养成了读书习惯，且有一定的阅读量；凡是学习不在状态，学习成绩不断下滑，且出现各种各样问题的孩子，都是在阅读上出了问题。著名武侠小说家金庸先生，曾对小朋友们说："你要考试得第一名，考中学、考大学，要成绩非常好，非读书读得多不可。我课外书读得多，考试成绩就很好。"由此可以说，阅读是提高学习成绩的第一秘诀。著名教育专家尹建莉说："凡从小有大量课外阅读的孩子，他的智力状态和学习能力就会更好；反之，缺少阅读的孩子，学习能力一般都表现出平淡；哪怕是写作业速度，一般来说，他们比那些阅读多的同学要慢得多。""想让一个孩子变得更聪明，是多么简单呀，让他去大量阅读吧！书籍就是一个魔杖，会给孩子带来学习上的一种魔力，能让他的智慧晋级。爱读书的孩子，就是被魔杖点中的孩子，他多么幸运！"教育专家贾容韬，在《改变孩子先改变自己》一书举了这样一个事例：11岁的程欢欢，是河南洛阳人，上小学四年级，学习成绩中下等，语数外三科均在五六十分徘徊。当贾老师与孩子接触后，发现她阅读贫乏，基本没有课外阅读意识。通过两个小时的交流，贾老师把她的读书欲望激发起来，并不失时机地送给她三本书，分别是《爱的教育》《小王子》《草房子》。从不习惯到比较自觉，欢欢一个多月读完了三本书。回访时，贾老师又送给欢欢五本书：《昆虫记》《木偶奇遇记》《感悟生活》等，欢欢爱不释手，两个月左右又读完了。读完八本书，欢欢的精神面貌发生了翻天覆地的变化：脸上有了笑容，喜欢说话了，作文写得顺手了，也比以前爱学习了。最令父母高兴的是，不到一个学期，欢欢的学习成绩，提高了几个档次，英语、语文都在90分以上，数学几次考试均为100分。父亲感到诧异，读书能有这么神奇？父亲拿起孩子读的书研究起来，读了一部分，父亲心服口服了，这些书写得如此好，经常读这些书，孩子怎么会不进步呢？此后，父母开始主动给欢欢买书。看来，孩子喜欢读书，就是家庭最大的幸福。

少年读书，国家之幸。我国近代思想家、政治家梁启超在《少年中国说》中指出："今日之责任，不在他人，而全在我少年。少年智则国智，少年富则国富，少年强则国强，少年独立则国独立，少年自由则国自由，少年进步则国进步，少年胜于欧洲则国胜于欧洲，少年雄于地球则国雄于地球。"梁启超这段话告诉我们，青少年的思想和教育对我们国家未来发展是多么重要！一个国家的青少年是什么样子，未来的这个国家的发展方向就是什么样子，因为现在的青少年是未来国家社会的中流砥柱。"少年富则国富"，少年知识饱满，我们的民族才能拥有厚实的文化底蕴；少年人文素养高，我们的国家才能变成文明程度更高的国家；少年读书成风，我们的社会才能变成书香社会。尽管阅读是一个非常个性化的体验，但是，一旦无数个个性化的体验集合成为一个民族的内涵，这个民族就会因此而拥有深厚的文化底蕴，这个民族和国家就充满智慧和希望，社会发展的文明程度就会提高，国家的软实力和综合国力就会增强。榜样的力量是无穷的，一个少年读书，会影响几个甚至十几个少年。十几个少年读书，会影响和带动一个年级，甚至一个学校都充满着读书的氛围。如果全国数个城市的读书形成风气，就会带动和影响一个民族甚至整个国家。如此，一个人人读书、个个阅读的书香社会就会展现在我们面前。因此，国民素质的提高必须倡导少年读书，科学知识的普及必须倡导少年读书，文明理念的传播必须倡导少年读书。

古今中外，上天从来都是格外眷顾喜爱读书的少年，从来不亏待酷爱读书的孩子。少年读书，是家之福、国之幸，更是少年一生之福、一世之幸；少年读书，是人生之本，也是家之宝、国之器。少年如春，书伴才暖；书如双翅，读之方飞。

读书之夏
——瑶琴一曲来熏风

夏天，烈日炎炎，酷热难耐。按气候来说，确实不是读书的好时候。正如一首歌谣中唱到的："春天不是读书天，夏日炎炎正好眠。秋有蚊虫冬有雪，若要读书待明年。"这是对不爱读书的人的绝妙讽刺。只要不爱读书，春夏秋冬都有托词。然而只要喜爱读书，挚爱读书，一年三百六十五天，天天都是读书日。夏天虽然热了些，但现在家家都有空调。忙碌一天后，把空调调到适中，打开桌上的台灯，翻开一本书，沏上一壶茶，拿起一支笔，边读边记，所有的烦恼，所有的忧虑，都随书中的境界而烟消云散。假如不愿开空调，不妨洗个温水澡，坐在地板的凉席上，拿起枕边的书，走进一天中最惬意的时刻。假如自己住的是独门独院，院中又有一棵大树，这时沏一壶芬芳的玫瑰花茶，端到树荫下的阴凉里，坐在石凳上，静静地看书，饮着茶，听着蝉鸣，渐入佳境，什么热呀燥啊，早就抛到九霄云外去了。

夏读，是一种修炼；能陶冶人的情操，激活人的思维，是让人心静的良药，心静自然凉。夏天，读书读到心凉、心乐的境界，真是妙不可言，乐不可支！写到这里，不禁使我想起《四季读书歌》中的《夏》来："夏读书，日正长，打开书，喜洋洋。田野勤耕桑麻秀，灯下苦读声朗朗。荷花池畔风光好，芭蕉树下气候凉。农村四月闲人少，勤学苦攻把名扬。"夏读气象跃然纸上，容易使人产生夏天读书的冲动和激情。元人翁森写的《四时读书乐》中的《夏》，更是将夏读写得诗意盎然："修竹压檐桑四周，小斋幽敞明朱晖。昼长吟罢蝉鸣树，夜深烬落萤入帏。北窗高卧羲皇侣，只因素谂读书趣。读书之乐乐无穷，瑶琴一曲来熏风。"夏读之乐，夏读之趣，让翁森写得如此美好，如此惬意，真是令人神往。

如果把人的一生分为四季，那么，夏季就是人的青年时期，那么，读书对于青年又意味着什么呢？

第一，读书是青年的首要任务。青年是读书的黄金时期。所谓"黄金时期"，就是特别难得，今后的人生几乎难有的好时候：一是时间充裕。青年，特别是在校大学生，除了吃饭睡觉，所有时间，都可用来学习。二是条件优越。有导师教授，有同学商榷，有图书馆提供书籍。想看书，可到图书馆借阅；有不懂的问题，可找导师请教；有似是而非的问题，可与同学讨论。三是无后顾之忧。父母身体尚可，不用担忧；尚未结婚，没有家庭、孩子的负担；一般经济上有保障，衣食无忧。再说，在校生本业就是学习。读书的兴趣、兴味，要设法在此时培养，一旦错过了正常时节，以后再补就难了。在此时间节点上，读书的重要性高过所有，要抓住难得机会，利用一切时间，力求学得多一些，悟得深一点。这样，才无愧于父母，无愧于时代，也无愧于自己。倘若别人努力读书时，你在看无厘头的偶像剧，别人认真上课时，你在百无聊赖，无所事事，那么以后你也不要妒忌别人的收获与成功，也不要抱怨社会的不公、自己的无能。所以，对当代青年大学生来说，担当着报效国家、服务人民的崇高使命，必须有读万卷书、行万里路的雄心壮志，始终把学习作为生活的志趣，工作的需要，成长的过程，一生的追求。要无比珍惜美好的青春年华，自觉学习、刻苦学习、勤奋学习，在学习中成长，在成长中学习，努力成为可堪大用、能负重任的栋梁之材，奏响无愧于父母、无愧于人民、无愧于时代的青春乐章。

第二，读书是青年精神成长的基石。精神成长是指伴随着人的生命成长过程而表现出来的对人的本质力量的扩充和拓展，体现为人的精神生活的丰富和精神境界的提升。精神成长的内涵应包括尚德、责任、包容、感恩、进取、良知、诚信、谦虚、勇敢、创新等崇高美德。德国思想家、哲学家雅斯贝尔斯说过:"教育首先是一个精神成长的过程,然后才成为科学获知的一部分。"《人民教育》总编辑傅国亮也曾强调:"教育最重要的本质使命是促进人的精神成长,只有关怀精神成长,才有可能发生教育,才不会产生虚伪的教育结果。"精神成长关乎青年的生命意义,关乎青年生命质量的提升,关乎青年的健康成长、全面发展。那么,如何才能促进青年精神的成长和成熟呢?读书应是主要环节。读书,自古以来,就被文人学者推崇备至。宋代大学者、大作家苏轼曾指出:"自孔子圣人,其学必始于观书。"教育家、哲学家朱熹也说过:"为学之道,莫先于穷理;穷理之要,必在于读书。"因为,书中有广博的知识,广阔的智慧和人类的真理,更有不朽的精神。读书,不仅使人获得知识,增长智慧,更会使人品格优秀,精神高尚。明代政治家于谦有一句名诗:"眼前直下三千字,胸前全无一点尘。"他告诉我们,书是人性的净化器,涤荡人的灵魂,使人大彻大悟。读书的厚度决定人生的高度。因此,青年人为了自己的精神成长,就要经常读书,多读经典,与伟人心灵对话,感受崇高灵魂;多读大师之作,聆听大师教诲,激发向善向上的动力。通过读书,汲取前人的智慧,拓展自己的人生视野;通过读书,感受浓浓的书香,吸吮文化的美味,滋润精神的成长,丰富人生的厚度。

第三,读书是青年灵魂涵养的乳汁。中华民族优秀文化源远流长,孕育了中华民族的宝贵精神品质,培育了中华民族的崇高价值追求。它包含着许多为人类所共同遵循的普遍性的生存智慧,老子、孔子、墨子、孟子、庄子等中国诸子百家学说至今仍然具有世界性的文化意义。这些思想家上究天文,下穷地理,广泛探讨人与人、人与社会、人与自然关系的真谛,提出了博大精深的思想体系。这些思想、思考,表达了人类生存和发展的根本问题,其智慧光芒穿透历史,思想价值跨越时空,历久弥新,成为人类共同的精神财富。在中华民族优秀文化的浸润和滋养下,成长起了无数志士仁人、精神楷模。他们为世人所敬仰,被后代所传颂。历史证明,优秀文化产生的精神力量是巨大的。它能丰富人的精神世界,增强人的精神力量,能培养和造就精神不朽的伟大人物。对于青年而言,优秀文化更是铸造灵魂的乳汁。青年人一定要多读书,多读经典,通过一首首优秀诗词,一篇篇千古文章,和历代先贤对话,去感受中华民族的伟大精神,去领略中华民族的博大胸怀,去体验中华民族的高尚情操,在学习和诵读中,学会做人做事,学会生活,学会奋斗，学会创造。

　　余秋雨先生说过："阅读的最大理由是想摆脱平庸。一个人如果在青年时期就开始平庸，那么今后要摆脱平庸就十分困难。只有书籍，能把辽阔的空间和漫长的时间浇灌给你，能把一切高贵生命早已飘散的信号传递给你，能把无数的智慧和美好对比着愚昧和丑陋一起呈现给你。区区五尺之躯，短短几十年光阴，居然能驰骋古今，经天纬地，这种奇迹的产生，至少有一半归功于阅读。"青年乃读书的黄金季节，千万不可错过。青年是中国的未来和希望。青年强则国强，青年读书则国读书。青年如能带头读书，国家就会展现不一样的风貌和气象。愿青年同志们，快来加入读书的行列吧，快来加入读经典的行列吧！

读书之秋（1）
——起异明月霜天高

秋季，是读书之季。秋天，不温不燥，不冷不热，最宜读书；秋天，晴空万里，天高气爽，最宜读书；秋天，金风送香，硕果累累，最宜读书。在秋天的时光里读书，能读出春兰秋菊，能读出春华秋实，能读出宁静祥和，能读出人生希望。可谓："秋读书，玉露凉，钻科研，学文章。晨钟暮鼓催人急，燕去雁来促我忙。菊灿疏篱情寂寞，枫红曲岸多彷徨。千金一刻莫虚度，老大无成空自伤。"

秋色、书色，相映成趣。秋天，虽有红色、绿色、紫色、蓝色等色彩，但金色是主色调。当秋叶一点点泛黄，当大地铺满了金黄，秋色愈发显得秀丽与洒脱。人们常说："金秋九月"可能即是如此。这个季节，阳光是温暖的，山林里清新而华丽。在微风中，在金色的世界里，约上几个朋友，一起登山，一起谈笑。累时，找个读书的亭子，掏出各种颜色装帧的书籍，读自己心爱的文字，让心灵得以洗礼，令精神得以升华。在秋色里品味书趣，在读书中咀嚼秋韵。这就是"金色读书"吧？难怪有人发出"七彩丰盈收获季，金秋九月品书香"的感慨！

秋香、书香，香飘四野。金秋枝头结硕果，桃李满园分外香。秋日，是个暗香盈袖的季节。瓜地里有瓜香，果园里有果香，花圃里有花香，到处充满了香气。秋天的味道都是香的，香味飘荡在田野里、山岗上。古人往往在秋天的夜晚，将桂花插入瓶中，将书册置于床畔，伴着花香、书香进入梦乡。现代人，在这个季节，如能购买几盆鲜花放置客厅，在茶几上摆上各种瓜果，全家人围坐一起，每人拿着自己喜爱的书籍畅谈，闻着花香，品着果香，嗅着书香，花香亲书香，书香吻果香。花香飘四方，书香沁心房，这是何等的惬意与快乐！这很容易使人悟出：开心时读书，快乐增倍；难过时读书，忧伤减半；空闲时读书，寂寞全无；金秋时读书，心灵归宿。最是书香能致远，腹有诗书气自华。

秋声、书声，声声入耳。择一处石凳而坐，沐浴着秋阳，一边朗读唐诗宋词，一边聆听鸟儿的欢歌、蛐蛐的低吟、山泉的浅唱。这时天空中再传来南飞大雁的长鸣，读书声抑扬顿挫，铿锵有力；秋声，时高时低，时断时续，悦耳动听。书声秋韵，浑然天成。宋代有个重臣叫倪思，说过这样一段话："松声、涧声、山禽声、夜虫声、鹤声、琴声、棋子落声、雨滴阶声、雪洒窗声、煎茶声，皆声之至清，而读书声为最"。秋声美，书声更美。

秋夜书夜，宁静恬然。秋夜是安静的，秋月如钩，秋花弄影，无风无雨，只有秋虫在寂寂暗鸣。书，静静地躺在书橱里，睡得很沉，等待着主人的呼唤。这时，读书人轻轻地走到书橱前，挑一本秋读的书，返回书桌前，将一缕月光迎于室中。或倚在床头，就着橘红的灯光，以一颗沉静的心，慢慢阅读字里行间的春夏秋冬，细细品味人生四季的酸甜苦辣，那一刻，读过的书，就像一泓秋水流过心田，使人澄澈清明。秋夜的阅读是美好的，夜在读书中宁静，书在秋夜里恬然。此情此景，如诗如歌。

在秋季里读书是快乐的。记得《四时读书乐》中的《秋》是这样描写的："昨夜庭前叶有声，篱豆花开蟋蟀鸣。不觉商意满林薄，萧然万籁涵虚清。近床赖有短檠在，对此读书功更倍。读书之乐乐陶陶，起弄明月霜天高。"让我们在金秋里读书，在读书中秋乐，常读常乐，乐在其中。

读书之秋（2）
——中年读书庭望月

人届四十岁，进入不惑之年，也即进入人生四季中的秋季。这个阶段，应该说是人生中的特殊阶段，或者说是人生中的重要转折点，也就是人们常说的"中年危机"。之所以这么说，我觉得这个时期具有如下特点：一是多事之秋。上有老，赡养父母；下有小，抚育小孩儿；中有家庭，所有责任都要负，所有担子都要挑，诸多事务都要操心顾到。二是多压之秋。工作压力大。要干好工作，就要脚踏实地，肯干苦干，加班加点家常便饭，每日身心疲惫。经济压力大。购房还贷，购车还贷，孩子参加各种训练班付费高昂，双方老人赡养费要打理周全，经济压力大是常态。三是多虑之秋。人到中年，原有的技能在退化，记忆力不如从前，身体的亚健康诸多事项加重了焦虑。在此情况下，还要不忘读书，确实较难。是随波逐流，还是迎难而上？这是中年人面临的艰难抉择。读书是终生课题，只要喜欢，什么困难都能克服；只要挚爱，什么情况都能坚持。思想决定行动，只要充分认识到读书的重要意义，读书的行动才会自觉。那么，读书对于中年人有何意义呢？

其一，读书是中年事业腾飞的巨大动力。人到中年，一般事业都会小有建树，有的是事业有成，有的是事业初成，有的是事业中成，即使事业已成功的人士，也有个再发展、再腾飞的问题。这时，事业要想更上一层楼，读书是加油站，读书是动力之源。

其二，读书是走出"中年危机"的灵丹妙药。读书是使人愉悦的好办法。工作、经济压力大，这时就要缓压，不能加压，一味加压，会适得其反，而减压的较好办法仍是读书。这个年纪往往会多虑，考虑更多的是名利，这时，重要的是要有一个好的心态。有了"不以物喜，不以己悲"的心态，一切就会释然，就能做到"宠辱不惊，看庭前花开花落；去留无意，望天空云卷云舒。"怎样才能有个好心态呢，唯一办法还是读书。

其三，读书是培养情趣、提高境界的有效途径。高雅情趣是健康、文明向上的，它体现了一个人对美好生活的追求、乐观的生活态度和健康的心理。境界，是指人的思想觉悟和精神修养。人生境界也有高有低。人到中年，一般都具有一定情趣和境界。然而，情趣的培养，境界的提高没有止境，人只要活一天就有提升的空间。怎样提升呢？只要我们肯读书，持之以恒，便可收获一种新的情趣，进入一个新的境界，这是个一本万利的事情！

其四，读书是率领子女向知识进军的无声命令。人到中年，孩子应该处在小学或中学阶段，父母的读书状况对孩子影响极大。父母以身作则，带头读书，热爱学习，是送给孩子最好的礼物。教育专家贾容韬说得好："家里有一个良好的阅读氛围，这比不断提醒、监督都要有效，比一万次耳提面命更管用。"

读书如此重要，那么读些什么书好呢？

一、传统经典。主要包括《论语》《孟子》《道德经》《近思录》，王阳明的《传习录》等，建议多读《道德经》和《近思录》等道家经典。道家超越物质功利的思想，正是"中年危机"的化解之道。老子说"甚爱必大费，多藏必厚亡"，庄子也一再强调"不以物累形""物物而不物于物"。人要超越物质，不为物质所奴役，用物而不是为物所用，才不会本末倒置、舍本求末。还有顺应自然、返璞归真、清静淡泊等思想，对中年人均会有所启发。

二、文学经典。如四大名著、唐诗宋词、《古文观止》《西厢记》《牡丹亭》《长生殿》《桃花扇》，路遥的《平凡的世界》、霍达的《穆斯林的葬礼》、陈忠实的《白鹿原》等。中年人应有更多经典文学的滋养，因为文学经典是一个人的精神家园，是一个人灵魂的最终归宿，能给人提供人生命运的解答，能在人们的心田播下爱的种子，激起人们对真善美的追求和渴望。尤其是唐诗，诗中境界，包罗万象，不论是自然，还是人生，经过诗人的渲染，都显示一番甚深情意，趣味无穷。长目神游，无尽享受。

三、史学经典。如有兴趣应好好读读《史记》和《资治通鉴》，这是史学上的两部大书。《史记》是一部了不起的著作，一本书而身兼经史子集四部书的特质，于"史"部，它是正史鼻祖；于"集"部，它是散文大宗；于"子"部，它是一家之言；于"经"部，它是百王大法。这样的书在中国历史上没有第二本了。《资治通鉴》是一部文字优美、叙述生动，体例严整，征引史料极为丰富的史学和文学著作，毛泽东就曾说过"《通鉴》是一部值得再读的好书"，他一生就读了17遍。今天中年人读它，小到修身养性，大到管理一个团体、一个企业，或治国理政，都可以通过阅读这本书，向古人借智慧，获得不一样的感悟。

四、人生经典。针对中年人的困惑，有几本书值得推荐。刘汶的《四十四岁"必读书"》，讲述了126个小故事，阐明了一个人在中年阶段应持的人生态度、事业观念、情感心理、健康理念、育子方式和处世之道。美国维克多·弗兰克尔的《活出生命的意义》一书，是一本让你重新正视自己生命的书。人生苦短，要在有限的生命里寻找无限的价值。米奇·阿尔博姆的《一日重生》，形象地告诫人们要时刻珍惜感情，无论是父母之爱、夫妇之爱，还是友谊、恋情，都远远超过浮华的名利。龙应台的《目送》有74篇散文，写父亲的逝、母亲的老、儿子的离、朋友的牵挂、兄弟的携手共行，写失败和脆弱、失落和放下缠绵不舍和决然的虚无。这是一本生死笔记，深邃、忧伤、美丽。

中年读书庭望月，天天读书正当时。

读书之冬（1）
——数点梅花天地心

冬天，是个读书的季节。《四季读书歌》说得好："冬读书，年去忙，翻古典，细思量。挂角负薪称李密，囊萤映雪有孙康。围炉向火好勤读，踏雪寻梅莫乱逛。丈夫欲遂平生志，一载寒窗一举汤。"

春种，夏播，秋收，冬藏。冬日，粮食已归仓，树木已休养，动物已冬眠，忙碌了一年的人们精力不足，精神待濡养。这时，书籍是最好的精神食粮，是最好的营养品。加强读书，储备丰富的知识，以便来年蓄势待发。

读书需要时间，冬日热情地提供。三国时董遇就曾有"三余"之说，当学生请教董遇"苦无时日"读书时，董遇回答"当以三余"：冬者，岁之余；夜者，日之余；阴雨者，时之余。董遇正是充分利用这冬天的"三余"时间，孜孜以求，手不释卷，终成一代著名学者。是啊，冬季漫漫，有书相伴，岂不快哉！冬夜长长，与书为友，岂不乐哉！

读书需要宁静，冬日无私地提供。春天热烈、夏天张扬、秋天迷人，而冬天最静谧。热闹了三季的时节，到了冬日，就进入了一个安静的世界。天地深邃，千山沉默，万水收敛。在此环境中读书，心静脑清，效率奇佳。清代宜山先生著有《围炉夜话》。简介是这样说的："《围炉夜话》正如其名，疲倦地送走喧嚣的白昼，炉边围坐，会顿感世界原来是这样的宁静。而如此宁静而温暖的氛围下，白昼里浊浊红尘塞塞的种种烦闷，会不自觉地升华为对生活、对生命的洞然。"在这样一个宁静的情境里，至亲好友，坐拥炉火，谈古论今，好不惬意，令人向往！

　　读书需要浪漫，冬日顽皮地提供。金秋过后，当第一片晶莹的雪花像白衣仙女飘然而至时，那是冬姑娘送给我们的浪漫。看大片大片的雪花像鹅毛，像无数只白色的蝴蝶在空中飞舞。它们你拉着我，我接着你，顽皮地飘落在树上、地上、山中。顿时，世界变得银装素裹，分外妖娆，好一派北国风光。面对如此意境，读书的人们，伫立窗前，掩卷遐思，雪如人生，人生似雪。片片雪花能让人感知自然的神奇，感触生命的伟大，顿悟人生的可贵。

　　读书需要快乐，冬日由衷地提供。元人翁森在《四时读书乐》是这样写的："木落水尽千崖枯，迥然吾亦见真吾。坐对韦编灯动壁，高歌夜半雪压庐。地炉茶鼎烹活火，四壁图书中有我。读书之乐何处寻？数点梅花天地心。"冬夜读书，屋内，地炉正旺，佳茗正香，四壁图书；屋外，白雪皑皑，梅花数点，天地心动。夜中有人，人中有雪，雪中有梅，人景难辨；我中有书，书中有我，书人合一，彼此交融。在这样一个氛围里读书，能不快乐吗？

读书之冬（2）
——夕阳花红读书美

  按人生四季的划分，老年属冬季。冬季，冰天雪地，寒风凛冽，世界一片萧条；老年，历尽沧桑，风烛残年，饱经风霜。不少人认为，都这把年岁了，还劳神费心地读书，有什么用？其实，老年读书正当时。退休了，不工作了，担子卸了，无职一身轻，时间由自己支配，应该干些自己想干且有意义的事。读书，其实是个不错的选择。清代人张潮在《幽梦集》中有一绝妙的比喻："少年读书如隙中窥月，中年读书如庭中望月，老年读书如台上玩月，皆以阅历浅深为所得之浅深耳。"同一本书，拥有不同人生阅历、境况的人，从中领悟到的道理深浅皆不相同。老年人历经人生四季，饱经岁月沧桑，更能与书共鸣，知其意，通其神。正如明代思想家吕坤所说："进德修业在少年，道明德立在中年，精义仁熟在晚年。"意思是说，培养道德进修学业在少年之时，明白道理树立德行在中年之时，义理精通、仁德成熟在晚年之时。

  读书是心灵的洗礼。老年人一生四海为家，命运沉浮，心灵也漂浮不定。退休了，人生风歇雨停，心灵最好的安放之地应是读书。"读一本好书，就是同一个高尚者谈话。"就是与先贤神交，向宿儒求教，拜大师博学，崇硕德扩境。每一次阅读就是一次灵魂的洗涤和提升。好书，如春风拂柳，雨中白莲，雪中红梅，暗香浮动；好书，充满诗情画意，明丽纯粹，充满叩问深思，发人深省。当你读到与自己的心意相契合的文字时，不禁惊叹：世间竟有如此懂我的人！你埋藏在心里很多年，想说却说不出来的话，作者都替你说了，而且言简意赅，字字珠玑。你的灵魂与他的思想不谋而合，在时光的隧道里轻舞飞扬。那些犀利但温暖、宁静而张扬、理性又唯美的文字，抚慰了你孤独寂寥的灵魂，润泽了你的耳目，让你的心变得明亮澄澈。如果把每个人都比喻成一本书，年轻人的书刚打开，而对老年人来说，他的那本书，已经很丰厚了。因此，作家舒羽说："就某种意义上讲，老年人读书，本身就是一种书与人的互读，人在读书，而书也在读人。"人读书的灵动，书读人的丰厚。读书，是一场精神互赎，是一场耳目互洗，更是一场永不停歇的心灵互动。

　　读书是快乐的源泉。读书是快乐之源、愉悦之门。"书，本身就有情趣、可爱。"有的老年人退休后赋闲在家，常常感到孤独寂寞，甚至百无聊赖。解决这个问题的最好办法，看来只能从书中寻找。因为书中的文字，字里行间闪烁着人类实践、才智的精华，格言警句让人警醒，至理名言让人彻悟，风趣的语言让人愉悦，优美的描写让人赏心，壮烈的故事让人感奋，生动的情节让人抒怀，温婉的叙述让人牵情，幽默的文字让人会心一笑，在不知不觉中，既得到精神的享受，增加了生活情趣，又获得了人生的滋养，无形中积蓄了满满的正能量。无数事实证明：至乐至清读书为最。有位退休老人这样写道："退休了，爱读书的习惯还真有益于我的晚年生活，除了与老伴儿分担家务外，把余下的时光多用在读书上，往日没能读完的书现在有时间读了，自认为有价值的书又能重读了，重读书特别令我开心，仿佛又和'老朋友'见面了，有叙不尽的情，唠不完的嗑！"有位热情的读书人说得更好："风是秋后爽，瓜是苦后甜；风雨沧桑路，醇美在老年；泛舟书海中，快活似神仙。"

　　读书是养生的灵丹。上了年纪，养生是首要课题。如何养生说法很多，什么多运动啊，多吃素啊，戒烟限酒，等等，但是，读书是养生的灵丹妙招之一。中国古代养生家认为，书卷乃养生第一妙物。有位外国作家也说："有一种非药物性的延年益寿的简单技术，就是读书。"因为读书是一种高级神经活动。读书时，书中之味通过视觉或听觉作用于大脑，促使体内分泌有益健康的激素酶、神经肽等，这些物质能兴奋神经细胞，调节心血管系统、呼吸系统和消化系统，进而促进身心健康。老年人大脑越用越灵，身体越动越好。若大脑经常不用，就会萎缩，直接影响全身各器官健康，身体就会越来越差。戏剧电影大师夏衍说过："不爱动脑，不爱读书，不爱思考的人，很容易得老年痴呆症。"少帅张学良自"西安事变"后便身陷囹圄，失去人身自由达数十年之久。大半辈子过着囚禁生活的他阅读了古今中外大量书籍，心灵得到洗礼，从而悟出"宠辱不惊，闲看庭前花开花落；去留无意，漫随天外云卷云舒"的人生感叹。故其寿命长达百岁余，"秘诀"之一便是：潜心读书，修身养性。画家、作家黄永玉，人至"耄耋之年"仍笔耕不辍，2013年8月举办了"黄永玉九十画展"，于同年9月出版了自传体长篇小说《莫愁河的浪荡汉子》。著名作家、翻译家杨绛先生，93岁时出版散文随笔《我们仨》，风靡海内外，96岁出版哲理散文集《走到人生边上》，102岁出版250万字的《杨绛文集》八卷等。这是多么丰富丰厚的人生啊！

　　读书是疗病的良医。西汉刘向说："书犹药也，善读之可医愚。"著名散文家秦牧总结读书的作用时说："书中自有妙药。"读书是一种辅助药物疗法，它能帮助人化解抑郁，宽敞胸怀，收到药物所起不到的奇效。清代著名戏曲家、养生家李渔说："余生无他癖，唯好读书，忧借以消，怒借以释，牢骚之气借以除。"书中表达的喜怒哀乐，还具有调节情绪、平衡人体阴阳的心理治疗作用。我国古代医学早就认识到书籍治病的道理，最早在《内经》中就有聚精会神是"养生大法"之说。读书可以使人聚精会神，丰富知识，可以在一定程度上抑制精神老化。清代秦子枕患恶疮，伏枕呻吟，不胜苦楚。一部《红楼梦》竟使他忘却病痛。书读毕，恶疾痊愈，还写出了《秦续红楼梦》一书。南宋诗人陆游，享寿85岁，长寿之道有一条就是嗜书如命，饮水读书贫亦乐，以书养心喜不胜。陆游还把书籍疗法教给老百姓，有诗为证："儿扶一老候溪边，来告头风久未痊。不用更求芎芷药，吾诗读罢自醒然。"

　　总之，老年人读书快乐多，幸福多，收获多；老年人读书烦恼少，忧伤少，疾病少。这是多么好的事情啊，何乐而不为呢！

第七章 苦 乐

书山有路勤为径，学海无涯苦作舟。一山一水，绘出了知识的浩瀚；一勤一苦道出了读书的艰辛。

至要莫如教子，至乐莫如读书。一子一书指明了世间看重之事；一要一乐讲明了人生欲达之境。

读书是苦还是乐，一是看内容。如是功利性内容，自然是苦多乐少；如是消遣性内容，自然是乐多苦少。一是看兴趣。无兴趣的书籍，自然苦多乐少；有兴趣的书籍，自然乐多苦少。

苦和乐是一对矛盾，是对立统一的关系。苦中有乐，乐中有苦。苦和乐，在一定条件下可以互相转化。

即使是苦读，也要融入快乐的因子。以快乐的姿态去攻克苦的高山，高山也会变为平地。当然，这是一种修炼。

读书之苦
——梅花香自苦寒来

我国历代古圣先贤留下了无数关于读书之苦的名言警句，人们经常引用的有："书山有路勤为径，学海无边苦作舟。""宝剑锋从磨砺出，梅花香自苦寒来。""千淘万漉虽辛苦，吹尽黄沙始到金。""立志真思真品格，读书须尽苦功夫。""笨鸟先飞早入林，功夫不负苦心人。""少年不知勤学早，老来方知读书迟。""少不勤苦，老必艰辛。""比赛必有一胜，苦学必有一成。""学在苦中求，艺在勤中练。""才华是刀刃，辛苦是磨刀石。""小儿读书苦，长大享清福。""吃得苦中苦，方为人上人。""不吃苦中苦，难得甜中甜。"等。

同时，古人苦读故事也是不胜枚举，大家耳熟能详的有：

悬梁刺股。汉代孙敬，读书非常刻苦，从早上晨曦，一直读到皓月当空，中间一刻也不休息。假如看倦了想打盹，就拿一根绳子系在头顶上，绳子另一端挂在房梁上，这样就无法打瞌睡，让自己始终保持清醒。凭着这股劲，孙敬终于成为当世大学者。战国时，苏秦出身寒微，常常被人瞧不起，但他读书非常勤奋，如果昏昏欲睡，就自己拿一把锥子来刺大腿，血一直流到脚踝，剧烈的疼痛提醒他继续苦读。就这样，苏秦终于学成满腹经纶，挂六国相印，主持合纵抗秦大计。

囊萤映雪。晋代的车胤和孙康为了学习，夜晚点不起灯，车胤夏日里捉萤火虫装在绢袋中照明，而孙康则在冬夜下大雪时，映着雪光读书。后来《三字经》引用此典曰："如囊萤，如映雪，家虽贫，学不辍。"

凿壁偷光。西汉学者匡衡贫而好学，夜晚无灯，为了能借邻家的烛光读书，他在墙壁上凿了个洞，就着隔壁透进来的光读书。当地一个大户人家，有许多藏书，匡衡就到他家去做工，但他不要报酬，主人很惊奇，问他为什么？他说："我想得到主人的书，全部读完它。"主人很受感动，就用书做报酬资助他，后来匡衡成了一个知识渊博的学者。

映月读书。南齐时的江泌家境贫穷，白天以做鞋为生，晚上才能抽空学习，点不起灯，他就拿着书登上屋顶，借着月光读书。白居易有诗云："是时天无云，山馆有月明。月下读数遍，风前吟一声。"孟郊也曾有"夜贫灯烛绝，月明照吾书"的诗句，说明许多古人都有映月读书的体验。

韦编三绝。孔子晚年喜欢研究《周易》，编撰《系辞》《象辞》《说卦》《文言》等解说《周易》的《易传》。由于反复阅读《周易》，以致编联简册的绳子多次断开。

闭门十年。西晋诗人左思，广学深集，闭门谢客，埋头苦作，冥思苦想十年整，门前桌上，皆着执笔，终于诞生了令后人赞叹不已的《三都赋》，士人孩童，豪门贵族，竞相传抄，洛阳城内为之纸贵。

铺沙识字。宋代文学家欧阳修，4岁丧父，靠母亲给别人浆洗衣服度日。上不起私塾，只有跟母亲学习。他把细沙倒在院子里当纸，用芦苇秆当笔。经过日日勤学苦练，慢慢自己可看书学习了。有了自学能力后，更加刻苦努力，22岁考中进士，终成著名散文大家。

焚膏继晷。唐代著名文学家韩愈，自述其自学经历时说："口不绝吟于六艺之文，手不停披于百家之编。焚膏油以继晷（晷：日影，比喻时光），恒兀兀（勤学不止的样子）以穷年。"意思是说，他读书学习时，经常是口中不断地吟诵着《六经》，手中不停地翻阅着各种典籍，从点起油灯一直学到天亮，就这样夜以继日，一年又一年。此后，"焚膏继晷"就成了勤奋学习的典故。

目不窥园。西汉时期著名思想家、儒学家董仲舒，少年时读书非常刻苦，经常是夜以继日地读书，他的书房紧靠着姹紫嫣红的花园，三年没有进去过，甚至连一眼都没瞧过。后来他被征召为博士，公开聚众讲学，弟子遍布四海。

牛角挂书。隋唐时期群雄之一李密，年少时学习非常刻苦。有一次他外出干活时，骑着牛，在牛角上挂着一卷《汉书》，一边走一边看书。越国公杨素正巧在路上看见，回家后，他对儿子说："我看李密的见识风度，非等闲之辈所具有。"

自古以来，学有所成、学有建树的人，都离不开一个"苦"字。苦是人生的底色。佛说众生皆苦，老话说生活有五味，酸甜苦辣咸。苦是生命所不能避免的一味，苦，是人生的必经过程，人生就是一个"享受"痛苦和磨难的过程。读书确实是一件苦差事，一是辛苦。求学时，做不完的作业，背不完的课文，天天挑灯夜战，升学的压力巨大。求职时，想要找到一份好的工作，就要考研、考博，不付出汗水，同样难以实现自己的理想。找到工作后，为了晋级调职，还要考取各种资格证书，又要苦学一番。二是清苦。别人晚上在茶社品茶，或在影院看电影，你或许在夜读；别人早晨可能还在梦乡，你或许早已在"书香"晨读；节假日别人领着老婆孩子在游山玩水，你或许正在图书馆、书店之间奔波。三是困苦。在书中，我们经常会看到一幅大美世界的画卷，但回到现实生活中，却要经历各种不顺心、不如意、不得志。两相比较，很容易使人陷入思想上的困境。四是艰苦。读书人要著书立说，谈何容易，既要寻章采撷，又要引经据典，还要妙笔生花，有时苦思不得其解，有时曲径难以通幽。身处苦境，埋首南窗也好，皓首穷经也罢，如人饮水，冷暖自知。

对于读书之苦，不同的态度会有不同的结果，敢吃苦是一种精神。"书山"，有峻、有岭、有荆棘，是望山兴叹还是勇于登攀，只有不畏艰险的人才能登上光辉的顶峰；"学海"，有风、有浪、有旋涡，是望海止步还是踏浪前行，只有毫不畏惧的人，才能顺利抵达胜利的彼岸。会吃苦是一种能力。脱离记忆的读书，如同蘸水写字，片刻便了无痕迹，而记忆又是一个反复遗忘的过程，一次次遗忘会让人深感沮丧，这时就要讲究方法，摸索规律，寻找最佳途径。唯有巧学、巧记，才能把知识"复刻"在自己的脑海里。善吃苦是一种境界。当一个人在学习时，有愉悦、快乐的体验时，就会全力调动自己的积极因素，排除一切干扰，使学习任务顺利完成。因此，在读书时，要融入快乐的因子，营造快乐轻松的氛围，把读书的过程变成惬意、有趣的事。此种境界需长期磨炼。

在苦读还是悦读这件事上,见仁见智,观点不一。上海交通大学刘士林教授就极力推荐苦读,不赞成悦读。他认为,读书在本质上是一种机械、枯燥、压抑和痛苦的训练,这个过程很符合"病蚌成珠"的原理,是把被感觉、心理、情感和本能上排斥的很多东西强加在个体感性生命中,目的是使原本依靠感觉、情绪、本能生活的感性人,成为按照必然规律去思考、分析、判断和行动的理性主体。像这样一个过程,不可能是愉快和轻松的。

有人说,任何学问都是苦根上结出的甜果。读书生活不可能尽是苦,都是累,肯定有苦也有甜,有累也有乐,有无奈也有希望,有清苦也有幸福。唯有这样,读起书来,方能更生动,更美好,更韵味悠长。

读书之乐
——至乐清欢是读书

培根说:"读书能给人乐趣、文雅和能力。"高尔基说:"要热爱书,它会使你的生活轻松。"法国小说家莫泊桑说:"喜欢读书,就等于把生活中寂寞的时光换成巨大享受的时刻。"古人云,至要莫如教子,至乐无如读书。读书之乐,因人而异,因时而异,因年龄而异,因心情而异。

功利读书之乐。面对茫茫书海,如何择书是个大问题。而选书肯定首先选对自己有用的书,而这难免会被纳入"功利性阅读"的范畴。其实选择对自己有用的书,无论是为了提升自己的人文素养,还是专业能力,都是无可厚非的。况且,功利性阅读,特别是在日新月异的今天,已经成为一个人最基本的阅读能力。一个人只有成为一块高效的"蓄电池",持续不断地充电,才能驱动人生的车轮持续不断地前行。当下,终身学习,随时学习,非正规学习,已经成为每个人面临的首要课题。联合国教科文组织原总干事埃德加·富尔先生甚至预言:"未来的文盲,不再是不识字的人,而是没有学会怎样学习的人。"功利性阅读,有时是枯燥的,有时是艰难的,有时是不愿读的。但是,为了考学,为了升职,为了求得资格证书,只好硬着头皮学下去。这一过程自然是苦的，但苦学的结果会换来甜，换来乐。当一个人考入理想的学校时，当取得硕士、博士学位时，当取得会计、审计、电气资格证书时，特别是当由于自己的苦学，换来升职加薪的机会时，这时的你，能不快乐吗？此时再回过头来看，当初流的汗，付出的辛苦，都是值得的。苦中甜才是真甜，苦中乐才是真乐。当然，这种功利性阅读之乐，是一种利益之乐，是一种身体之乐，但毕竟还是有快乐的。

消遣读书之乐。消遣性阅读，是在工作时间之外，出于兴趣和爱好，为了娱乐、休闲、审美、充实生活而进行的阅读活动。它所追求的是心理的满足、精神的愉悦和生活的充实。平时，人们除了工作、生活、睡眠等所需外，至少有 1/3 以上的时间属于休闲，而消遣性阅读，就是充分利用休闲时间的最好选择。它更有利于人们精神的丰盈和心灵的净化，对闲暇时间能否充分利用，是人与人之间产生差别的重要因素。娱乐和审美是人类的普遍追求，阅读娱乐化和审美化有益于人们阅读习惯的培养。一个社会的消遣性阅读，反映着一个社会的闲暇利用率。从历史上看，文学艺术的创作，多半是在闲暇阅读的土壤上生根、开花、结果的。消遣性阅读，是人类积极阅读的重要表现，是阅读功能发挥的重要方式，也是人类文化和文明发展的主要动力，切不可低估消遣性阅读的作用。同时，更重要的是消遣性阅读是一种自由阅读，想读什么读什么，没有外在力量的强迫，因此，它是快乐之读；消遣性阅读，是兴趣所致，率性而为，因此，它是趣味之读；消遣性阅读，是一种高雅娱乐和精神享受，且寓教于乐，因此，它是享受之读；消遣性阅读，是一种对人、对己、对社会有益的活动，因此，它是有益之读；消遣性阅读，能消除人们的焦虑、浮躁心情，因此它是宁静之读。总之，消遣性阅读，是自主阅读，是随性阅读，是随机阅读，既能充分发挥阅读的所有功能，更能给人带来智慧之乐、精神之乐和心灵之乐！

使命读书之乐。古今中外，为自己的历史使命而不懈读书的人，灿若繁星，不胜枚举。在我国古代，以孔子为代表的儒家对弟子的塑造，从一开始即郑重赋予使命感、责任感，让他们懂得自己是肩负重任的人。《论语》有云，曾子曰："士不可以不弘毅，任重而道远。仁以为己任，不也重呼？死而后已，不也远乎？"2500多年来，中国的读书人一直以这段话自策、自警、自勉，直到今天影响犹在。明代中晚期著名思想家吕坤曾说，世道、人心、民生、国计，此是士君子的四大责任。此四者大体涵盖了社会生活的各个基本层面，将四者定为士人的"责任"，反映了他们对使命读书认识的深化。明末东林书院那副人所熟知的对联："风声雨声读书声，声声入耳；家事国事天下事，事事关心"，即是对为使命而读书的形象诠释。再就是范仲淹在《岳阳楼记》中以自问自答的方式赞叹说，那些忧国忧民之士"进也忧，退也忧"，然则何时而乐耶？其必曰："先天下之忧而忧，后天下之乐而乐"。这是对古代优秀士人使命感、责任感的最好概括。到了近代，一批新兴读书人，对人们应负有的社会责任感，有了更好地表达。最为著名的当数1900年清末维新派人士麦孟华改写顾炎武名句，提出了"天下兴亡，匹夫有责"的口号，广为流传。周恩来在早年提出的"为中华崛起而读书"的口号，更是令人振奋！伟大的革命导师马克思，终生为了自己的使命发愤读书。当他的身体已经衰弱不堪的时候，仍继续坚持工作学习。他曾对别人说："我一直在坟墓的边缘徘徊。因此，我不得不利用我还能工作的时间，来完成我的著作。为了它，我已经牺牲了我的健康和我幸福的家庭。"正是马克思这种强烈的使命感，才使他的许多经典著作得以问世，影响着整个世界。他在写字台前溘然长逝，为了他的使命，不惜付出自己的生命。为使命而读书，何乐之有？使命使然；为使命而读书，乐归何处？灵也圣也！

读书，能让人体味到人生酸甜苦辣，但更多的是甜；读书，能让人感受到世间喜怒哀乐，但更多的是乐。读书让人甜美，读书使人快乐，不读书的人很难感受到、享受到。

读书之勤
——五经勤向窗前读

关于勤奋，名言警句较多，比较常见的有：书山有路勤为径，学海无涯苦作舟。书本对于懒惰的人是一堆废纸，对于虚荣的人是一种摆设，对于勤奋的人才是无价之宝。业精于勤而荒于嬉，行成于思而毁于随。勤能补拙是良训，一分耕耘一分才。聪明出于勤奋，天才在于积累。黑发不知勤学早，白首方悔读书迟。勤劳一日，可得一夜安眠；勤劳一生，可得幸福长眠。天道酬勤。人生在勤，不索何获。不勤于始，将悔于终。读书勤乃有，不勤腹中虚。勤奋是成功之母。才华是血汗的结晶。勤奋是生命的密码，能译出一部壮丽的史诗……

勤奋是中华民族的美德，是社会发展的动力，是学有所成，学有建树的最佳途径。勤奋的人，在读书的勤勉上，大体上有三个特点：

一是勤于博览。博览群书是做学问、搞研究的基础。只有勤于博览，才能闻多识广，思想开阔；只有勤于博览，才能摄取精华，收获未来。没有博览，就没有视野；没有博览，就没有创新。历史上勤于博览的人，不计其数。历朝帝王中，清康熙皇帝应该算是博学的一个。他的一生勤苦为政，励精图治，在中国封建社会历史上开创了一个政通人和、空前统一、经济和文化繁荣昌盛的新时代。他去世前，曾自评其人生："数十年来，殚心竭力，有如一日，此岂仅'劳苦'二字所能概括耶！"康熙不仅"劳苦"治国，就是读书亦达到"劳苦"的地步。他执政时期，正是国家多事之秋，可谓日理万机。但无论军事政务多么繁忙，他仍坚持每天读书不止。他阅读的范围十分广泛，儒学经典及各学派著作，几乎无所不包。历史也是他学习的一门主课，如《史记》《资治通鉴》《春秋》等，都是必读之书。记述他的先辈的实录，如太祖、太宗实录，也是每日必读。甚至大臣的著作，他也要大臣亲自讲授给他听。数十年如一日，坚持读书学习，终于成为一代精通易理的大学问家。与此同时，他还努力学习掌握西方近代自然科学知识，诸如数学、物理、天文、地理、医学等。这一切，都为他修身、齐家、治国、平天下奠定了坚实的思想理论基础。

二是勤于思考。在读书中勤于思考，才能有所得，有所获，有所创新，有所成就。被誉为近代科学的开创者牛顿，在科学上做出了巨大贡献。他的三大成就——光的分析、万有引力定律和微积分学，为现代科学的发展奠定了基础。牛顿为什么能在科学上获得巨大成就，主要还是有赖于他的勤于思考和探索精神。有两个大家熟知的故事最能说明问题，牛顿每天除抽出少量的时间锻炼身体外，大部分时间是在书房度过的。一次，在书房中，他一边思考着问题，一边在煮鸡蛋。苦苦地思索，使他进入忘我的境界。突然，锅里的水沸腾了，他赶忙掀开一看，"啊！"他惊叫起来，锅里煮的却是一块怀表。原来他思考问题时，竟心不在焉地随手把怀表当作鸡蛋放在锅里了。还有一次，牛顿邀请一位朋友到他家吃午饭。他研究科学入了迷，把这件事忘掉了，他的佣人照例只准备了牛顿个人吃的午饭。临近中午，客人应邀而至，看见牛顿正在计算问题，桌上、床上摆着稿纸、书籍。看到这种情形，客人没有打扰牛顿，见桌上摆着饭菜，认为是给他准备的，便坐下吃了起来，吃完后就悄悄地走了。当牛顿把题计算完后，走到餐桌旁，准备吃午饭时，看见盘子里吃过的鸡骨头，恍然大悟地说："我以为我没有吃饭呢，我还是吃了。"这些故事表明，牛顿是一个怎样沉思默想、善于思考的人。他对科学极度的专心，总是想着星辰的旋转，宇宙的变化，而进入了忘我的境界。

三是勤于笔耕。读书中的所思所想、所省所悟，只有通过笔耕，才能得到展示，得到转化。同时，也只有勤耕，才有收获，才有成果。鲁迅是中国现代伟大的文学家、思想家和革命家。他的一生，是勤于笔耕的一生。跋涉传统文化的丛林，培养了他广博深厚的文化修养，同时，为他的文学创作、解剖中国社会、分析国民性格，提供了无穷无尽的资料。放眼于西方近代的书海，西方众多的进步思想，为他提供了批判时弊的武器。而西方文学形式则使他找到了新的文学艺术创作形式和辛辣的文学表达方式。读书、教书、著书、译书、藏书、编书、出书，贯穿于他的一生。从某种意义上说，正是勤于笔耕，造就了鲁迅这位世纪文化伟人。

　　钱锺书是一位学贯中西的文化巨人。有位外国记者曾说："来到中国，有两个愿望：一是看看万里长城，二是见见钱锺书。"他把钱锺书看作是中国文化的奇迹与象征。其实，如果没有《围城》，也许多数人并不知道钱锺书。然而，面对他的《管锥编》，却有人惊叹：其内容之渊博，思路之开阔，联想之活泼，想象之奇特，实属人类罕见。一个人的大脑怎么可能记得古今中外如此浩瀚的内容？一个人的大脑怎么可能将广袤复杂的中西方文化如此挥洒自如地连接和打通？要知道，《管锥编》是钱锺书研读《周易正义》《毛诗正义》《左传正义》《志子五经注》《太平广记》等数十种古籍时，所做的札记和随笔的总汇。他用典雅的文言文写成，引用了大量英、法、德、意、西原文，是一部不可多得、必然传世的多卷本学术著作。其考证辞章及义理，打通了时间、空间、语言、文化和学科的壁障。有人统计，该书从先秦到近代二三千年，他引证到的中国作家就有3000人左右，典籍达六七千种。他的另一部著作《谈艺录》所引证的中国典籍也高达1800种。《围城》是钱先生唯一的长篇小说，有论者认为，该书是现代中国伟大的小说之一。《围城》内涵充盈，兼以理胜于情，是小说中的宋词。其为数不多的短篇小说更是风格迥异，寓意深刻，令人惊叹叫绝。他潜心研究，笔耕不辍，嗜书如命，惜时如金，甘于寂寞，不求闻达，为世人所称颂！

以上几个故事，无不说明一个道理：勤奋助力人生，勤奋积累智慧，勤奋夯实事业，勤奋铸就辉煌。读书离不开勤奋，否则，将一事无成。

读书之福
——书福不享难睿智

什么是福？福，代表福气、福运、幸福，是祥瑞、美好、吉祥寓意的统称，是中华文化的根本与归宿，寄托了人们对幸福生活的无限向往及美好祝愿。

对于什么是福，不同人有不同的认知和理解。有人认为平安是福，有人认为健康是福，有人认为快乐是福，更有人认为吃亏是福，凡此种种，不一而足，可谓见仁见智。但是，还有一种被人忽视的福，就是读书之福，古人谓之书福。明朝名人陈公眉曾说："人有书可读，是享世间清福。"有副对联说得好："岂无志者能成事，唯有福人肯读书"。清代书画家姚元之认为"无欲乃积寿，有福才读书"。清代文学家张潮也说："有工夫读书谓之福，有力量济人谓之福，有学问著述谓之福，无是非到耳谓之福，有多闻直谏之友谓之福。"且将读书之福置于五福之首，可见读书之重要。

其实，书福也是有层次的。

第一，与书结缘即是福。书人王新民有句爱书格言："何其有幸，我这一生都与书有缘。"他说:"读书是福,读书是一件心灵愉悦之事,是一件幸福之事。读书能排忧解难,能让我忘记一切。我经常觉得我读书就和别人喝酒、打麻将一样,就是平生聊以自慰之事。我跟我爱人说,'我快退休了,我这一生却都与书结缘,读到老,写到老,我想我将来也要老在书屋里'。"可见,他与书结缘至深。与书结缘,犹如初春时节的嫩芽,那是一份惊喜和新奇;与书结缘,犹如初夏时分的虫鸣,那是一声呼唤和热情;与书结缘,犹如初秋时分的落叶,那是一片美好和宁静;与书结缘,犹如初冬时节的雪花,那是一种浪漫和温馨;与书结缘,犹如雏鸟在天空中飞翔,那是一份辽阔和高远;与书结缘,犹如初学者进入知识的海洋,那是一种欣喜和敞亮;与书结缘,犹如涉世浅者在书山之巅漫步,那是一种悠闲和满足。著名收藏家马未都小学四年级时,适逢"文革",无学可上,只好辍学。14岁,父亲带着他去了东北五七干校。其间,邻居有本《红楼梦》,他借去读,饭也不吃,觉也不睡,直到读完为止。从那以后,他嗜书成癖。只要是书,抓着就读。在书里阅览了人间,读懂了人性。1975年年底,马未都返京,被分配当了一名工人。1981年,他在《中国青年报》发表小说《今夜月儿圆》,从此,一炮而红。后来到《青年文学》当编辑,搞收藏,创办光复博物馆,等等。总之,与书结缘,让马未都走上了文学之路;与书结缘,让他走上了收藏之路;与书结缘,让他创造了辉煌,也品尝到了幸福。星云大师在《谈读书》中说:"人生的起点,不是诞生,而是与好书结缘的那一刻,与书相许,无怨无悔。与书结缘,就是新生活的开始,就是幸福的起点。"这句话说得相当精准而深情。

第二,与书相伴即大福。与书相伴,就是天天读书,日日看书,终生坚持,一日不辍。一日与书为伴,即有一日之福;一月与书为伴,即有一月之福;一年与书为伴,即有一年之福;终生与书为伴,即有终生之福。马克思可以说是终生以书为伴的革命导师,为了创立科学社会主义理论,他不仅系统研究了哲学、政治经济学、历史、法学等社会科学,而且还学习和研究了数学、化学、生理学、解剖学及文学艺术作品。为研究政治经济学,从1824年开始,一直到1883年逝世时为止,整整用了40年的时间和精力。在写作《资本论》的过程中,他读过和写过笔记并摘录过的书就有1500多种,写的各种摘录,至少有100多本。为了写关于工厂法一章,硬是把整个伦敦图书馆里载有英国和苏格兰的有关资料都一一研究过。正是由于马克思终日以书为伴，矢志不渝地研究，才科学地揭示了资本主义必然灭亡，社会主义必然胜利的客观规律。马克思的一生，是以书为伴的一生，也是精神世界幸福的一生，是读书和研究，给予了他无与伦比的幸福。

第三，与书神交即至福。林语堂在论《读书的艺术》中，谈到读者可凭借书刊与作者神交，他说："犹如一个人和女子一见生情，一切必都美满。他会觉得这作家的笔法、心胸、见地、思想都是合适的。于是他对这作家的著作即能字字领略，句句理会。"与书神交，唯有读经典，方能知世事，见天心；多读人文好书，方能春风化雨，心灵丰盈；多读传记纪实，方能神交伟人，灵魂壮游；多读诗词散文，方能"始于喜悦，终于智慧"。元代"一代诗宗"杨维桢从小父教较严，为了让其学有所成，他的父亲在山崖上建了座万卷藏书楼，将他送上楼后去掉梯子，用辘轳送饭，如此与书神交五年，加上他小时候就颖悟过人，能"日记文章千言"，五年之后，杨维桢已是满腹经纶了。契科夫有篇小说叫《打赌》，讲的是一位银行家与一个人打赌，赌注是200万元，条件是这个人必须关在一间房子里15年，足不出户，不许见人，唯一的方便就是随意读书。15年快结束时，银行家为了不付钱，决定在期限到达前三天杀死那个打赌的人。打赌的人闭门读书15载，与书神交，怡情养性，私欲尽除，在银行家准备杀他时，他已从那间房子离去，因为他已不再羡慕那笔巨款了。读书之所以能去欲洁心，道理很简单，因为与书神交，获得内求，而一个人通过内求获得的越多，他对外的需求就越少。

与书神交，能让人心境宁静、心情愉快、心胸开阔；与书神交，能让人珍惜爱情、不忘亲情、看重友情；与书神交，能让人变得更优雅、更善良、更美好；与书神交，能让人享受简单的快乐，追求简约的生活，探寻极致的幸福！

契诃夫说得好："我们的事业就是学习再学习，努力积累更多的知识，因为有了知识，社会就会有长足的进步，人类的未来幸福就在于此。"读书是高雅之福，智者谙其"三昧"，尽情享受；愚者不解其味，不屑一顾。这正是：天天读书似神仙，书福不享难睿智。

读书之写
——妙笔生花见功夫

本篇的写,是广义的,是指用文字表达有价值、有意义的东西,如日记、读书笔记、文章、论文、随感、文学作品、专著等。写,是读书后的所思所想,或记人叙事,或言志明理,或虚构故事,都是感动于心遂有表达,遂有寄托。

写,是读书的延续,是读书的蜕变。它有何意义呢?

写,乃不朽之事。《左传》记载:"太上有立德,其次有立功,再次有立言,传之久远,此之谓不朽。"将立言作为"三不朽"之一,意义重大。曹操的儿子魏文帝曹丕在《典论·论文》里也说:"盖文章,经国之大业,不朽之盛事。"意思是说,文章是关系到国家经营治理的伟大事业,是流传万代的不朽盛事。犹太民族有句古语,说的同样是这个意思:如果想在冬天有个避雨的地方,你就建座房子;如果想住的年头久一点,就建座石头房子;如果想被儿孙辈惦记着,就在身边建座城;但是,若想永垂青史,就写本书。孔孟等儒家思想影响中国两千多年,经久不衰,功在当世之德,更在传世之文。

写,乃传承之事。在人类文明发展史上,每一部书都凝聚着人类的智慧,承载着文明的成果,传递着文化的薪火。传承,靠的就是写书人。书,写了给人读，人读了书，有感而发，有话要说，又写书，写了书再给更多的人读。文化就是这么传承的，也是这么发展的。如果说读书是一个人求知求慧的标志，那么写书就是一个人有没有责任感、使命感的标志。一个人成功与否与一个人的接力意识、传承意识有关。因此说，传承是一个写书人的历史责任。

  写，乃非凡之事。人通常眼高手低，读别人写的书，往往品头论足，说长道短，真正轮到自己著书立说，却并非易事。写书，需要有前瞻的思想，敏锐的嗅觉，独立的思考，丰富的文化底蕴，厚实的文字基础。缺乏这些东西，动笔很难，写出感人篇章更难，写出传世之作更是难上加难。法国作家蒙田完成传世之作《随笔集》，花费了整整30年的时间。另一位法国作家布吕耶尔一生只写了只有10万字的《品格论》。曹雪芹穷其一生，只留下一部未完成的《红楼梦》。

  写，乃幸福之事。一般情况下，写作人总怀有天真烂漫的愿望，希望现实更美好，人心更善良，处处莺歌燕舞，时时幸福美满，但严酷的现实总不能尽如人意，他们只好任思绪飞舞，凭遐想穿越，自己去创造一个美好的世界。文字是最理想的王国，因为它承载着写作人对人类、对世界的赞美和希冀。由此看来，没有比写作更幸福的事了。此外，许多人还有个梦寐以求的愿望，就是让自己的诗文变成铅字，在他已经化为一股青烟后，他的书还能静静地躺在书店里或某个人家的书架上，即使落满尘埃却仍能随时取下阅读，至少自己的子孙后代还有人在细细品味，慢慢诵读。也许有的子孙还给同伴炫耀："嘿，这是我老爷爷写的书！"还有比这更好的追求永恒和幸福的方式吗？

  写，乃必然之事。写，无论男女老少，无一不是一个由读书人转化而来。书，看到一定程度，会懂得选择经典好书来读；书，读到相当的水准，会变得不安分，跃跃欲试，渐渐向往著书立说，欲想变为一个写书人。读书是吸收，是继承；写书是延续，是超越。从某种意义上说，由一个读书人变为一个写书人有必然的因素。

  综上所述，看来写是读书的必然结果，写是传承文明的幸福方式，写是思考发酵、积累升华的最佳表达。那么，怎样才能写好文章呢？作家曹文轩说得好："文字的书写，会使一个人的思维变得有条理，变得缜密；文字的书写，还会使一个人变得风雅。在这个世界上，文字无疑是你最好的伴侣……

可怎样才能写得一手好文章呢？最有效的方法就是阅读。阅读和写作的关系犹如箭与弓之关系：写作是支箭，阅读是把弓。"下面不妨让我们讲述一个读写故事来做个诠释吧。

军旅出身的柳建伟是个多栖多产的作家，曾获得中宣部"五个一工程奖"、茅盾文学奖、夏衍电影文学奖、人民文学奖、华表奖、金鸡奖、飞天奖、金鹰奖、解放军文艺大奖等众多荣誉桂冠。他出生于河南南阳的一个小乡村，从小就酷爱读书。16岁那年，他考入了解放军信息工程学院，丰富的藏书为柳建伟提供了难得的精神濡养。书读得多了，有了名著的滋养，柳建伟渐渐产生了创作的冲动，内心中写作的欲望越来越强烈，于是他立即动笔行书，写出他的处女作短篇小说《郝主任的苦恼》，直接投给了《人民文学》，谁知不久却被退回。此后，他屡屡投稿，又屡屡被退。经过冷静分析后，他又精心创作了4000字的短篇小说《尊严》，投给了家乡南阳地区的文学期刊《躬耕》，这次处女作终于发表。然而，在创作的阵痛中，柳建伟深感自己的文学理论知识修养的缺失，抱着补课的迫切愿望，他考入了解放军艺术学院中文大专班深造。为了厚实自己的文学写作底子，他决定用最笨的"解析法"来剖析文学名著的"内部构造"。他用了将近半年时间，在一张对开的大白纸上描画出《红楼梦》四大家族人物关系图。让他对这部文学名著的内核构建了然于胸。此后，他又利用此法重读了巴尔扎克的《人间喜剧》。后来他在回忆这样的笨办法时说："写作有开窍的瞬间，文学的开窍肯定基于写作的训练和大量的阅读。"慢工出细活，正因为有大量阅读垫底，日后他的每一部作品都是结构宏大、气势恢宏、构思精巧、叙事严谨，驾驭文字的能力十分到位，写出了一部部反映时代波澜壮阔的社会生活的佳作，深受读者好评。1985年，他相继发表了中篇小说《煞庄之灵》和《苍茫冬日》，读者好评如潮。就在写作事业如日中天时，他的母亲却接二连三地来信，专门提醒儿子千万要保持清醒，耐得住寂寞，方能成大器。母亲的话让柳建伟幡然醒悟，他下决心沉下心来，先后走进了北京师范大学研究生学院潜心攻读。之后，《红太阳白太阳》《日出东方》等一系列大部头作品相继喷薄而出，在文学界引起极大反响。柳建伟在回顾自己走过的读书与文学创作之路时说："当今青少年一代大多是独生子女，比我们当年物质生活实在是太优越了，但精神的充实和丰盈，并不会随之而自动提升，需要从小就多读好书，从中吸取有益的营养，才能跳出自我，胸怀大志，目光高远，人生有为。"

　　从柳建伟的故事中，我们不难得出结论：读书是写作的基础，读书为写作提供丰富的素材，读书激发创作灵感。没有大量的读书做基础，要写出好文章是难以想象的。

第八章 知 行

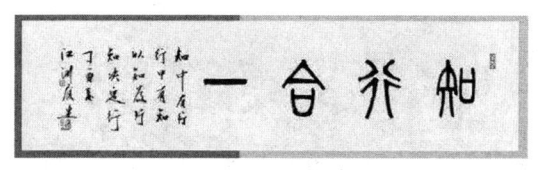

　　读书的知行观，包含两层意思：一层是在懂得读书的意义、明白读书的好处后，重在行动。要养成读书的习惯，自觉坚持，长期坚持，持之以恒，防止"三天打鱼两天晒网"，防止一曝十寒。要选好书，读好书。另一层是读书之后要注重运用，重在使用，重在活用。将所学理论、知识与思想、生活、工作紧密结合，改造思想，提升境界；浓厚情趣，诗意生活；开动脑筋，创新工作，开拓事业。

读书之行
——绝知此事要躬行

如何摆正读书与践行的关系，也即知与行的关系尤为重要。

读书重践行，是古代名人贤士的重要主张。孔子说："行有余力，则以学文。"又说："君子欲讷于言，而敏于行。"他还说："始吾于人也，听其言而信其行；今吾于人也，听其言而观其行。"在《论语》中"行"出现82次，仅次于"知"（118次）和"仁"（112次）。老子也重视行，《道德经》说："上士闻道，勤而行之。"又说："合抱之木，生于毫末；九层之台，起于累土；千里之行，始于足下。"佛家也重视行，常说"修行、修行"，强调"解行并重"。宋代诗人陆游在《冬夜读书示子聿》一诗中写道："古人学问无遗力，少壮功夫老始成。纸上得来终觉浅，绝知此事要躬行。"这应该是陆游多年读书经验的总结，是他感同身受的深刻体会。"勤于思则理得，勤于行则事活"。与朋友交游，需将他们的好处留心学来，方能受益；对圣贤言语，必要我们平时照样行去，才算读书。苏轼说的"身行万里半天下"，也是对行诗意的表达。还有一句话："读万卷书不如行万里路，行万里路不如阅人无数，阅人无数不如名师指路，名师指路不如自己去悟。"从某种意义上讲，也是讲践行的重要。

读书重践行，是马克思主义实践观的基本观点。读书与践行的关系，也即认识（理论）与实践的关系。在这方面，辩证唯物主义认为，实践是认识的基础，是认识的目的，实践决定认识。实践对认识具有决定作用。实践是认识的来源，是认识的发展动力，实践是检验人们认识真理的唯一标准。同时，认识能够指导实践，对实践具有能动的指导作用。认识可以揭示事物的本质和规律，预见事物的发展趋势，明确实践活动的方向；根据正确的认识和理论规定实践的目的、计划、过程，使实践获得成功。宋代思想家王阳明认为："知为行之始，行为知之成，知行本为一体。"儒家的知行观高度契合马克思主义的实践观。知中有行，行中有知。基础在学，关键在做。以学为先，以做为重。

重读书，轻践行，害人害己。在读书中人们常犯的毛病是：重视"格物致知"，忽视"知行合一"；重想法，忽视践行。只读书不行动，只读书不实践，往往导致"一语不能践，万卷徒空虚"的严重后果。土地革命战争时期，以王明为代表的"左倾"教条主义，不顾中国革命实际，生硬地照搬照套苏联的模式，顽固地坚持百分之百按"本本"办事，结果丧失了联合反蒋抗日的中间阶级的有利时机和形势，使第五次反围剿失败，红军被迫转移，致使革命力量损失惨重。《史记》上写的赵括"纸上谈兵"的故事，最为有名。战国初期，赵国名将赵奢的儿子，自幼读了不少兵书，谈起兵法头头是道，连他父亲都难不倒他。但是，赵奢认为赵括不能当大将。后来秦国攻赵，赵括接受兵权，打起仗来，照搬兵书，结果被秦军围住，赵军40万大军全军覆没，赵括自己也被射死。这些故事都说明，只有书本知识，没有实际经验是不行的。

读书是践行的准备，践行是读书的必然。

践行宜活。践行需要结合实际，灵活运用，切忌照抄照搬，死搬硬套。中国革命初期，苏联革命经验是"城市武装革命"，中国革命怎么办？是照搬苏联模式，还是创出一条新路？毛泽东同志根据中国革命的实际情况，创造性地提出了农村包围城市，武装夺取政权的道路。1930年5月，毛泽东写了一篇《反对本本主义》的文章，第一次明确指出："马克思主义的'本本'是要学习的，但是必须同我国的实际情况相结合。"从1936年到1939年，他又发表多篇文章，根据以往实践斗争的经验，从新的角度，再次系统地论述了农村包围城市的理论。这一理论，是以毛泽东为代表的中国共产党人，坚持实事求是的原则，一切从实际出发，将马克思主义原理同中国革命实践相结合的产物，是马克思主义中国化的重要成果。再如，长征时期，毛泽东反对博古代表的共产国际及军事专家李德坚持的阵地战、突击战、拼搏消耗等常规作战思想，创造了运动战的理论并运用得出神入化，夺取了长征的伟大胜利。

践行宜实。践行要一步一个脚印，脚踏实地，不能浮光掠影，华而不实。达尔文（1809—1882）出生于英国的富裕家庭。16岁被父亲送到爱丁堡大学学医学，由于其他无意学医，加入了一个专注于生物学的学生团体，经常到野外采集动植物标本。后于1828年到剑桥大学改学物种学，但植物学和地质学仍是他的最爱。22岁剑桥大学毕业后，经人介绍，他跟随海军勘探船只绕地球进行了为期五年的勘探活动。这期间他将三分之二的时间花在了陆地上，仔细地记录了大量的地理现象、化石和生物体，并系统地收集了许多标本，它们中许多是科学新物种。考察结束后，他对考察笔记的资料进行了研究整理，并参考有关书籍，撰写了震惊世界的《物种起源》，达尔也因此成为生物进化论的奠基人。

践行宜韧。践行的道路上，不会一帆风顺，有时会困难重重，有时会遭遇挫折，只有坚韧不拔、坚持不懈，才能达到胜利的彼岸。著名画家达·芬奇，从小聪明好学，兴趣广泛，喜爱唱歌。他的即兴演唱，常常让人惊叹。他擅长绘画，常为邻里们作画，被誉为"神童"。然而，其前半生一直命运多舛，怀才不遇。30岁时，投奔到米兰的一位公爵门下，过着寄人篱下的生活。过了许多年，仍然默默无闻。尽管如此，他一直没有丧失信心，仍旧在自己简陋的画室不停地读书、绘画。43岁时，公爵让他去给圣玛丽雅修道院的一个饭厅画一幅装饰画，他便倾尽了自己的所用才华，夜以继日地工作，于46岁将《最后的晚餐》画成。平日"门前冷落车马稀"的修道院由此声名鹊起，达·芬奇也因此为人熟知。48岁时，银行家佐贡多次以丰厚的酬金请他为夫人蒙娜丽莎作画。他同意后，开始构思，从51岁着手作画，到55岁画成《蒙娜丽莎》，人物栩栩如生，达·芬奇喜爱至极，不舍得交工，就连夜打包和仆人一起逃跑了。之后，这幅画一直在他身边。

践行宜创。践行，墨守成规不行，循规蹈矩不行，必须有所创新，有所创造，这样，才能推动人类文明的进步和发展。孙中山（1866—1925）既是个忠实的读书者,又是个坚定的革命者,还是个革命理论的创新者。他自幼就好学聪慧,10岁进村塾读书,学了不到三年就成为家中最有文化的一员。1878年,得长兄孙眉的帮助,到夏威夷檀香山求学,后闻香港西医书院招生,以优异的成绩考入。在校期间,除学习本学科外,对欧美各国的政治、经济、农业乃至天文地理知识,无不涉猎,被友人称之为"通天晓"。当时因深感清廷政治腐败,经常与同乡杨鹤龄及陈少白、尤列等人,共议国事,抨击朝政。医学院毕业后,到澳门、广州设馆行医,每天定时义诊赠药,故求医者门庭若市。1894年春,他开始四处活动,组织革命力量,成立革命团体,准备武装起义,建立民国政府。1921年5月5日,他出任"中华民国"大总统。在革命活动中,他提出了"三民主义"的理论,为中国国民革命的创建和发展起到了巨大作用。后来,在此基础上,又制定了"联俄、联共、扶助农工"的三大政策,成为"三民主义"的根本标志和革命灵魂。

读书重在使用,重在活用,重在践行,重在创新。因此,我们一定要坚持学用结合,知行合一,防止学用脱节,知行分离,在读书中践行,在践行中读书,读出新事业,读出新境界。

读书之慢
——读书切戒在慌忙

"慢读书"正步履蹒跚地向我们走来。

进入电子时代,"不读书"的问题已经让我们不胜堪忧,然而,更让我们尴尬的是,即使读书的人群,也有一些不容忽视的问题:一是快速阅读。不论看什么书,都喜欢一味地快,快翻快看,蜻蜓点水,错过了"品味"的好时机。二是粗浅阅读。看书一目十行,满足于看过了,更有人热衷于读漫画一类的书籍,致使阅读娱乐化,人们已很难在沉静中开动脑筋、提出质疑和深度思考。三是功利阅读。对自己有用的书籍非常用功,即使无兴趣也硬着头皮看下去,而对于那些经典名著熟视无睹,置之不理。因为匆忙,我们丢失了心灵的宁静;因为匆忙,我们忽略了读书的根本;因为匆忙,我们疏远了精神的底色。在这种"速读"的时代,在这种充斥着喧嚣、浮躁的文化环境中,如何保持一种安静、悠闲的阅读心境和环境,这是许多阅读者不得不面对的现实。

时代呼唤慢读书!

何为慢读书?不管是山花烂漫、芳菲四溢的春天,还是雪花飞舞、玉树琼枝的冬日;不管是"细雨润石阶,凭窗静读书"的雨天,还是阳光明媚、灿烂无比的晴日;不管是满天星斗的黑夜,还是月光融融的静夜,一卷在手,或坐或躺,静静地看,细细地想,心与书从容相对融为一体,今夕何年,宠辱皆忘；或是夜深人静，书在枕旁，情感随书中人物的命运起伏，喜怒笑哭，无法自已；或是挑一本好书，寻一个悠闲惬意的时间，温暖阳光里或温柔的灯光下，无须净手焚香，无须抱着必须学到什么的目的，慢慢阅读细细品味，深入其中，领会作者的所思所想，感受其中的奇思妙想，给心灵带来更多的愉悦和享受。这样的阅读会使世界变得更精彩，生活变得更美好，生命变得更有意义；这样的阅读会在心田种下真善美的种子，学会率真真诚，学会与人为善，学会与自然和谐相处；这样的阅读能使人正确定位自己，掌控自己，无论何时何地、何种情况，都不迷失自己。

这是多么温馨、多么幸福、多么美好的时光啊！

慢读书关乎人的心灵成长。读书人轻轻地翻开书，一行一行地读，一段一段地读，一页一页地读，阅读的愉悦像琴弦一般慢慢地享受美妙，慢慢地接近心灵，慢慢地达到共鸣。读书讲究的就是一个"慢"字，在慢读中与生俱来的思想和情趣，才能和书香琴韵达到自然的衔接。读书完成的是一道精神程序，从认知到体验，再到思考、质疑，最后沉淀。只有慢，才能玩味，兼收并蓄，才能充分沟通并产生共鸣，让醇厚书香成为人生经历的重要组成部分。在慢读中，书因为有了人的青睐赏爱，增添诸多妙趣，而人因为爱书，从书中汲取精神营养，智慧不断提升，阅历不断丰富，心灵不断成长。

慢读书关乎民族素养。阅读原本是一个人自己的事情，阅读速度完全可以因人而异，自由选择，并不存在快与慢的问题。才能超常者尽可一目十行，自认愚钝者也不妨十目一行，反正书在自己手中，不会影响他人。然而，一旦无数个性化体验集合成一个民族的内涵，这个问题就非同小可，不可小觑。一个人的快速阅读，如果不能深入阅读，正确的理解，会影响一个人的未来。如果大多数人都快速阅读，影响的就是一个民族的文化底蕴，影响的就是一个国家的智慧和希望。因此，国民素养的提高，必须倡导慢读书。

慢读书，其实是中国几千年的一个传统。明清两代，小孩儿初进私塾，拜完了孔圣人和老师之后，第一件事就是拿着第一册课本请老师"号书"（标明下次号书之前应背诵的段落），从入学开始就得背书，学过的经典都要背下来。那时所谓的"读书"不是默默地看，而要大声地读出来。这种学习方式从教几个小小蒙童的私塾，到最高学府——庶常馆都是如此。那时的读书人对于儒家经典要背诵，要融化在血液中；对一般非经典书籍，读的时候也很认真、仔细。因此，老一辈学人的基础知识都很牢靠。读古人的书籍，你可以看到这样的情景，这些学人在考察一个字、一个词时，几乎穷尽书籍中关于这个字、词的所有资料，而且都是顺手拈来，十分随意，仿佛现今使用的数据库检索，这都是"慢读"功夫的显现。传统中的"慢读书"根源在于对读书目的的认知。古人认为，读书关系着人格的养成，要做什么样的人，人生的道路应该怎样走，都应该在读书中获得解决。儒家认为，人人都可以通过修养达到像尧舜一样的人格。荀子认为，要达到圣人的境界，就要终身读书学习，这是成为尧舜的必由之路。因此，读书不能仅仅是"出乎口，入乎耳"，而是要在"口""心"之间反复来往，这样才能抵达人的心灵深处，才能转化为人生的实践，支配人的一生。

怎样才能让读书"慢"下来？

一是要慢慢选书。中国上下五千年的文明史中，积累的书籍太多了，以一个人的有限生命，怎样才能读遍如此多的书？因此，在生命有限、书籍无限的情形下，我们只能读最适合自己的书。只有这样受益才会更大。英国有个叫亚克敦的人，一生嗜书如命，但在学问上却毫无成就。读书不加选择，即使"笃学"也徒劳无益。因此，选书是一种能力，是一种锻炼。生活中，要学会慢慢选书。每选一本书，就要对这本书有或多或少的认识，从少选到多选，慢慢选，知识就会在选书的过程中积累起来。每选一次，就积累一次经验，选书的过程，就是形成自己兴趣系统的过程。一个人的心灵成长是个慢过程，选书的过程，就是心灵成长的过程。书海茫茫，选书是读书人的必修课。一生借书、选书，都要慢慢地来。

二要慢慢读书。第一，要静心。也就是把心从工作状态收回，从家务状态收回，从繁杂事务收回，推掉各种应酬，静静地坐到书桌前，迅速进入读书状态；第二，要专心。在读书中要全神贯注，专心致志，集中注意力。无论在何时何地，只要读书，就应该自始至终倾尽全力。每一本好书都意味着一份专注，一份投入，哪怕是一句小诗、一首小词，都要深入其中，和作者同喜共悲、同离共合，专心致志地一同行动、一起经历。浅尝辄止、心不在焉的阅读就如同蒙上眼睛漫步于美丽的风景之中。第三，要潜心。对每一部书的鉴赏应该沉潜进去，全身心地沉浸在书的情节中，反复口诵心记，仔细品味和推敲，以获得书的主旨、书的意趣、书的真谛。第四，要痴心。读书要入迷,研究问题要入迷,围绕一个问题,要反复研读,饭可以不吃,觉可以不睡,不弄清问题不撒手,不弄通道理不罢休。要有董仲舒三年不窥园的精神,要有孔子韦编三绝的意志,要有叶采为钻研《周易》不知季节变化的毅力,深钻细研,深思细虑,慢慢读一本书,慢慢悟一点理。

三要慢慢写书。写书是慢读书的一种升华。法国作家蒙田(1533—1592)在他的后半生把自己作为思想的对象物,探究与之相联系的世界,花费整整30年的时间,完成了传世之作《随笔集》,其影响一直延续至今。另一位法国作家拉布吕耶尔(1645—1696),一生都在写只有10万字的《品格论》,1688年出版后,每一年都在重版,被尊为历史的见证。晚年的列夫·托尔斯泰,已是著作等身,还在苦苦追索人生的意义,一部拷问灵魂的小说《复活》整整写了10年。曹雪芹穷其一生只留下未完成的《红楼梦》,使一代又一代读者受惠多多。在资讯爆炸的时代,"慢写"的态度,不只是要慢慢写,经过思考的写,而且要懂得欣赏和理解,寻回失落的人文精神。慢慢读一本书,慢慢写一份感受;慢慢研究传统的文化,不让他们成为废墟;慢慢学习如何言之有物,不让他们缺少灵魂。

在《孤独的读书人》中,作者阿花指出:"我们没有必要飞到太阳中心去,然而我们要在地球上爬着找到一块清洁的地方,有时阳光会照耀那块地方,我们便可得一丝温暖。"慢读书就是我们所拥有的那块清洁的地方。

读书是一种艺术,只有慢,方得气象之美、趣味之美、心灵之美。慢,是一种平静和平和;慢,是一种细致和细腻;慢,也是一种耐心和耐性。慢读,真美。让我们大家都来慢慢读书吧!

读书之习
——养成习惯书自通

  习惯，是指积久养成的生活方式。人有各种习惯，比如，早起的习惯，下棋的习惯，打球的习惯，等等，而养成读书的习惯会让自己受良多。读书，贵在养成习惯。养成习惯，就能长期坚持，终身受益。俗话说："播下一个行动，收获一种习惯；播下一种习惯，收获一种性格；播下一种性格，收获一种命运。"从某种意义上说，一种好的习惯，决定一个人一生的命运。"养成读书的习惯，等于为自己筑起一个逃避所，几乎可以避免生命中所有的灾难。"那么，怎样才能养成读书习惯呢？

  激发读书兴趣。兴趣是最好的老师。选对、选好书非常重要。选的只要有兴趣读，觉得有意思，就能沉下心，读下去。因此，一开始读书，就要从自己买的书中，选一本自己最感兴趣、最想读的书，或者当下工作、生活最需要用到的书。这样，读起来才兴趣盎然，兴致勃勃。从纯技巧或从心理学角度看，开始读书，应选一本稍微薄一点的书，这样读得快，会更有成就感。

只要有了良好的开端，长期坚持就顺理成章了。

最好有固定的读书时间。根据自身的生活习惯和居住环境，每天读书的时间要相对固定下来，这样，到了这个时间，就放下手中的事情，享受自己的阅读时间，每天坚持，雷打不动。选择读书的时间，或早晨，或晚上。如是早晨，前一天晚上就要定好闹钟，闹钟一响，立即起床。如是晚上，就要将家务或其他杂事提前处理完，到了时间，就尽快进入读书状态。每天至少抽出 30—60 分钟的读书时间，每天坚持，不要中断，当天的任务没有完成，绝不睡觉。

下决心放下手机，远离手机。现在，手机上群聊多，资讯多，视频多，只要有时间，人们几乎手机不离手。一旦离开手机，没着没落，心魂不定。在这种情形下，如果真想读书，一旦到了读书时间，就要下决心，忍痛割爱，毅然决然地关掉手机。这一点做不好，其他等于零。远离手机，真正做到非常难。但是，为了心灵丰盈，精神成长，必须这样做。

长计划，短安排。所谓长计划，就是一年读多少本书，大体有个长远目标。所谓短安排，就是根据制定的大目标，把它具体分配到每一个月和每一天。这样，大计划乍看起来难以实现，但要实现小目标却似乎比较轻松。比如本年度计划读 12 本书，这样，一个月读一本书即可。如果一本书按 300 页算，一天读 10 页书即可。一天 10 页书，可以轻轻松松地完成，既没压力，也没有负担。千万不要借口忙而不读书，每天挤出 20 分钟时间还是有的。

充分利用零碎时间。平时的零碎时间，如能充分利用，也相当可观。所以，平时无论到哪里，都要带本书，利用等公交、乘地铁、候飞机等碎片时间进行阅读。如果是出差、旅游更要如此，这是打发旅途时间的最好办法。如果实在不愿带书，可以阅读电子书下载自己想读的书，也是个不错的办法。

写好读书笔记。如果你读一本好书，一定要强迫自己把读书的思考和收获总结一下写出来。同时，记下所读的书名和作者、起止时间。其实，这也是一种习惯。读书的重要目的，就是为己所用。写的过程，就是自我消化、自我提高的过程。几个月之后，再回头看记录，回顾自己的阅读经历，也是一种人生体验和快乐记忆。

营造良好的读书氛围。在家里，最好大家一起加入读书的行列，到了读书时间，都放下手中的事情，统一行动，一起读书。如果有孩子，在睡觉前要亲子共读。孩子睡着了，再读自己的书。这样既有利于自己养成读书习惯，还和孩子一起度过了美好时光。可利用礼拜日时间，组织家庭读书会，一起分享自己读书的心得体会，相互加油，相互监督。可设立奖励机制，对于表现突出者，买个礼物，以示激励。如果大家都表现不错，全家人可吃顿大餐，以示庆贺。

建立读书博客。建立博客是培养读书习惯的方法之一，让你的家人或朋友浏览你的博客，给你提出阅读建议，发表评论。这会让自己有成就感。同时，还可以结识爱读书的朋友，积极参加他们组织的读书论坛等。

安排一个购书日或图书馆日。尽管网上购书比较方便，但是，还是应定期逛逛实体书店，徜徉在书海里，随手从书架里抽出一本书，若遇好书就如同与美好邂逅。最好经常带着孩子一起逛书店，让他们从小就养成看书、买书的习惯。同时，还可利用周末或节假日，安排一个图书馆日，在阅览室找个合适的位置，静静地看上半天书，这也有利于养成阅读的习惯。

读书之选
——择书而读细思量

读书必选书。俄国文学批评家别林斯基说过:"我们必须学会这样的本领:选择最有价值、最适合自己的读物。"俄国另一位作家屠格涅夫也曾告诉我们:"不要读信手拈来的书,而是要严格加以挑选。"还有其他一些专家、学者也说过类似的话。为什么他们那么看重选书?原因无非有两条:一条是选书是读书必迈的门槛。人生有涯,学海无边,书是读不尽的。据美国科学家詹姆斯·马丁推测:人类知识总量在19世纪大约每隔50年翻一番,20世纪初大约30年翻一番,50年代10年翻一番,70年代5年翻一番,20世纪末大约3年就翻一番。又根据联合国教科文组织提供的资料,全世界发行的图书总量,1952年为25万种,1962年为38.8万种,1967年为45万种,1972年为56万种,估计到2040年,各类图书种类将超过2亿种之多。德国未来学者哈根·拜因豪尔指出:"今天一个科学家,即使夜以继日地阅读,也只能读完有关他本专业全部文献的5%。"有人统计,仅以世界发表的化学文献为例,假如有一位懂四五十种外语,精通化学所有分支的化学家,他每天读书八小时,也要读48年才能读完,何况目前自然科学、社会科学及其分支纵横交错,边缘科学林立,互相渗透,要懂得自然科学、社会科学的全部知识,即使读到皓首也难以穷尽。所以,读书必须要有选择地读。第二条,读书不加选择后患无穷。你多读一本没有价值的书,便丧失可读一本有价值的书的时间和精力。书多易鱼龙混杂,良莠不齐。选书是门艺术,读书不在于多而在于精,与其读十部无关轻重的书,不如以读十部书的时间和精力去读一部值得读的书;与其十部书都只能浏览一遍,不如取一部书精读数遍。与其读千卷万卷的诗集,不如读一部《国风》或《古诗十九首》;与其读千卷万卷谈希腊哲学的书籍,不如读一部柏拉图的《理想国》。因此,我们在读书时,一定要摒弃盲目读书的坏毛病,做到有选择地读书。这样,我们才不至于浪费时间,浪费生命。

选书既然如此重要,如何选择书呢?

选经典。在选书的过程中,要首先给自己确立一个标准,就是非最好的书不读。每读一本书,一定要在精神上有收获。而这一点恰恰经典书籍能给予到我们。在这方面,名家经验弥足珍贵。法国莫洛亚在《生命的艺术》中说:"名著之多,我们已经无暇一一问津,要相信前人的选择。一个人兴许看错,一代人也兴许看错,而整个人类不会看错。"英国约翰·罗斯金在《艺林与百合》中说:"所有的书都可分为两大类:只供一时所读的书,和可供一切时代阅读的书。"朱光潜也说过:"经过时代淘汰而巍然独存的书才有永久性,才值得一遍两遍以至于无数遍。"这就是说,经典书籍是经过时间、历史的考验,一代一代传下来的传世之作,尽管时代不断变化,而经典是永恒的,随着时代的变迁,愈发显示其耀眼的光芒。一个人来到世上,必须拿到经典这个通行证,才能了解过去和现在。作家周国平说:"在人类精神探索的道路上,经典原著最可靠、最鲜活、最有趣,也是集中了人类最重要的精神财富的宝库。这个宝库属于一切人,而又不属于任何人,你必须走进去,自己去占有适合于你的那一份宝藏。而阅读是占有的唯一方式。"因此,选书首先要选经典,亲自到原著肃穆的圣地去寻找永垂不朽的大师。

选权威。一是选权威出版社。每个出版社的出版能力各不相同,也各有所长,尽量选择在特定的领域内知名的出版社。比如买古籍应选中华书局,买社科文艺应选三联,买科学历史应选社科文献,买外国文学应选译林和译文,买中国文学应选人民文学。一个出版社一旦确立了金字招牌的地位,一般情况不会差。比如《水浒传》,一本是人民文学出版社出版,一本是外语教学与研究出版社出版,相对于中文读物来讲,人民文学出版社在我国首屈一指，但你要读英汉对照的《水浒传》，那首选应该是外研社，它是以研究翻译英语读物树立自己的品牌形象的。二是选知名作者。一本书成功与否，关键看作者的思想水平和文字功底。好的作品，它的生命力取决于作者的学养、修养，取决于作者的灵魂是否鲜活。所以，在决定是否花时间、精力读之前，要花一点时间去了解作者，了解该作者在这个领域的能力和水平。如果是外国书籍，要选好译者。比如两本书名一样的《欧也妮·葛朗台》，作者都是法国大文豪巴尔扎克，但译者不同，一本是傅雷译，一本是其他人改编。傅雷是我国著名翻译家、艺术世家，他多才多艺，早年留学法国，精通法文，翻译了大量的巴尔扎克、伏尔泰、罗曼·罗兰的作品，他的作品以严谨、流畅、传神而闻名。我们还是应选傅雷，而不选其他人。三是找权威书单。每个领域，都必会有一些专家开列的书单。根据这些书单以及自己的兴趣、爱好，酌情筛选。

选喜欢。作家周国平说得好："我相信在灵魂和灵魂之间存在着某种亲缘关系，阅读经典就是跨越时空去寻找自己的灵魂亲人。"当你读了一定量的书，具备了自己的判断能力后，一定要根据自己的喜欢和欣赏水平来挑选和判断书。在这个世界上，不管是专家、学者乃至伟人，都无法开出一个量身定制的书单，只有自己最了解自己。可根据自己的喜好和欣赏口味来定制书单。所以，在浩瀚的书海里，寻找自己喜欢的书，所谓运用之妙，从乎一心。书读得越多，好书的很多特质就会自动跳到你的脑海里来，很多的信息会告诉你，这是一本好书。

选细节。（1）书名。书名是读者感知、了解图书信息的第一窗口。一个扣题、健康、有特色的书名，是判断一本书的重要眼缘之一。注意选品位高的书名。（2）封面。好的封面就好像人的眉眼，给人的第一印象非常重要。好的封面有时能反映书的品质和质量，尽量选择简洁明快、雅俗共赏的封面。（3）前言和后记。前言一般在正文的前边，多用以说明文章主旨或撰文目的，对正文起到提纲挈领和引导阅读兴趣的作用。也可以理解成所写内容的精华版。后记，写在正文后面的短文，说明创作经过，或补充个别内容。如果对所要购买的书拿不定主意，那么，翻看一下前言和后记是必要的。（4）简介和目录。简介是对图书简明扼要的介绍。目录是图书的框架，是对书中主要内容的提炼和浓缩。通过简介和目录能够了解该书的概况，这是必须了解的。

（5）著和编。著，是所写内容或者体裁等，都有创造性，即原创作品。编，是综合诸说，融为一体，适当编排，加上自己的见解。要注意著和编的区别。
（6）参考文献。不少书，特别是学术著作，最后都标有详尽的"参考文献"，如果书中没有这方面内容，那选这本书就得慎重。（7）版权页。即印有书名、作者、出版社、发行单位、条形码、ISBN、定价等内容的一页。这一页能反映该书的质量，还可以帮助你判断该书是否合法，是不是正规出版物。

第九章 方　法

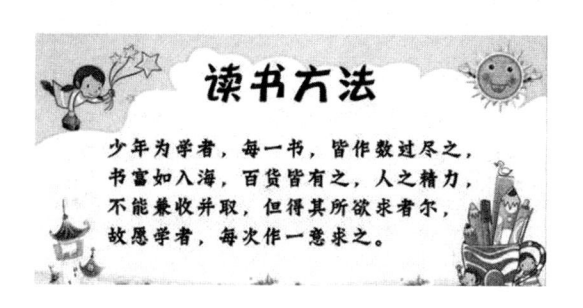

读书方法

少年为学者，每一书，皆作数过尽之。书富如入海，百货皆有之，人之精力，不能兼收并取，但得其所欲求者尔，故愿学者，每次作一意求之。

　　读书方法，十分重要，运用得当，将会收到事半功倍的效果。本章介绍了一些名家读书的基本方法，具有一定参考价值。同时，在读书中还要注意"悟"和"品"，必要时，可采取抄录的方法。

读书之法（1）
——读书得法方为圣

恰当的读书方法是打开知识宝库的钥匙。古今中外名人大家行之有效的读书方法有很多，现摘录十种，以供参考学习。

"一目十行"法。成语"一目十行"形容看书的速度极快，据说梁代的简文帝就是"读书十行俱下"的。王云五在《漫谈读书》中曾说，读书的方法，就速度而言，可分两种：一种为"一目十行"的读书方法，就是只得大意，不求甚解的方法，也就是今所谓略读的方法；又一种为"读之千遍"的读书法，就是反复阅读，务期体会入神的方法，也就是今所谓精读的方法。梁启超说："觉得有趣，注意细看；觉得无趣，便翻次页"。冯友兰也说，"所谓翻阅，是说不要一个字一个字地读，不要一句话一句话地读，也不要一页一页地读。就像看报纸一样，随手一翻，看看大字标题，觉得有兴趣的地方就大略看看，没有兴趣的地方就随手翻过。"冯先生说的翻阅也是"一目十行"的意思。面对茫茫书海，万千文章，望不到底的知识深渊，以"一目十行"的态度去读书，有时是非常必要的。

"十目一行"法。清代文学家陈元说："世人每矜一目十行之才，余晒之，夫必十目一行，始：真能读书也。"朱熹在《签沈叔晦》中说："与其泛观而博取，不若熟读而精思，得尺吾尺，得寸吾寸，始为不枉用功耳。"所以，读书应"字字句句，不可容易放过，常时暗诵默想，反复研究。""十目一行"

就是要凝神静气，文火慢熬，细读精思，慢慢读，钻进去，方能知其要义，悟其精华。在这方面，现代著名学者林纾堪称范例。他八年"吃"《汉书》，八年"啃"《史记》，四十年"品"韩愈文章。每每把书铺在桌上，每天打开读一遍，再盖上，咂摸数日，甚至融入脑海，才换另一篇。由于细嚼慢咽，终于敏辩其味，得其精要，因而他用文言翻译《巴黎茶花女遗事》《黑奴吁天录》等，才能那么简洁清雅，优美动人，使"林译小说"风靡一时。

读书不二法。专心致志，一段时间内，只读一本书，绝不读第二本。清朝著名政治家曾国藩就是这样读书的："诸子百家，汗牛充栋，或欲阅之，但当读一人之专集，不当东翻西阅，如读《昌黎集》，则目之所见，耳之所闻，无非昌黎，以为天地间除《昌黎集》之外，更无别书也。此一集未读完，断断不换他集，亦专字诀也。"著名学者梁实秋也有这样一句名言：桌上永远只放一本书！这种读书方法，最适合那些想练好基本功，打下扎实治学功底的读书人。

比较鉴赏法。一次读几本书，互相比较，互相对照，互相鉴赏。"不怕不识书，就怕书比书"。写《魏书》的史学家夏侯谌自视甚高，听别人称赞陈寿写的《三国志》，不大服气，便找来细读再三，这才知道《三国志》确比自己的《魏书》好，当即烧掉自己的书稿。俄国著名文学家车尔尼雪夫斯基也说过："任何东西，凡是我们拿来和别的东西比较时，显得高出许多的，便是伟大。"

朱线动笔法。鹤贝祐辅说："读书'最通行的方法，就是朱线法'。"他介绍说，日本有一著名的读书家新渡户博士，他读过的书就画着各种各样的线，颜色也分红色和蓝色铅笔两种，文章好的用红，思想佩服的用蓝。英国的威廉·哈弥尔敦说："倘能妙用下线，便可以得到领会重要书籍的要领的方法。"清人李光地说："凡书，目过口过总不如手过。"我国20世纪30年代涌现的一大批学术大师都是这样："不动笔墨不看书"。每阅读一本书，都在重要的地方画上圈、杠、点等各种符号，在书眉和空白的地方写上批语，并随时写下读书笔记或心得体会。历史家吴晗，特别擅长于做读书卡片，读书时见到有用的就抄在卡片上，读了几十年书，做了几十万张卡片。

多维研读法。从多个角度去读一本书，比如，读莎士比亚的《哈姆雷特》就可以从人性的角度去读，也可以从政治的角度去读，还可以从文学欣赏的角度去读，这样一来意境会大不相同。所谓"一千个人眼中就有一千个哈姆雷特"就是这个意思。数学家华罗庚发明了"猜读法"，从猜谜的角度去读书。看了书名后先闭目静思，猜想书中的结构和内容，然后再读。如果作者写的和自己猜的一样，就可以速读。这不仅大大节约了时间，还培养了思维能力和想象力。

"八面受敌"法。这一方法是北宋著名文学家、书画家苏轼所创。他在给其侄女婿王庠的一封信中说："书之富如入海，百货皆有，人之精力不能尽取，但得其所求者耳。故愿学者，每次做一意求之。如欲求古之兴亡治乱、圣贤作用，且以此意求之，勿生余念。又别作一次，求实迹故实、典章文物之类，亦如之他皆仿此。此虽似迂钝，而他日学成，八面受敌，与涉猎者不可同日而语也。"大意是说，内容丰富的书籍就像大海一样，百宝俱全，应有尽有。但是一个人精力是有限的，不可能将所有的东西都得到，只能得到自己所需求的部分，所以，凡是有志于读书的人，每读一书要反复多看几遍，每一遍探究一个具体的问题。而且只是探索这一问题而不及其余，把这个问题攻克了，再探究另一个问题，而且同样是执一不二，其余也照此方法。这样读书虽然笨一点、慢一点，但逐步推进，逐步积学，就能形成广博渊深的学识修养，就能"八面受敌"，从容应对各种变故。这样，就不是那些泛泛读书的人所能达到的境界了。苏轼所言，也正是他自己读书的真实写照。如他读《汉书》，就分治道、人物、地理、官制、兵法、货财等若干问题，逐一探究，不达目的不罢休。

熟读背诵法。文学巨匠茅盾在1942年曾总结过他的"三遍读书法"。他说，读书起码要读三遍，第一遍最好很快就读完，这好比坐飞机鸟瞰桂林全景；第二遍要慢慢读，注意各章各段的结构；第三遍要注意到它的炼字炼句。茅盾读书时有背书的习惯，有人说，茅盾能熟练地背出120回的《红楼梦》。他的朋友起初也是将信将疑，于是，一次聚会时，有人指定章回请茅盾背诵，茅盾便滔滔不绝地背了出来。茅盾在长篇小说创作上取得如此巨大的成就，很大一部分因素要归功于以《红楼梦》为代表的古典小说对他的影响。辜鸿铭不仅是近代学贯中西的著名学者，而且是罕见的语言天才。他通晓17门外语，其深厚的汉语功底和流畅的外文著作，无不令当时的北大同仁和学子感到惊讶。他的语言才能如此卓绝，除了天分之外，有没有独特的秘诀呢？每当有人向他请教时，他总是毫不犹豫地回答："有，那就是背诵。像我国幼儿从小背《三字经》《千字文》、唐诗宋词、四书五经那样。"他进一步解释说：

"只有背诵学来的语文,才可能是真正熟练的地道。中国人早已懂得学语言最科学的方法,用不着欧美人来教我们。"据说,辜鸿铭先生不仅能滚瓜烂熟地背诵大量的中国古代名篇,而且可以倒背莎士比亚全集。这是一种下苦功夫的熟读背诵法。

"读破一卷"法。读书,既要博览群书,又要"读破一卷",选准目标,专攻一门,这是许多名人大家做学问的经验之谈。我国学者范文澜先生说,他做学问就是从专攻刘勰的《文心雕龙》一书入手的。他通过读这本南北朝的关于古代文学理论的名著,不仅系统地掌握了古汉语,而且对于古代历史、中国古代文学理论、魏晋前中国文学史、天文地理等都有所收获。范先生的《中国通史》正是他"术业有专攻"的硕果。著名学者高亨先生早年在清华大学研究院读书时,曾选定《韩非子》一书作为主攻的对象,悉心钻研。他的毕业论文《韩非子集解补正》,就是这次阅读、研究的成果。这篇论文受到梁启超、王国维两位大学者的赞扬。之后,他一发不可收,接着又研读了许多周秦的其他重要古籍,同样取得了相当可观的研究成果。

"花海酿蜜"法。复旦大学中文系教授章培恒,近年来在洪升的研究上取得了令人瞩目的成就。其中他的"花海酿蜜"式的读书方法,被人称道。所谓"花海酿蜜"法就是在确定一个专题之后,广泛收集与此专题有关的书籍和资料,犹如蜜蜂采集花粉一般,采来之后,经过加工,将花粉酿成蜂蜜,从而形成自己独创性见解,他撰写《洪昇年谱》就是证明。章培恒年轻时对清代戏曲家洪昇产生了浓厚兴趣,很想编写一部《洪昇年谱》,以填补文学史研究的一个空白。确定目标后,他首先到洪昇生活过的杭州翻阅有关资料,掌握了一批洪升的佚著、佚文等新资料。接着,他就着手研究洪升的作品。洪升有三本诗集,其中《稗畦集》的一部抄本和《稗畦续集》的刻本在南京图书馆,他就赶往南京去查阅、摘抄;另一本洪昇早期作品《啸月楼集》,收藏于日本静嘉堂文库,为天下孤本,他听说中国科学院文研所有这本书的全部照片,于是,千里迢迢,自费赶赴北京借阅。就这样,章培恒翻阅了四百多种经史子集,从中收集了大量有关洪昇的各种史料,然后进行分析研究,形成了自己的研究成果。经过五年的艰苦努力,《洪昇年谱》终于完成了。

读书之法（2）
——百法难叙读书法

"一本"经。著名哲学家冯友兰强调："根据自己的专业选定一些需要精读的书，要一本一本地读，在同一时间内只能读一本书，一本书读完了才能读第二本。"历史学家郑天挺指出："精读一本录好的书，要一个字、一个词、一个人、一处地、一件事，都要弄清楚，从头到尾，反复对照。"宋人黄山谷早就一语道破了"读破一本书"的精妙之处："泛（览）百书，不如精读于一也。"

"二分"经。清末名家梁启超每天将所要读的书分为两类，一类是一般的，粗读；一类是有价值的，细读，格言还要精通。英国人培根《论读书》也把书分为两类，一为细嚼慢咽的，一为囫囵吞枣的。胡适也是把读书分为精和博两类。王云五在《漫谈读书》中说：我国向来读书的方法，从速度而言，可分两种：一种为只读大意，不求甚解的方法，也就是今所谓"略读"的方法；又一种为"读之千遍"，反复阅读，务期体会入神的方法，也就是今所谓"精读"的方法。朱光潜也曾说：凡值得读的书至少读两遍。第一遍须快读，着眼在醒豁全篇大旨与特色；第二遍须慢读，须以批评态度衡量书的内容。

"三"昧经。三上。宋代文坛巨擘欧阳修说:"余平生所做文章,多在三上,乃马上、枕上、厕上也。"三余。三国时代的有名教育家董遇,常教导他的学生要善于利用"三余"时间来读书。他说:"冬者岁之余,夜者日之余,阴雨者时之余。"三遍。数学家苏步青、作家茅盾等名家都认为,读一本书应不少于三遍:第一遍,鸟瞰,即通读,可以囫囵吞枣,读个大概;第二遍,细嚼,即精读,吟味,逐步加深;第三遍,消化,即深究,直至融会贯通。三字。我国大学者金克木读书方法归结为三个字,即"少、懒、忘"。少则精;懒,即读不进去时,暂且放下;忘,即一旦读书告一段落暂时忘掉,以待重读。三活。民主人士李公朴有"三活"读书法:读活书,即多读言之有物,生气勃勃的书;活读书,即多动脑筋,勤于思考;读书活,即要联系实际,学以致用。三贵。清代张之洞的三贵:读书要贵博、贵精、贵通。三回。著名科学家高士其的"三回":一回生,二回熟,三回成朋友。三肯。顾颉刚的"三肯":肯思、肯写、肯翻。三视。《文心雕龙》研究专家牟世金的"三视":视为朋友,视为大敌,视为老师。三招。近代史学家翦伯赞的"三招":通读、重点读、做笔记。三式。钱穆先生的"三式":直闯式、跳跃式、闲逛式。三有。清代曾国藩的"三有":有志、有识、有恒。三法。鲁迅先生有"三法":背书法、抄书法、设问法。

"四多"经。毛泽东读书有"四多",即读得多、写得多、问得多、想得多。当代著名哲学家、教育家冯友兰积80年读书之经验,归纳了"四其":精其选,解其言,知其意,明其理。

"五之"经。《礼记·中庸》中的"五之":博学之,审问之,慎思之,明辨之,笃行之。

"六蔽"经。孔子读书有六蔽:"好仁不好学,其蔽也愚。好知不好学,其蔽也荡。好信不好学,其蔽也贼。好直不好学,其蔽也绞。好勇不好学,其蔽也乱。好刚不好学,其蔽也狂。"

"七录"经。明代文学家张溥每读一篇佳作,必抄录之,录完,默读一遍便烧掉;再抄,再默读。如此反复七次,就会永远不忘。其书房命名为"七录斋"(也叫"七焚斋")。

"八面"经。北宋文学家苏东坡提出"八面受敌"读书法。他每读一本书,均有计划地将内容分为意义、故事等几个方面,每钻研一个问题,必步步深入，穷根究底。他说："此虽愚钝，而他日学成，八方受敌，与涉猎者不可同日而语也"。

"九审"经。文学家陈中凡钻研古籍，造诣很深，他主张"审谛九事"："一曰辨真伪，二曰识途径，三曰明古训，四曰辨章句，五曰考故实，六曰通条理，七曰治经宜知家法，八曰治史应详察史实，九曰治诸子应知流别。"

"十目一行"经。一目十行的浏览可以博学长识，而十目一行的专注，使人精深。清代学者陆世仪就是用了"十目一行"读书法取得了成功。

读书之味

——读书有味身忘老

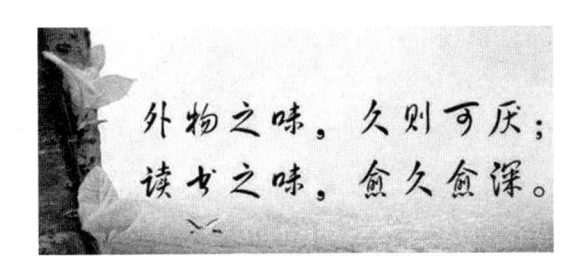

所谓味，含义有三：物质所具有的能使舌头得到某种味觉的特性，如味道、滋味；物质所具有的能使鼻子得到某种嗅觉的特性，如气味、香味儿；指意味、趣味，如文笔艰涩无味。

世界上任何事物都有味，鸟有鸟味，花有花香。饭有饭味，书有书香。人，有两个方面的需求：一是物质方面的，一是精神方面的。物质方面最基本的需求应是吃饭，精神方面最基本的需求应是读书。吃饭是对身体进行滋养，读书是对精神进行濡养。饭有各种各样的饭，也各有各的味，只有品尝才能知道其中五味；书，也有各种各样的书，也各有各的味道。只有通过阅读，才能品出书的味道。宋人程颐曾说："外物之味，久则可厌；读书之味，愈久愈深。"应是经验之谈。如是一种饭，天天吃，总有吃厌的时候；如是一本好书，书中滋味会越品越浓，越品越香，越读越爱读，越读越开窍。南宋诗人陆游，一生爱好读书，以书养寿获得高寿。晚年有诗云："读书有味身忘老"，读后让人经久不忘。书之味，如食佳肴之色香俱佳，如品清茶之回味无穷，如喝美酒之酣畅淋漓，如登泰山之一览无余，如游智海之快乐无穷。书味之功能，可增知益智，升华气质，陶冶情操，医愚疗俗，丰富情趣，涵养精神。

如何才能读出书中味道呢？著名学者林语堂在《论读书》中有诸多论述，概括起来有三昧：一是读书须先"知味"。这味字，是读书的关键。有人读了半辈子书,也读不出什么味来,都是因为读不知味的书。所谓味,是不可捉摸的,一人有一人的胃口,各不相同,所好的味各异。只有知其所好,方能读出味来。二是读书要有"兴味"。书不可强读,强读必无效,反而有害。若有不喜欢的书,可先搁下几年,未尝不变做喜欢。且同一本书,同一读者,一时可读出一时之味道来。四十学《易》,是一种味道,五十而学《易》,又是一种味道。自己见解愈深,学问愈进,愈读得出味道来。三是读书要找到"情味"。也就是说要找到一位气质、思想相近的"情人",文学上的"情人"。如能找到,"心胸中感觉万分痛快,而魂灵上发生猛烈影响,如春雷一鸣,蚕卵孵出,得一新生命,入一新世界。""'文学上的爱人'自会有魔力吸引你,而你也乐自为所吸,甚至声音相貌,一颦一笑,亦渐与相似,这样浸润其中,自然收益不少。"林老先生讲得深入浅出,别具一格,娓娓道来,情趣盎然,没有亲自感受,难有此论。

近读书偶见"涵泳"二字,赶忙翻阅了有关资料,方知它和读书品味的关系。宋代陆九渊在《陆象山语录》中诗云:"读书切戒在慌忙,涵泳功夫兴味长;未晓不妨先放过,切身须要急思量。"意思是说,读书时,不要匆匆忙忙,只求速度,而是要细细味读,反复揣摩,通过潜心研究,鉴赏比较,才能真正品出书中趣味,悟出其中蕴含的真谛。在诗中,陆九渊特别强调了"涵泳"。"涵泳"本义是潜游,引申为浸润、沉浸之意。宋代教育家朱熹说:"学者读书,须要致身正坐,缓视微吟,虚心涵泳,切己省察。"曾国藩在给儿子的家书中更是把这一传统教学经验解释得十分透彻,他说:"涵泳者如春雨之润花,如清渠之溉稻……泳者,如鱼之游水,如人之濯足……善读书者,须视书,而视此心如花、如稻、如鱼、如濯足,庶可得之于意之表。"他把读书时的反复诵读、品味,形象地比喻为春雨润花,清水溉稻,鱼入水中,溪流濯足,也就是必须全身心地沉浸在语言环境里去口诵心记,方能知其意,得其趣,悟其神。

林语堂先生曾经设想过在书房天花板上装一佛教的油灯笼,书房中要有油烟味和发霉的书味,以及无以名状的其他气味才好。看来,林语堂已经将读书味道与世上万物之味融合在一起了。想必这就是读书之味的至高境界吧!

读书,是打开知识宝库的一把钥匙,你越是多品书中之味,幸福就会一生一世伴随你!

读书之悟
——悟字当头境自高

悟，原本指参禅、学禅。佛教认为，悟，是认识内心的佛性，即明心见性。开悟正果是一般人学佛的最高目标。

相传一代禅师马祖在未开悟之前，曾一味追求像达摩祖师面壁九年般的坐禅。南岳龙潭禅师见他气宇不凡，可以弘扬禅宗，于是，走到他面前问道："请问你学坐禅是为了什么？"马祖答道："当然是为了成佛了。"于是，龙潭禅师就拿起一块砖头在马祖面前磨，马祖大惑不解地问："师父你磨砖做什么？"龙潭说："要把它磨成一面镜子。""砖怎么能磨成镜子呢？"龙潭笑道："坐禅又怎能坐成佛呢？"这时，马祖心有所动地问："怎样才能成佛呢？"龙潭引导说："这道理如同驾车一样，车子不走了，你打车子还是打牛呢？你是学坐禅，还是学成佛呢？学坐禅，则禅不在坐卧；学做佛，而佛变无定相。你如果执着于坐禅，便永远见不着大道。因为学坐佛，即等于扼杀了佛；当于法中无取舍，于法中无执着。"马祖听了龙潭的一番指点，灵门顿开：道当不拘泥于形式，心悟即可成佛。

史载，草圣张旭因观看公孙大娘舞剑器而悟其神，"由是笔迹大进"，将舞蹈的线条美及神惊目移的动态感，融贯于笔飞墨舞之中，成就了大气磅礴的狂草。《红楼梦》中有一处写到丫头香菱学诗，"细心揣摩透熟了"大家诗作，领悟了其中的意趣、境界、韵味、风神，即能写出品位高、有寄托的咏月诗。

学佛靠悟，书法靠悟，学诗靠悟，读书更要靠悟。

读书之悟，是一种感受，是一种体验，是一种心有灵犀，是一种灵魂与灵魂的碰撞，更是读书人追求读书的最高境界。

孔子云："学而不思则罔，思而不学则殆。"韩愈说："业精于勤，荒于嬉；行成于思，毁于随。"宋儒张载说："学贵心悟，守旧无功。"朱熹说："读书有三到，谓心到、眼到、口到。心不在此，则眼不看仔细，心眼既不专一，却自慢朗诵读，决不能记，记亦不能久矣。三到之中，心到最急，心既到矣，眼口岂不到乎？"恩格斯说过："地球上最美的花朵，是人类的智慧，是独立思考的精神。"鲁迅也曾指出，"冷看"，有助于思考和理解；"热读"有助于想象和丰富感情。古文献藏家白撞雨则说："得书在缘，读书在悟，藏书在心。"以上伟人、专家所说的思考、心到、"冷看"，均说的是"悟"。读书之悟，就是对事物或道理的感受和理解。

悟，因人而异。鲁迅曾说："对《红楼梦》，经学家看见《易》，道学家看见淫，才子看见缠绵，革命家看见排满，流言家看见宫闱秘事。"文学上也有个相同的观点，一千个读者就有一千个哈姆雷特。一个人悟性的高低，是和其阅历、学识、修养、知识结构、思维方式甚至爱好兴趣密切相关。南宋严羽《沧浪诗话》云："唯悟乃为当行，乃为本色。然悟有浅深、有分限，有透彻之悟，有但得一知半解之悟。"作家周国平在《人与永恒》中说："读书犹如采金，有的人是沙里淘金，读破万卷，小康而已；有的人是点石成金，随手翻翻，便成巨富。"之所以会这样，即是悟的功夫的差异。达尔文研究生物演变的现状，前后持续三十多年，积累了无数材料，却想不出一个简单贯穿的说明。有一天，他无意中读马尔图斯的《人口论》，忽然大悟生存竞争的原则，于是得到物竞天择的道理，遂成一部对后世影响深远的名著，为后世思想界打开一个新纪元。朱光潜对"推敲"典故提出的见解也说明了这一点。"鸟宿池边树，僧推（敲）月下门"。此处用推好，还是用敲好？韩愈和贾岛关于切磋、推与敲的轶事，早已传为文坛佳话，似乎再没什么文章可做。而美学家朱光潜却通过对"推敲"这一典故再推敲后，提出新见解：断定该用

"推"或"敲"的前提,首先要弄清庙里有几个和尚;倘若只有步月归寺的和尚一人,那这门当然是他自己掩的了,他自己不需"敲",推门而入就是了。"敲"倒是显得有些做作了,好像会有人开门似的。不难看出,朱光潜的这番悟,别有匠心,颇有见地,令人耳目一新。

在读书过程中,阅历不同,悟的能力有别,读书往往会有不同的效果。清人张潮云:"少年读书,如隙中窥月;中年读书,如庭中望月;老年读书,如台上玩月。皆以阅历之浅深,为所得之浅深耳。"这就是说,少年时读书,涉世不深,只能悟到书中别的一丝真意,就像缝隙中探月亮,只能见到一点亮光。人到中年,人生经历日渐丰富,悟的能力渐长,读书能知全意,就如同在院子中看月,知其全貌。而到老年,历经沧桑岁月的洗礼,便能与书共鸣,悟其意,通其神,恰如在高台玩月。可见,生活阅历越丰富,悟的能力就会越强,越有助于人们对作品的全面理解和深刻把握。

在读书过程中,悟的目的何在?一曰悟懂。读书,弄懂是前提。一篇美文,一部作品,在阅读时肯定会遇到许多"拦路虎"。这时,就要细细品,慢慢悟,力争弄懂。二曰悟通。有些书,是一代宗师级人物把他毕生的智慧熔铸在一本书里;有些书,是一个领域的开疆拓土之作,从一片混沌中劈出一个新世界;有些书,是一个领域的集大成之作,观点纷繁,气象万千。读这些书,就要用心读、用心悟,攻坚克难,至到悟通为止。三曰悟透。读司马迁,对其刚直和坚韧要悟透;读李清照,对其凄婉和哀伤要悟透;读鲁迅,对其犀利和辛辣要悟透;读钱锺书,对其厚实和渊博要悟透;读毛泽东,对其睿智和无私要悟透。

在读书中,悟什么?也是一个重要方面。一是要悟情。一部完美的文学作品,可能会涉及爱情、人情、亲情、恋情、友情等。除了了解人物的憧憬和追求之外,还要悟出爱情的伟大,亲情的温暖,人情的冷暖,恋情的凄美,友情的可贵。二是悟趣。不管是读以情感人的文学书籍,还是读以理服人的理论专著,只要是好书,就应在关注其思维亮点的同时,还要注意去悟书中那些富含情感触点的细节,善于在这些细节处悟到读书带来的情趣、理趣和乐趣。三是悟理。古人云:"天地之间,万事万物莫不有理。理者,天之经,地之义,民之行也。"所谓"理"就是我们中华民族一贯注重的"道",就是宇宙万物运行的法则和规律。古往今来的一切道理学问,其根本无不是在

"理",求"理"。在中国传统文化中,儒家讲"仁、义、礼、智、信",道家讲"道法自然",佛家讲"无缘大慈,同体大悲",无不以劝人为善为根本,并且经过了人类历史几千年的检验。在读书中,我们一定要明其哲理,悟其精神,探其真谛。

在读书之悟中,如何悟?这是读书的关键。是阅历,更是修炼;是领悟,更要践行。如何悟,很难,但也能做到。在这方面,孔子从一个角度给了我们答案,他说:"不愤不启,不悱不发,举一隅不以三隅反,则不复也。"这句话的意思是说,教导学生不到他冥思苦想仍不得其解的时候,不去开导他,不到他想说说不出来的时候,不去启发他。给他指出一个方面,如果他不能由此推知其他三个方面,就不再教他了。也就是说,一靠"愤",就是深思、琢磨、领悟;二靠"悱",即苦思冥想,想表达却说不出来;三靠"举一反三",即善于总结,善于分析,善于推论。

读书之品
——品诗赏词话人生

读书需品，学诗赏词尤其需品。

中华古诗博大精深，源远流长；中华古词广袤深邃，气象万千。中华诗词，是中国文化跨越时空的精神宝藏，是中华民族极致凝练的智慧结晶。从《诗经》《楚辞》到唐诗宋词，从李白、杜甫到曹雪芹、郑板桥，一代又一代文化先贤创作了灿若星河的名篇佳作，传承了真实的人类生活和文化，呈现给我们的不仅仅是文字之美、音律之美和意境之美，还一如传统文化的"母乳"，滋润着我们的生命和心灵，输送着我们不断前行的精神力量。中华诗词所蕴含的理念、智慧、气度、神韵，在世界文化史上是独一无二的。朱光潜说："诗的境界是理想境界，是从时间和空间中执着一微点而加以永恒化和普通化。它可以在无数心灵中复现而不落于陈腐，因为它能够在每个欣赏者当时当境的特殊性格与情趣中吸取新鲜生命。"学习古诗文，只有认真品读，才能陶冶情操，提高境界；只有认真品读，才能丰厚素养，健全人格；只有认真品读，才能坚定信念，凝聚力量。

品诗赏词，献身理想。为理想而献身，这是人生的最高境界，也是实现理想的根本条件。千百年来，诗圣先贤们在艰苦卓绝的奋斗中留下了无数为理想献身的诗篇，同时，也鼓舞着一代又一代人前赴后继，为争取民主和自由而斗争。东汉末年杰出的政治家、军事家和文学家曹操的"老骥伏枥，志在千里。烈士暮年，壮心不已"，表达了老当益壮、锐意进取的理想追求，抒发了不信天命、自强不息的壮志豪情。宋末政治家、民族英雄文天祥的"人生自古谁无死，留取丹心照汗青"，是一首感天地、泣鬼神的伟大爱国主义诗篇，是诗人用自己的鲜血和生命谱写的一曲理想人生的赞歌。"戊戌六君子"之一谭嗣同的"我自横刀向天笑，去留肝胆两昆仑"，表达了诗人为了理想，为了信仰，视死如归的凛然浩气和面对死亡仰天大笑的革命乐观主义精神。北宋著名文学家、改革家王安石的"不畏浮云遮望眼，只缘身在最高层"，表现了一个政治变革家拨云见日、高瞻远瞩的思想境界和豪迈气概。杜甫的"会当凌绝顶，一览众山小"和唐代边塞诗人王之涣的"欲穷千里目，更上一层楼"以及北宋词人晏殊的"昨夜西风凋碧树，独上高楼，望尽天涯路"，有异曲同工之妙，告诉人们只有登高望远，胸怀大志，不懈追求，才能实现崇高的理想。李白的"长风破浪会有时，直挂云帆济沧海"和刘禹锡的"沉舟侧畔千帆过，病树前头万木春"以及辛弃疾的"青山遮不住，毕竟东流去"，从不同侧面说明理想总与困难相伴而生，只要不畏艰险，奋力前行，新事物必将取代旧事物，光明必将战胜黑暗，自己的美好理想终有一天会实现。

  品诗赏词，爱家报国。家国情怀是一个人对自己国家和人民所表现出来的深情大爱，是对国家富强、人民幸福所展现出来的理想追求，是对自己国家的一种高度认同感、责任感和使命感。古往今来，无数诗人留下的有关家国情怀的诗篇，不计其数，鼓舞着前人，也激励着后人。宋代诗人陆游的"一身报国有万死，双鬓向人无再青"和民族英雄岳飞的"三十功名尘与土，八千里路云和月。莫等闲，白了少年头，空悲切"，抒发了诗人的爱国之情，报国之志，表现出来了一种浩然正气和英雄气概。唐朝诗人李贺的"男儿何不带吴钩，收取关山五十州？请君暂上凌烟阁，若个书生万户侯？"整首诗既抒发了诗人郁积已久的愤懑情怀，又表达了诗人杀敌立功的救国心愿。清代民族英雄林则徐的"苟利国家生死以，岂因祸福避趋之"，表现了林则徐刚正不阿的高尚品质和忠诚无私的爱国情操。清代改良主义先驱者龚自珍诗曰："落红不是无情物，化作春泥更护花。"诗人虽然脱离官场，依然关心着国家的命运，不忘报国之志，昭示后人为国效力未有穷期。晚清诗人罗隐的"国计已推肝胆许，家财不为子孙谋。"告诫为官者应把仁德和清廉作为美德留给子孙后代，才能保得家族兴旺，子孙安康。晚唐诗人李商隐诗曰："历览前贤国与家，成由勤俭败由奢。"这是诗人总结的历史经验，警示后人汲取古代君主治理国家的教训，成功主要由于勤俭，奢侈则招致破败。

品诗赏词，心系苍生。心系苍生，就是心里始终装着百姓和一切生灵。历代先贤先人后己，助民为乐，让人感奋，使人壮情。最为典型的要数范仲淹的"先天下之忧而忧，后天下之乐而乐"，表现了一种心系苍生，胸怀天下的济世情怀和乐观精神，勉励人们要超越个人的忧乐，以天下为己任，以利民为宗旨，为民请命，忧民之忧。"扬州八怪"之一的郑板桥云："衙斋卧听萧萧竹，疑是民间疾苦声。些小吾曹州县吏，一枝一叶总关情。"作者由自然界的风竹之声想到了老百姓的疾苦，好像是饥寒交迫中挣扎的老百姓的呜咽之声，充分体现了诗人身在官衙心系百姓的情怀。诗圣杜甫的"安得广厦千万间，大庇天下寒士俱欢颜，风雨不动安如山"，由己及人，流露出他忧国忧民的深厚感情和克己为人的宽广胸襟。屈原的"长太息以掩涕兮，哀民生之多艰"和杜甫的"朱门酒肉臭，路有冻死骨"以及李坤的"四海无闲田，农夫忧饿死"，从不同角度揭露了当时社会制度的黑暗，对广大底层民众寄予了深深的同情。明代诗人于谦的"清风两袖朝天去，免得闾阎话短长"，嘲讽了进贡的歪风，表现了作者为官清廉，不愿同流合污的铮铮风骨。

品诗赏词，友爱亲朋。历史上有关友爱亲朋的诗句着实不少。唐朝诗人王勃的"海内存知己，天涯若比邻"和张九龄的"相知无远近，万里尚为邻"以及边塞诗人高适的"莫愁前路无知己，天下谁人不识君"，高度概括了"友谊深厚，江山难阻"的情景，一洗送别诗中悲苦缠绵之态，体现出诗人高远的志向、豁达的情趣和旷达的胸怀。李白的"桃花潭水深千尺，不及汪伦送我情"，既赞美了汪伦对诗人的敬佩和喜爱，又表达了李白对汪伦的深厚情谊，空灵而有余味，自然而又情真。唐朝诗人岑参的"马上相逢无纸笔，凭君传语报平安"，既有生活情趣，又有人情味道，清新明快，余味深长，让人如得绝唱，历久不忘。王维的"独在异乡为异客，每逢佳节倍思亲"，抒发了诗人重阳节身在异乡加倍思念亲人的思想感情，具有质朴、深厚和高度概括的艺术力量。李白的"借问别来太瘦身，总为从前作诗苦"和杜甫的"痛饮狂歌空度日，飞扬跋扈为谁雄"，表现了李白和杜甫之间那种互相欣赏，互相关心，互相爱怜的真挚情谊。

品读是一种艺术，是一种修炼，是一种功夫，是一种濡养，让我们在读书中坚持品的理念，学会品的方法，在品读中锤炼精神，在品读中提升境界。

读书之抄
——昔抄今抄为哪般

从古至今,在读书中抄书的大有人在,有大家也有幼童,有高官也有平民,各有所需,各有千秋,有的令人感叹,有的使人唏嘘!

因贫困而抄书。在古代,不少大学问家在年少时,家庭贫寒,无钱买书,只好借书读。有时借的书实在精彩,以至爱不释手,到时还要还给人家,没办法,只能抄录,以便再读。汉末学者阚泽少时家贫,抄书非常刻苦,使他日后学有所成,至三国时成为吴国太子太傅,著有《乾象历注》《九章算术》,祖冲之的圆周率就是借鉴他的研究成果而推算出来的。明初诗文三大家之一的宋濂,幼时家贫,借书笔录。一年冬天奇寒,以至写字的砚台都结成了冰,抄书时手指都冻僵了,伸屈都困难,但是,他不敢有丝毫懈怠,仍然坚持抄录,一时成为美谈,后被朱元璋称为"开国文臣之首"。当今虽然国家富强了,家庭富裕了,买书对于多数家庭而言不成问题,但我国仍有不少贫困地区,贫困家庭,买不起书的现象还是存在的。《中国诗词大会第三季》,"外卖小哥"雷海为过关斩将,击败北大硕士,成为总冠军,惊呆众人,现场嘉宾连连称赞。夺冠后董卿为他点赞。外买小哥为何能逆袭夺冠?为何有如此深厚的诗词功底?他讲了这么一个故事,也许很能说明问题。十几年前,当时雷海为没有多余的钱买书,为了能读诗,他到书店看到好的诗,就及时抄下来,有的甚至干脆背下来,回到家再熟读、默写、背熟,就这样逐渐积累了八百多首诗词。是多年的抄诗背词,成就了今天的辉煌和梦想,使平凡的人生放射出了不平凡的光芒。

因仰慕而抄书。北宋文学家苏轼,谪居黄冈时,一个名叫陈鹄的司务公去看望他,在客厅等了许久,苏轼才急匆匆从书房里走出来。陈鹄不解地问苏轼在做什么,苏轼说:"我在抄《汉书》。"陈鹄深感诧异,笑着说:"像您这样的大学问家还用得着抄书?"苏轼慢不经心地说:"我抄《汉书》已有三遍了。"一部《汉书》多厚啊!它包括纪20篇、表8篇、志10篇、传70篇共80余万字,古人写字都用毛笔,如此宏大的工程,许多人连通读三遍都做不到,而苏轼却抄了三遍,让人难以置信。清朝"中兴第一名臣"曾国藩在他辉煌的一生中,最能体现他学养和情怀的,除了他自己创作的大量诗文外,就是他一笔一画抄写的两部诗文选本,即《经史百家钞》和《十八家诗钞》。他不仅喜欢这些人的诗,更敬仰这些人的品德。他说:"开拓心胸,扩充气魄,穷极变态,则非唐之李杜韩白,宋金之苏黄陆元八家,不足以天下奇观。"又说:"五言诗,若能学到陶潜、谢灵运一种冲淡之味和谐之音,亦天下之至乐人间之奇福也。"他对自己仰慕的诗人,表现出内心的敬重与珍爱,由此可见一斑。

因珍贵而抄书。20世纪50年代,中国著名学者季羡林在北京大学讲授语言学。一天,一个学生来向他借一本语言学方面的书籍,季羡林一下子犯了难,学生要借的这本书是极其珍贵的孤本古籍,如果在翻阅的时候稍有污损,都将是不可估量的损失。但面对学生渴求的目光,季羡林又不忍心拒绝,便对他说:"你过一个礼拜后再过来取,行吗?"学生欢欢喜喜地走了。一个礼拜后,学生如约来到季羡林的办公室。当他接过季羡林递过来的书时,感到非常意外,这根本不是一本书,而是一叠厚达几百页的装订得整整齐齐的信纸,上面密密麻麻写满了蝇头小楷。季羡林歉疚地笑道:"很对不起!我没能将原本借给你,是因为原本太珍贵了,我打算以后将它捐给国家。现在这本书我概不外借,我怕万一被人损坏,以后对国家就不好交代了,我想你一定能理解我的做法。今天给你的是我的手抄本,但基本上一字不错、一字不落,是可以一用的……"学生一听,异常震惊,连忙向季羡林鞠躬致谢。对于一本十几万字的书籍，要将它完完整整地抄录下来，要有多大的耐心、该有多大的工作量啊！整整一个星期，季羡林日夜伏案，才完成了抄录任务。这一出人意料的方式，实在令人感动、感叹！季羡林在学术上堪称一代宗师，同样在做人处世方面也是令人崇敬的世代楷模。

因热爱而抄书。俗话说得好："读十遍不如抄一遍"。鲁迅先生从小就深谙此理，终生重视运用此种方法，以积累知识，牢记知识。早在三昧书屋读书时，鲁迅就开始抄书了。最初抄的是古文奇字，即把一本小小的《康熙字典》上边的所谓古文，一个一个都抄下来，订成一册。后来借抄了《唐代丛书》中的《茶经》《五木经》，而且还喜欢抄诗词，曾经从《唐诗叩弹集》中抄录了《百花诗》，分别把梅花、桃花等一一录出。17岁时又全册抄了《二树山人写梅歌》。后来他不但抄借来的书，还抄自己买来的书，包括古史传、地方志、方贤遗集等，可见他抄读的内容是多么广泛。鲁迅先生在北京期间抄书之多，更是惊人。仅从他日记记载的二十多天中，平均每夜坚持抄书五千字左右。1913年3月5日开始抄《谢承后汉书》，3月27日抄完，全书十余万字。据许广平回忆，单是《嵇康集》鲁迅就抄了整整三遍。

因鲜有而抄书。相声语言大师侯宝林只上过小学三年级，由于他勤奋好学，使他的艺术水平达到了炉火纯青的程度，成为有名的语言学家。有一次，他为了买到自己想买的一部明代笑话书《谑浪》，跑遍了北京城所有的旧书摊也未能如愿。后来，他得知北京图书馆有这部书，就决定把书抄回来。适值寒冬，他顶着狂风，冒着大雪，一连十八天都坚持跑到图书馆里去抄书，一部十多万字的书，终于被他抄录到手。

抄书，是读书的一条重要方法，大家不妨试试。读了以上故事，我们不仅学到这样一条经验，更主要的是学习古人、前辈以及学问家在读书中坚守的一种精神，一份热爱，一种懿行，一种情怀。

第十章 奇 趣

朋友，你听说过读书读出百万美元、读书救人性命、不善读书易受伤害的逸闻吗？你读过千古称奇的"回文诗"吗？如果未曾听说，本章送你一份新奇。

朋友，你知道在爱书、读书、买书、借书、藏书中发生的趣事吗？如果不知，本章送你一份惊喜。

朋友，你知道读书有助于养病吗？你知道有关读书助疗的案例吗？如果不知，本章送你几段小故事。

朋友，你知道用日、月、雨等，甚至用诗比喻读书吗？你知道书能生情、传情、浓情的传说吗？如果不知，本章送你一份意外。

读书之趣（1）
——读书趣闻天下知

  天下之事无奇不有，读书奇事更是前所未闻。现摘录数例，供大家分享围观。

  爱读书书种绵长。美国历史上曾有一个爱读书和一个不爱读书的两个家族。一个是爱德华家族，其始祖爱德华是一位满腹经纶的哲学家，他八代子孙中出了13位大学校长，100多位教授，80多位文学家，20多位议员和1位副总统。另一个家族的始祖叫珠克，是个缺乏文化修养的赌徒和酒鬼，他八代子孙中有300名乞丐，7个杀人犯和60多个盗窃犯。一个人读不读书，有没有文化修养，竟可以产生如此久远的影响。

  读书能救人性命。《灯花》一书，是被誉为"中国神笔"的肖甘牛（1905—1982）所撰写。内容为瑶族的民间故事。其中的主人公是一位性格坚强的人物，问世后，选入《世界民间故事集》，被日本的君岛教授翻译成日文，介绍给了日本读者。当时，伊豆半岛有一位名为北岛岁枝的日本妇女，因为家庭变故，受着生活的磨难，感到人生绝望，决定和两个孩子跳海轻生。但与此同时，他看到了《灯花》，被主人公的精神所感动，放弃了自杀念头，重新获得了生活的勇气。1981年年初，北岛岁枝母子三人随同日本朋友组成的《灯花》读者访华团，万里迢迢特地来到桂林和肖甘牛见面，与儿女一起给肖甘牛磕头感谢，说是《灯花》救了他们一家三口，说肖甘牛是他的救命恩人。肖甘牛当时也很激动，说："《灯花》照亮了北岛的心，也照亮了我的心。"

不会读书易受伤害。《还魂记》是明朝汤显祖（1550—1616）创作的一部著名剧本，又名《牡丹亭》，全称《牡丹亭还魂记》。问世后被四川内江的一位漂亮少女看到。这位少女阅读时，不仅被剧本中的主人翁所感动，更为剧本作者的才气所倾倒。她认为能把杜丽娘、柳梦梅写得如此动人逼真的作者，肯定是一位才貌俱佳的青年。为此，她奔赴杭州，请人替他找汤显祖求婚，汤显祖以年龄大不能误其青春为由没有答应。然而，她却既不相信，也不死心，千方百计地打听汤显祖的行踪，想亲眼看见汤显祖的容貌，以验证所获得的信息是否真实。一天，汤显祖在西湖宴请宾客，该女子得知后迅速赶到现场，看到汤显祖是一位拄着拐杖，弯着腰的老叟，于是，长叹一声："想不到他真的又老又丑！"说完投湖而死。明朝张大复的《梅花草堂笔谈》说：17岁的"娄江女子俞二娘，秀慧能文辞，未有所适"，在读了《牡丹亭》以后，用蝇头小楷在剧本间做了许多批注，深感自己不如意的命运，也像杜丽娘一样，终日郁郁寡欢，最后"断肠而死"。临终前，从松开的手中滑落的，正是《牡丹亭》的初版戏本，而且"饱研丹砂，密圈旁注，往往自写所见，出人意表"。汤显祖得知后，情不自禁，扼腕长叹，挥笔写《哭娄江女子二首》："画烛摇金阁，珍珠泣绣窗。如何伤此曲，偏只在娄江。何自为情死，悲伤必有神。一时文子业，天下有心人。"史料记载，有位才女冯小青，在反复细读《牡丹亭》后，竟然写下一首："冷雨幽窗不可听，挑灯闲看《牡丹亭》；人间亦有痴如我，岂独伤心是小青"的绝命诗，居然为"戏"而亡。还有当年杭州的名伶商小玲，在上演《牡丹亭》的《寻梦》折子戏时，竟然在舞台上因身陷剧情，过度心衰，气绝而亡。

回文诗千古称奇。前秦始平人苏蕙，自幼随父识字读书，聪明好学，进入少年便能作诗著文，且能歌善舞，多才多艺，容貌秀丽，16岁时嫁给名将窦子真的孙子秦州刺史窦滔，过着幸福美满的生活。没想到不幸突然降临，有人诬陷窦滔"与东晋藕断丝连"，对前秦皇帝苻坚"怀有二心"，有"结派谋反"的嫌疑，苻坚大怒，传下圣旨：贬窦滔为庶人，发配边疆沙洲（今敦煌）服苦役，查抄家产充公。苏蕙十分贤惠，上敬公婆，下教儿女，勤俭持家，艰苦度日，日夜思念丈夫，终日以泪洗面，想给丈夫写信，又苦于无法传递。后来想出用织《璇玑图诗》来寄托情思，并借以申诉丈夫的冤屈。于是，她就把对丈夫的思念之情写成回文诗，用五彩丝线织在锦帕上，在秦州城沿街叫卖。这个版本是横排14字、竖排8字，共112个字的回文《璇玑图诗》：

去日深山当量妻夫归早咐真思又
公雀同初叫寡思回妇嘱不身情贵
阳婆结夫配早织垂时恩上何米语
侣发年夫与锦归去双少深柴夫谁
好伴奴迈回要凄可寒泪中久料我
岂赦寻文身孤本衣怜家上至别月
早知朝能受靠野归想天今枕日离
子天冷淡尚鹤谁更不久地同鸳鸯

最初，人们对此图诗迷惑不解，后来逐渐领悟到：从最上一行中间的"夫"字开始，向右、向左斜念下去，至到"妻"为止，便是一首16句的七言诗：夫妇恩深久别离，鸳鸯枕上泪双垂。思量当初结发好，岂知冷淡受孤凄。去时嘱咐真情语，谁料至今久不归。本要随夫同日去，公婆年迈身靠谁？更想家中柴米贵，又思身上少寒衣。野鹤尚能寻伴侣，阳雀深山叫早归。可怜天地同日月，我夫何不早归回。织锦回文朝天子，早赦奴夫配寡妻。

回文诗谜解开后，广为流传。前秦皇帝苻坚也很快得到一副。苻坚看了回文诗后，很受感动。念苏蕙之德，惜回文之才，立即传旨赦免窦滔，官复秦州刺史，苏蕙夫妇重新团聚，被传为千秋佳话。

读书之趣（2）

——红袖添香夜读书

古今中外，书海茫茫，读书的奇闻趣事多多，现撷取几朵浪花与大家分享。

爱书趣。爱书的人，会把书看得高于一切。著名作家孙犁在《书箴》中说："淡泊晚年，无竞无争。抱残守缺，以安以宁。唯对于书，不能忘情。我之于书，爱护备至：污者净之，折者平之，阅前沐手，阅后安置，温公惜书，不过如斯。"台北作家杨照曾说："书比爱人忠心，比亲人有趣，比烟酒、彩票深邃；书比宗教调皮，却又比巫术庄重；书让我们不必离开人的世界，就能坐拥天堂和地狱。"美国书评家布罗亚德，把书比喻成自己的女儿。书一旦借出，便不稳于步，不辨爱憎，不知声色，只想知道那本书什么时候能回来，就像夜晚时等候年少的女儿从朋友的聚会上归来。藏书家查尔斯·冈特，花了很多钱买到了大诗人彭斯《友谊地久天长》的诗稿手迹，被另一个大藏书家奥利弗·贝瑞特见到了。他马上说："我想要这个。"冈特说："我知道你的感受。"贝瑞特说："我现在就想要。你已经知道了拥有它的感觉，可是我还不知道。"冈特说："我可以卖给你，可是你得写个承诺，什么时候我想要，你得让我以相同价格买回来。"一周以后，冈特就忍不住对贝瑞特说："我睡不着觉了。"

读书趣。900多年前，宋朝著名词作家李清照，嫁给了太学生赵明诚。赵是位翩翩公子，读书极博，酷爱书画，尤其擅长金石鉴赏。他的父亲官至宰相，也是官宦世家，书香门第。二人门当户对，意趣相投，时常诗词唱和，共同研究金石书画，有着说不尽的喜悦与恩爱。"卖花担上，买得一枝春欲放，泪染轻匀，犹带彤霞晓露痕，郎猜道，奴面不如花面好，云鬓斜簪，徒教郎比看。"这妩媚娇憨的姿态是婚后的幸福，透着李清照内心的甜蜜。结婚时，赵明诚21岁，在太学读书，尚无俸禄，一旦发现难得的古迹文物却囊中羞涩，便毫不犹豫地脱下衣服做抵押，将其买下。回到家中，夫妻二人灯前对坐，说说笑笑，摩挲展现，无限浪漫与温馨。

书趣各有趣法，正如人有千面，物分万种。有一位书痴，给自己定了一个怪异的规矩：书中有不喜欢的内容，定要将那部分书页撕去。他太在乎自己的趣味了，所以他的藏书中没有一册是完整的。他搜集的全是书籍的零册残页，不得不因此再定制精美的封皮。

买书趣。买书狂托马斯·菲力普曾说过一句话，"这世间所有出版的书，我都想要一本"。他买书经常欠账，和他打交道的许多书商，不是破产就是进了疯人院。有人分析他疯狂买书的原因，那是因为他是一位富商的私生子，从未见过他的母亲，靠书籍寄托自己的情感。西人爱书成痴，有钱即买书，竟致倾家荡产。无奈将自己的部分藏书送去拍卖。他去现场观战，坐立不安，心如刀绞，半路上溜了出去。一会儿，拍卖会上杀出一位新买主，勇猛竞价，每本书都志在必得，满场惊愕。此新买主不是别人，正是那书痴。原来他自己化妆一番，换了假名，拼命也要买回自己的书。

美国一餐馆老板名路易，开面包店26年，出版厨艺书籍五种，其中《大厨师不传之秘》登上《纽约时报》畅销书榜。路易经营餐馆的盈利大部分用来买书,藏书库有31间。无法知道他确切藏书数目,只知道他捐给约翰逊与威尔斯大学20万册,捐给艾奥瓦大学两万二千册,捐给芝加哥大学12万册。

甲书商喜欢一套书,但自己拥有的这一套偏偏缺一本,只好便宜卖给了乙书商。甲书商对这套书十分惦记,到处搜寻缺了的那一册,巧的是他终于找着了。他对乙书商说:"卖给你的那套书的缺册我找到了,你付给我一个好价钱,你的那套书就配齐了。"乙书商不肯加价,仍想以收购那套书时每册的均价付款,二人讨价还价,相持不下。终于,甲书商气急败坏地把那本书撕了个粉碎,待乙书商醒悟过来,发现已经迟了。

借书趣。明朝有个叫宋濂的人,家里很穷,根本买不起书。但为了学习知识,常常借书读。许多富有的人家藏书很多,但却不愿意借给他。有一次,宋濂又到一家富户借书看。这家人也是不愿借给他,所以借的时候,讲明十天之内归还。可十天根本就读不完那套书。到了第十天早晨,天下着大雪,那家人以为宋濂借故不来还书了,可是宋濂却冒雪把书送了回来。主人为此很感动,他告诉宋濂以后可以随时来借书,不再给他限定借书时间了。

清朝的叶德辉(1864—1927),藏书近30万卷,却不愿往外借书。他就开玩笑地在书橱标贴一字条"老婆与书概不外借"。藏书中夹有春宫画,说用来防火,火神是女性,看了春宫画,会不好意思,所以就不会来烧书了。他也确实爱书,比如每年农历六月初六的晒书日,必亲自动手来晒书,翻动整理他的书籍,不肯借他人之手。他说:"吾家别无长物,书即吾之财产,不得不慎重处理。"

藏书趣。有一个故事说,私人藏书一旦毁于天灾人祸,藏书家该当如何?尤金·菲尔德的回答是:"要么明天就开始另一批藏书的搜集,要么就干脆躺下来等死,因为没有了我已经很习惯的这种友谊,没有了对我来说和生命本身一样宝贵的这种友谊,我如何能继续生活下去?"藏书家视书如命,保护图书就像保护自己的家人一样,甚至比保护家人还用心。《卡尔诺瓦是个书痴》里写了很多藏书家的故事,其中一个故事说,热爱文学的英国作家埃维林·沃在"二战"期间伦敦被德国空军猛烈炮轰的时候,让人把他的书全部运到乡下安全的地方,却让他的儿子留守在伦敦。

天一阁创始人范钦去世前,给子孙们定下规矩,天一阁门上的钥匙由每房子孙各掌管一把,如要开门,须各房子孙到齐方可。阁中书籍概不借外人。

"非曝书日，即子孙亦不得登阁。"范钦的后人们严守族规，绝不轻易让人进入天一阁。整个清代，能够幸运踏入天一阁之门的只有大儒黄宗羲、万斯同、陈元等寥寥数人。据说黄宗羲作为第一个以外姓人的身份进了天一阁，看着空旷的楼上叠放着的典籍，他由衷地慨叹："叹读书难，藏书尤难，藏之久而不散，则难之难矣！"据说，在嘉庆年间，宁波知府的侄女钱绣云酷爱读书，为了得到登上天一阁读藏书的机会，嫁给范氏后人为妻。可是，范家有"书不出阁，女不上楼"的严格规定，使得这位范氏儿媳，近在咫尺，却从未登上天一阁，最后，抑郁而终。

　　清代著名藏书大家瞿绍基，一生淡泊仕途，唯喜读书、藏书，隐居常熟南塘，藏书10万册。乾隆几次巡视江南，都到瞿家看书。光绪喜好古籍，多次派人到瞿家借书。有一部书光绪很想要，以封三品官、给白银30万两作为交换条件，但瞿家以先朝颁有诏书，不便出卖为由谢绝了，光绪无奈只好作罢。

　　还有个藏书家的故事令人感叹不已。四川巴中一位名叫陈光伟的农民，仅有小学文化，30年前，他便开始走村串户收破烂，收到好书，他总是舍不得卖掉，而是像宝贝一样珍藏家中。1997年，陈光伟用收来的书籍办了一家免费图书馆。为将图书馆办得更好，这个乡村"破烂王"花掉了28年的积蓄，买回数万册图书。对好书，他不惜一掷千金，对自己，却连几十元钱的衬衣都舍不得买。免费图书馆开办11年来，共接待借阅读者20余万人。

读书之疗
——病须书卷作良医

读书可以治疗疾病，从古至今名人名言不少。最早提出此问题的是孔子，他在论及诗的社会功能时说："诗可以兴，可以观，可以群，可以怨。迩之事父，远之事君，多识于鸟兽草木之名。"最著名的是西汉学者刘向，在《说苑》中一语点破读书的治疗作用，破天荒将书和药这两种似不相干的东西直接联系起来，尝言："书犹药也，善读之可以治愚。"我国南朝梁代的文艺理论家刘勰，在《文心雕龙》的《铭箴》篇中说："箴者，针也，所以攻疾防患，喻针石也。斯文之兴，盛于三代。"宋代大文豪苏轼在《安州老人食蜜歌》一诗中写道："蜜中有诗人不知，千花百草争含姿。老人咀嚼时一吐，还引世间痴小儿。小儿得诗如得蜜，蜜中有药治百疾。"在这首诗中，苏东坡以蜜味比诗味，认为"蜜中有诗"，且"蜜中有药"，可治百疾，而诗也如蜂蜜，可解百忧。宋代作家黄庭坚也说过一句有名的话："士大夫三日不读书，则义礼不交于胸，对镜觉面目可憎，向人则语言无味。"南宋诗人陆游对读书的治疗作用，有相当明确的认识，他说"病须书卷作良医"，还在《闲吟》一诗中写道："闲吟可是治愁药，一展吴笺万事忘。"明代养生家高濂把读书作为养生保健之法写入其养生学专著《遵生八笺》。他说："保养之道，可以长年，载之简编，历历可指。即《易》有颐卦，《书》有'无逸'，黄帝有《内经》，《论语》有'乡党'。君子之心悟，躬身则养德养生兼得之矣。"明代养生家龚廷贤也非常明确地肯定读书的保健作用。他在《寿世保元·延年良箴》中说:"诗可养心,可以延年。"明末清初的才子、戏曲家李渔说:"予生无他癖,唯好著书,忧借以消,怒借以释,牢骚不平之气借以除。"

在中国文化历史上,读书疗疾的故事和传说举不胜举,现挑选几个,大家如有时间,不妨看看。

故事一,据《韩诗外传》记载:"闵子骞始见于孔子,有菜色,后有刍豢之色。子贡问子曰:'子始有菜色,今有刍豢之色,何也?'闵子曰'吾出蒹葭之中,入夫子之门,夫子内切磋以孝,外为之陈王法,心窃乐之。出见羽盖龙旗,旄裘相随,心又乐之。二者相攻胸中而不能任,是以有菜色也。今被夫子之教寖深,又赖二三子切磋而进之,内明于去就之义,出见羽盖龙旗,旄裘相随,视之如坛土矣。是以有刍豢之色。《诗》曰:'如切如磋,如琢如磨'。"这段话的意思是,闵子骞刚去拜见孔子时,名利心重,一方面渴求提高自身修养,对孔子讲的孝道和王法暗自喜欢,另一方面,又抵挡不住外界的诱惑,对王公贵族豪华的车队、华丽的服装十分向往。胸中的两种欲望,互相斗争,心态失衡,以致面黄肌瘦,脸呈菜色。后来,跟随孔子久了,接受孔子的教导越来越多,读的书越来越多,跟贤良的同学们切磋得越来越多,认识不断提高,终于明白了该追求什么,该放弃什么,再见到豪车华服便觉得庸俗不堪,视为尘土,内心的充实流露于脸上,脸色便变得像经常吃肉一般容光焕发。闵子骞的脸色由病恹恹的"菜色"向健康红润的"刍豢之色"的变化,看来读书向学有保健和美化人的气质的功能。

故事二,汉代枚乘创作的《七发》,不仅是一篇辞采飞扬的赋中精品,名垂中国文学史,在中国心理治疗史上也是一篇重要文献。《七发》记录了一场虚拟的心理治疗的全过程。全文的大意是:楚太子患病,吴客前去探视,认为太子犯的是王公贵族常见的富贵病，病症是见识短浅，喜怒无常；好色喜淫，耗精伤神；嗜食肥甘，内壅湿热；深居广厦，风寒易侵；裘衣细软，如暑蒸熏。此病非针药可治，只有听"重言妙道"方能祛除。于是，吴客巧舌如簧，展开了奇幻瑰丽的七层想象。第一层，极言音乐的动听，第二层幻想最可口的饮食，第三层渲染车马的名贵，第四层描绘奢侈的游览，第五层盛赞打猎的壮观。此时，太子已兴奋不已。"阳气见于眉宇之间"，病稍有起色。第六层又回到本地风光——长江观涛的情趣，最后第七层从无穷的想象，归结到人生应有高雅的情趣，要多听"圣人辩士"之言。畅想至此，太子"涩然汗出""霍然病已"。从内容看，题名《七发》兼具"以七事相启发""七次抒发"和"七次发汗"的多层意思。吴客抓住太子追求奢靡的特点，极力引导他畅想豪华、排场、壮观的事物，使之兴奋发汗，从而解除由精神空虚引发的身体不适。《七发》在后世成了有治疗功效的诗文的代称。

故事三，汉宣帝特别喜爱王褒的作品，让王褒和刘向、张子侨、华龙、柳褒等并为侍诏，无论放猎、游幸，经常带着这些文人随从作赋，欣赏娱乐。有一次，"太子体不安，苦忽忽善忘，不乐。诏使褒等皆至太子宫虞侍太子，朝夕诵读奇文及所自造作。疾平复，乃归。太子喜褒所为《甘泉》及《洞箫颂》，令后宫贵人左右皆诵读之。"汉宣帝把治疗太子的任务指派给赋作家，表明他对读书的治疗作用有明确的认识，他对赋喜爱的出发点不仅仅是审美，而且有养生保健的实用目的。在执行这次读书治疗任务中，王褒创作的《甘泉》《洞箫颂》等赋，对太子的康复发挥了积极作用。

故事四，相传韩愈（768—824）有一天午后偶感心情烦躁，头疼脑涨，于是，坐在廊檐下闭目养神。此时，家仆禀报门外有一位青年来访，韩愈不愿接见，令家仆拒绝访客。过了一会儿，家仆复返，执一诗稿，说访客希望大人能抽暇过目。韩愈无精打采地接过诗稿，映入他眼帘的诗名是《雁门太守行》，首句为"黑云压城城欲摧"，韩愈为其气魄所摄，精神为之一振，又迫不及待地读出下句"甲光向日金鳞开"。顿觉如遇三伏清风，心情舒畅，不由兴致勃勃，起身叫绝，什么忧虑、烦躁，早已一扫而空，抛到九霄云外。这首诗的作者李贺很快就得到韩愈的举荐而走上文坛，因其才思奇诡，出句惊人，人称"诗鬼"。

故事五，宋代诗人陆游是中国历史上自觉地利用读书养生保健的躬行者之一。陆游一生读书、知书、爱书、藏书、写书，嗜书如命。他的书斋自名为"书巢"，上下左右都是书，以致进退不便。他在这个"书巢"里，"饮食起居，病痛呻吟，悲忧愤叹，未尝不与书俱。"陆游毕生创作的诗歌近万首，其中不少以读书为主题，极言读书之乐，尽情抒发与书为伴的愉悦情感。例如，陆游在《抄书》诗中教诲儿子的口吻写道："储积山崇崇，探求海茫茫。一笑语儿子，此是却老方。"把藏书、读书之益概括为"却老方"，乃陆游的长寿心得，他深有体会，故而要传于子孙。在84岁时，陆游还作《读书至夜分感叹有赋》其中有诗云："老人世间百念衰，唯好古书心未移。断碑残刻亦在楼，时时取玩忘朝饥。"活脱脱自画出一位至老不衰的爱书家形象。陆游把读书作为养生秘诀，慰怀养心，健身安体。他不仅自己受益，还把读书疗疾之术传授他人。他的一首诗《山村经行因施药之三》云："儿扶一老候溪边，来告头风欠未痊。不用更寻芎芷药，吾诗读罢自醒然。"他秉承杜甫遗风，也开始向人推荐自己的诗以做治疗之用了。由于常年坚持读书保健，陆游享寿85岁，不愧是一位寿星。

故事六，明末清初的戏曲家李渔，虽非以养生家闻名，但在颐养、医疗方面也有一系列新见、卓见。李渔在《闲情偶寄·颐养部·疗病》中说，"药笼应有之物，备载方书"。现有的《本草纲目》虽已无所不包，但若让他再加，仍有可加之物。可加之物，加什么呢？因人而异，并不专指，具体说来，有以下七类：一曰本性酷好之物；二曰其人急需之物；三曰一心钟爱之人；四曰一生未见之物；五曰平生契慕之人；六曰素常乐为之事；七曰平生痛恶之物与切齿之人。在论述一生未见之物可当药时，李渔说："欲得未得之物，是人皆有，如文士之于异书，武人之于宝剑，醉翁之于名酒，佳人之于美饰，是皆一往情深，不辞困顿，而欲之相俱者也。""所谓异书者，不必微言秘籍，搜藏被壁而后得之。凡属新编，未经目睹者，即是异书，如陈琳之檄，枚乘之文，皆前人已试之药也。"在这里，李渔明确地亮出了书可当药的观点。李渔本人将以上诸药，称为"笠翁本草"。他的"笠翁本草"在中国读书疗疾研究史上具有重要的理论启蒙价值。

故事七，清代大儒焦循，明经学，通天算，壮年即名重海内。他认为读书尤其是读道家的书有代医、代药之功。有一年他患病吐血，诊治后精神欠佳，于是便找来道家的书又读又抄，结果收效不错，恢复了元气。他自己是这样说的:"余庚戌年(1790)之冬患吐血症,虽愈而精气不足。或劝服丸药。余谓以药不若以书,乃留心于道家者流。日诵《老子》《庄》《列》及黄帝《素问》凡二年,不知病之何所失也。"焦循手抄的这六种道家著作,后来被生于晚清,卒于当代的藏书家周越然(1885—1962)所收藏。周越然有一次生病,偶然想起焦循关于读书疗病的那段话,随将这六种书翻出来重读,结果"不觉心平气和,而头痛全停,咳嗽亦几乎止矣。"

　　读书疗疾的故事还有很多,并不是读书能治百病,只是病者通过读书使内心平和,加速了身心的恢复。

读书之喻（1）
——千奇百怪喻读书

古往今来，先哲们对读书的比喻非常多，有的生动，有的形象，有的诙谐，有的风趣，有的睿智，有的深刻，给人以启迪，令人难忘，使人回味无穷。

其一，日喻。西汉经学家刘向说："少而好学，如日出之阳；壮而好学，如日中之光；老而好学，如秉烛之明。"意思是说，少年读书，犹如早晨初升的太阳，光芒四射，是人生的起始，是学习的黄金时期，可以博览群书，广泛吸收无尽的知识；中年读书，犹如中午的太阳，对知识的吸收最强，应用最快，事业最辉煌，但不能满足，要乘势而上，争取更大的成绩和光荣；到了晚年，精力、记忆力日渐衰退，夕阳无限好，只是近黄昏。但不必悲观伤感，要老有所学，以学促乐，好像晚间的灯火，照样能给夜幕带来光明。

其二，月喻。清人张潮在《幽梦影》中，以月喻书，其意至深："少年读书如隙中窥月，中年读书如庭中望月，老年读书如台上玩月，皆因学历之浅深所得之有浅深耳。"同是一"月"，因少、中、老年龄阅历不同，隙、庭、台观"月"地点有别，窥、望、玩"月"方式各异，所得大相径庭：少年仅可观一，中年也只能略知一二，只有老年眼界大开，观其全部。读书亦然，前者肤浅,中者深刻,只有后者,方能晓其味,得其真。

其三,雨喻。同样是少、中、老三个不同的年龄段的读书,南宋词人蒋捷将其比作"听雨":"少年听雨歌楼上,红烛昏罗帐。壮年听雨客舟中,江阔云低断雁叫西风。而今听雨僧庐下,鬓已星星也,悲欢离合总无情,一任阶前,点滴到天明。"在蒋先生看来,人读书如同听雨,年龄不同,所得迥异。年轻人读书往往浅尝辄止,不求甚解,及至历经沧桑后的晚年,读书方能举一反三,追根究底,品出真味,悟出真理,看透人生。

其四,打洞喻。美籍中国学者杜维明教授读书有方,采取的是"打洞法"。他说:"英国学者柏林说过,做学问有两种方法:一种是狐狸打洞式,接触面广;另一种是穿山甲打洞式,打得深。这也可以用来说明读书的方式,而我采用的是穿山甲方式"。他系统反复地读四书五经、程朱理学著作,手不释卷,百读不厌。他说:"当然,我也不只是读一类书,为了吸取更多的信息,扩大知识面,我也读其他各种对我有用的书,只不过采用一目十行的连读法,狐狸式和穿山甲式两种方法并不相斥。"

其五,碎骨喻。把读书求学当作"碎骨"吸收消化,是美国大作家杰克·伦敦所创。他对自己精选的书籍,读起来异常认真仔细。读完后,常把书中的重要观点和名句佳词,写在纸条上,并插在各处,便于阅读记忆。他还将读书卡片装在口袋里,这样,刮脸、穿衣、上床睡觉和外出时,都可以随时阅读。评论界在谈到他读书时说:"他读书不是用小巧的撬子撬开它的锁,然后盗取点滴内容;而是像一头饿狼,把牙齿没进书的喉咙,凶狠地舔尽它的血,吞掉它的肉,咬碎它的骨头,直到那本书的所有纤维和筋肉成为他的一部分。"

其六,铸钱喻。明末清初的启蒙思想家顾炎武,把读书和著书喻为"铸钱"。他说:"我曾说今人著书立说正如今人铸铜造钱,古人从矿山中开采铜,而今人却靠收买旧铜钱做原料,前者铸的钱数量少,但品质精良;而后者不仅新铸造出来的铜钱质量粗劣,而且把世人的传世之宝毁了。我一年多来,尽管从早到晚读书,反复研讨,只不过考虑清楚几个问题,数量虽少,但却算得上是直接从矿山中采铜吧!"

其七,饮食喻。最早把书视作饮食的是英国哲学家培根,他在《论读书》中说,书籍好比食品,有些只需浅尝,有些可以吞咽,只有少数需要咀嚼、慢慢品味。另外，香港现代作家董桥曾说过工具书便是西湖龙井；学术著作，是贵州茅台；诗词小说，是可口可乐；政论时文，是雀巢咖啡。又如工具书是家常便饭；学术著作是正式宴席；诗词小说如莫斯科餐厅偶尔的风光；政论时文便成了各式应酬。食固不可偏，读自不宜专。

其八，房舍喻。古人将读书与房舍相联系始于明朝。明代学者田艺蘅在《玉笑零音》中说："人之为学，四书其门墙也，五经其堂殿也，子史其廊庑也，九流百家其器用也。居不可不广，学不可不博。"清代诗人袁牧在《随园诗话》中说："四子书如户牖，九经如厅堂，十七史如正寝，杂史如东西两厢，类书如书柜，说部如庖井，诸子百家诗文词如书舍花园，皆不可偏废。"

其九，苦工喻。英国文学家柯尔律治曾以布袋、沙漏、海绵、宝石矿床的苦工比喻读书。他说，有的人"像滤豆浆的布袋，豆浆都流了，留下的是豆渣"；有的人"好像是计时的沙漏，注进水，流出来，到头来一点痕迹也没留下"；有的人"像海绵什么都吸收，挤一挤，流出来的东西原封不动，甚至还弄脏了些"；还有的人"像是宝石矿床的苦工，把矿渣甩在一边，只捡纯净宝石"。我们读书不能学"布袋"取粗去精，学"沙漏"不留痕迹，学"海绵"啥都吸收，而应当像宝石矿的苦工那样，辨明瑕玉，甩掉"矿渣"，只取宝石。

其十，鲸吞、牛食喻。著名散文家秦牧的作品，以知识广博著称。他告诉人们，他的文章材料之所以丰富，主要得益于"鲸吞牛食"式的读书。所谓"鲸吞"就是泛读。读书时，像鲸吃食一样，张开大口生吞活剥，尽可能多装一些进去。只有这样，获取的信息量才会大，积累的知识才丰富。所谓"牛食"就是精读。牛通过"反刍"，把吃下去的食料，嚼烂嚼细，为身体所吸收。读书也一样，一味泛读，就会消化不良，对身体无益。有位专家在评价秦牧的"鲸吞牛食法"时说："鲸吞与牛食需互相结合，一味"鲸吞"，会流于肤浅，一味"牛食"会造成寡闻。"

其十一，天圆地方喻。著名历史学家范文澜，一贯主张读书治学，要做到"天圆地方"。所谓"天圆"，就是要有灵活的头脑，勤于思考。所谓"地方"，就是要坐得下来，埋头苦干，潜心于读书和科研工作。范文澜认为，"天圆"和"地方"是从事科研工作的人必备的条件。倘若缺乏，就变成了"天方地圆"——既不会思考，又不认真读书、做事，则将一事无成。

其十二，蜘蛛结网喻。北京大学中文系教授金凯成说："蜘蛛之所以能随时捕捉小虫，就因为它那个网是联系的，结构得很好的。假如蜘蛛东吐一丝，西挂一缕，那么它到处爬动也不会有什么收获。所以，在读书上，做一个有心人，就要善于触类旁通，以至融会贯通。"金教授在北大任教20多年，讲过许多种课程，所研究的对象和所读的书都很杂，但他边读书边"结网"，将各种繁杂的知识有机地联系起来，天长日久，他的这张知识的网越结越大，渐渐成为一个科学的知识结构。

其十三，背筐捡粪喻。我国杰出的理论家和宣传家邓拓说：你看农民出门，总随手带粪筐，见粪就捡，成为习惯。知识积累，也应该有农民积粪的劲头，捡的范围要宽，不要限制太多，不管它是牛粪、羊粪、人粪都一概捡回来，让它们统统变成有用的肥料，滋养作物的生长。邓拓不愧是一位杂文大家，说话总是这么幽默风趣。他的这个比喻也特别贴切。他本人读书积累资料也是这样做的，总是随身携带一个活页小本子，读书看报随手做笔记，经年累月，积累的资料自然就相当可观了。之后，他再把它分门别类，按系统归档保存，待需要时，一查就找出来了。

其十四，经商打仗喻。曾国藩对看书、读书的方法十分讲究，他用两个比喻做了形象说明："譬之富家居积，看书则在外贸易，获利三倍者也，读书则在家慎守，不轻花费者也；譬之兵家战争，看书则攻城略地，开拓土宇者也，读书则深沟坚垒，得地能守者也。看书如子夏之'日知所亡'相近，读书与'无忘所能'相近，二者不可偏废。"意思是说，读书如经商，"看"就好比做行商，做摇钱树获利大；"读"就好比是守财，做聚宝盆。二如打仗，"看"好比攻城略地，越快越多为好；"读"好比守住地盘，越牢越固为好。如此比喻非常形象，浓缩了曾国藩读书的宝贵经验。

读书之喻（2）
——诗情画意喻读书

以诗喻读书，虽有些牵强，但有意义，也有趣。

有人说，读书是精神福地，心灵天堂，而今我说，读书是"夜雨剪春韭，新饮间黄粱"和"开场面轩圃，把酒话桑麻"的那种幸福；是"愿君多采撷，此物最相思"和"月上柳梢头，人约黄昏后"的那种甜蜜；是"众里寻他千百度"和"千里共婵娟"的那种温馨。

有人说，读书使人赏心悦目，悦己利人，而今我说，读书是"白雪却嫌春色晚，故穿庭树作飞花"和"白日放歌须纵酒，青春作伴好还乡"的那种喜悦；读书是"久旱逢甘雨，他乡遇故知"和"忽如一夜春风来，千树万树梨花开"的那种惊喜；是"踏破青山人未老，风景这边独好"和"人生若得如云水，铁树开花遍界春"的那种兴奋。

有人说，读书是人性的修行，灵魂的高贵，而今我说，读书是"泱泱海阔凭鱼跃，朗朗天高任鸟飞"和"晴空一鹤排云上，便引诗情到碧霄"的那种洒脱;读书是"江山如画,一时多少豪杰"和"一点浩然气,千里快哉风"的那种旷达;是"采菊东篱下,悠然见南山"和"荣华总是三更梦,富贵还同九月霜"的那种恬淡。

有人说,读书是一生的幸事、美事、好事、甜事,而今我说,读书是"春风得意马蹄疾,一日看尽长安花"和"好雨知时节,当春乃发生"的那种惬意;读书是"稻花香里说丰年,听取蛙声一片"和"青春作伴好还乡"的那种舒畅;是"我醉君复乐,陶然共忘机"和"沾衣欲湿杏花雨,吹面不寒杨柳风"的那种神怡。

有人说,读书如沐春风,如饮甘泉,如听佛音,而今我说,读书是"竹外桃花三两枝,春江水暖鸭先知"和"胜日寻芳泗水滨,无边光景一时新"的那种美妙;读书是"且就洞庭赊月色,将船买酒白云边"和"且放白鹿青崖间,须行即骑访名山"的那种浪漫;是"牧童归去横牛背,短笛无腔信口吹"和"行到中庭数花朵,蜻蜓飞上玉搔头"的那份悠闲。

有人说,读书领略崇高,问津壮丽,体验多元,而今我说,读书是"天街小雨润如酥,草色遥看近却无"和"美酒饮至微醉后,好书看到半开时"的那种雅趣;是"少年乐新知,衰暮思故友"和"逢人渐觉乡音异,却恨莺声似故山"的那种深情;读书是"先天下之忧而忧,后天下之乐而乐"和"安得广厦千万间,大庇天下寒士俱欢颜"的那种情怀。

有人说,读书让心愿飞得更高,让心志走得更远,让心花开得更盛,而今我说,读书是"天生我材必有用,千金散尽还复来"和"敢上九天揽月,敢下五洋捉鳖"的那种豪放;是"文章太守,挥毫万字,一饮千钟"和"尔曹身与名俱灭,不废江河万古流"的那种豪迈;是"仰天大笑出门去,我辈岂是蓬蒿人"和"东门沽酒饮我曹,心轻万事如鸿毛"的那种坦荡。

有人说,读书使人精骛八极,心游万仞,而今我说,读书是"无端更渡桑乾水,却望并州是故乡"和"门庭清妙即禅关,枉费黄金去买山"的那种微妙;读书是"东边日出西边雨,道是无晴却有晴"和"身无彩凤双飞翼,心有灵犀一点通"的那种感应;读书是"溪回谷转愁无路,忽有梅花一两枝"和"山重水复疑无路,柳暗花明又一村"的那种转机。

有人说,读书至善至美,犹如交友,而今我说,读书是"善似青松恶似花,看看眼前不如它。有朝一日遭霜打,只见青松不见花"的那种善颂;读书是"到处随缘延岁月,终身安分度时光"和"有缘千里能相会,无缘对面不相识"的那种缘分;读书是"量尽前人长与短,自家长短几时量"的那种自律;读书是"岭上白云舒复卷,天边皓月去还来。低头却入茅檐下,不觉呵呵笑几回"的那种等待。

以诗喻读书,还有很多,篇幅所限,只能打住。

第十一章 传 承

凡事都讲究传承，读书也不例外。

传承最应从儿童抓起，早读书早受益，已被无数事实所证明。儿童从小爱上读书，就等于在心灵里埋下了神奇的种子，终有一天会长成参天大树；儿童从小喜欢读书，就等于在身上插上了一双会飞的翅膀，迟早会翱翔蓝天。

古人历来利用家训的形式，诗书传家，且传之久远。我们也要这样做，但要创新。

要传承，还要了解读书的历史。只有知晓以往，才能承前启后，开拓未来。

我国已进入改革开放的全新阶段。不管天下大势发生何种变化，继承和发展读书的优良传统，学经典，用经典，精通经典，将是永恒主题。让我们乘时代的东风，崇尚读书，弘扬文化，意气风发，砥砺前行。

读书之早
——早知早慧早读书

读书越早越好。《增广贤文》是中国明代时期编写的道家儿童启蒙书籍，其中有这么一句话："训子须从胎教起，端蒙必自小学初。"魏晋南北朝时期，北齐思想家颜之推在《颜氏家训·勉学》中指出："人生小幼，精神专利，长成以后，思虑散逸，故须早教，勿失机也。"意思是说人在幼小的时候，精神专注敏锐，长大成人以后，思想容易分散，因此，对孩子要及时教育，不可错失良机。读书是儿童独立自主获取知识的主要途径，是升华人格情操、触及心理自省的最有效的教育方式，所以越早越好。

资深中小学教育和家庭教育专家李守民经过几十年的研究和"好父母学堂"几万个家庭教育孩子的实践，第一次明确提出，在家庭和幼儿园要进行"听说读写"的"全语言教育"，这在我国幼儿教育发展史上具有前瞻性和划时代的意义。

最新大脑生理学研究揭示，人的智力水平主要与大脑细胞的结构有关。每个细胞上的树突越多，特别是超出50个树突的细胞越多，人就越聪明。而要想大脑细胞上多长树突，必须满足三个条件，即营养、信息刺激和刺激的时间。也就是说大脑树突是有时间限制的，不是任何时候都能生长的。人的0—6岁是树突生长最迅速的阶段，而0—3岁期间的生长速度又快过3—6岁。

这也正是在世界范围内提倡 0 岁教育的重要起因。文字符号是一种有益的和有效的信息刺激，它配合音、义一起作用于幼儿的大脑，幼儿既收获了书面语言，又刺激了其大脑细胞的发育，确实是一举两得的好事。

孩子在进行"听说读写"教育时，每一个汉字，都要一个字一个字地示读范读，在句子中逐字逐句地读或重点读，或进行书写练习，具有一字一音、音节清晰的特点，而幼儿对所学汉字则要反复地"听说读写"，这样，既能促进幼儿清晰稳定的语言听觉表象的形成，又能促进幼儿发音器官正确"运动模式"的形成，从而有效地帮助幼儿口头语言的发展和成熟。

汉字是"音""形""义"三个因素构成的方块图形符号，幼儿掌握它既要认识字形本身的结构关系，又要建立它与"音""义"之间的统一联系。识字阅读的过程，不仅要感知字形，还要进行复杂的思维、想象活动，这样就必然会引起幼儿认知结构的某些变化和改组，从而起到促进幼儿智力发展的作用。

幼儿从小听说儿歌、故事，尤其是会阅读之后，他们接触最多的是儿童文学作品，而这些文学作品中不乏勤劳与懒惰、善良与邪恶、勇敢与怯懦等方面鲜明对比的动人形象及激烈争斗，受到这些形象的感染，可培养他们具有亲和、友善、勤劳、勇敢、乐观等稳定的性格特征，还可潜移默化地陶冶他们的思想品质和道德情操。

对幼儿进行教育时，幼儿不仅会"听""说"，而且会"读""写"，6 岁左右就能阅读一般儿童文学作品，这不仅使他们从小智力水平得到提高，优良性格得以养成，而且这些幼儿由于掌握了书面语言这一工具，就等于有了一把打开知识和智慧大门的"金钥匙"。在好奇心的驱使下，不仅可以博古通今，更重要的是他们将从此由一个被动的听读者转变为一个主动的学习者。

据史料记载，古今中外众多杰出的人才都是早期识字阅读者，他们中不乏著名的政治家、科学家、文学家、艺术家等。如大家熟知的有张衡、李白、杜甫、白居易、王勃、曹植、鲁迅、郭沫若、齐白石、徐悲鸿、周恩来、列宁、达尔文等，早期识字阅读使他们获得了比一般人多的学识，比一般人高的智慧，为他们日后养成阅读习惯、走向事业成功打下了坚实基础。

从以上研究资料不难得出结论：识字阅读，是思维的导师，是成长的摇篮。阅读兴趣是生活最有情调的兴趣，阅读习惯是人生最有价值的习惯。它关乎孩子的早期智力开发，关乎孩子的精神发育，关乎孩子的健康成长，关乎孩子的前途命运，关乎父母的快乐幸福。因此，作为家长和老师，一定要在思想上高度重视，在行动上高度自觉，把它当作头等大事抓紧抓好。对孩子进行早期识字阅读，亲子共读是一个有效措施，也是引导孩子走向自觉阅读的必经阶段。有人形象地说，亲子共读是一根连接孩子心灵的"精神脐带"。有了这根"精神脐带"，孩子就能源源不断吸吮到丰富的营养，就能长得白白胖胖，健健康康，人见人爱。否则，就会萎靡不振，面黄肌瘦，弱不禁风。孰轻孰重，请自掂量。因此，家长一定要把亲子共读作为大事来抓，确确实实安排到家庭的日程上，再忙再累也要坚持再坚持，这都是为了孩子的未来。一书，一世界；一家，一港湾。愿大家放下手机，多陪孩子；远离电脑，多陪孩子；舍弃电视，多陪孩子。做孩子生命中的智慧引路人，从每天陪孩子读书开始，一直一直读下去，和孩子轻轻地聊着世界，让书香在家庭里每一个角落流动。

读书之训
——劝子为学家训中

有关读书的训词主要体现在历代家训中。

家训，是中国历史上父祖对子孙、家长对家人、族长对族人的训示教诲。它包括家诫、家书、家规、家范、家箴、家语、遗训等。家训的产生和发展源远流长，从周文王的《诏太子发》算起，成文的家训至今已有三千多年的历史了。历代君王帝后、达官显宦、硕儒士绅，多以家训的形式训诫子弟，垂饬后代。作为家庭教育教科书的家训，内容十分丰富，种类格外繁多，但教子读书、劝子为学、勉子勤学的内容颇具特色，引人注目。

读书至要。读书之重，重如泰山；读书之要，要似衣食。宋代学者家颐在《教子语》中说："人生至乐，无如读书；至要，无如教子。教子如五：导甚性，广其志，养其才，鼓其气，攻其病，废一不可。"作者充分认识到读书与教子的重要性，认为人生最大的乐事莫过于读书；人生最重要的事情，莫过于教导子女。河北省邯郸市肥乡区郭家堡村李氏家族的家训是："耕田不饥，读书不贱，养德不败，交友不倾"。其寓意是：耕田稼穑能养家糊口，安身立命；读书能改变命运，永不贫贱；修养品德，与人为善，能立于不败之地；对朋友要雪中送炭，不能落井下石。在《论语·季氏》中这样的记载不少："鲤趋而过庭，曰：'学《诗》乎？'对曰：'未也。'曰：'不学《诗》，无以言'。鲤退而学《诗》。他日，又独立。鲤趋而过庭，曰：'学《礼》乎？'对曰：'未也。'曰：'不学《礼》，无以立。'鲤退而学《礼》。"这是孔子在庭院教育儿子的一段话,他教育儿子要努力学习古代文化精华的《诗》《礼》等,希望儿子先在文章和道德上有所建树,再出去干一番事业。闽沙茂溪田罗氏家谱载:"吾家自祖宗流传下来,一段清白之气不可不培,盖金帛虽多,积之数十年必散;田宇虽广,遗之数十代亦亡。孰若残书数卷,贻之吾子吾孙,世世可以习读不朽;又孰若灵心一点,传之吾子吾孙,可以受用不尽。"这是闽学奠基人罗从严在罗家祠堂墙壁上写的一段话,意谓:钱财再多,十年以后也总有用尽的时候;田地再广,十代以后也有耗完的时候。只有诗书数卷,子孙可以世世代代习读。如能践行,修身养性,子子孙孙受益无穷。中唐名相裴度训其子曰:"凡吾辈,但令文种无绝,中间有成功,能致身于万乘之相。"南宋文学家、史学家、爱国诗人陆游在《放翁家训》中进一步指出:"即使家庭如何贫困,也要设法教子读书;子孙才分有限,无论如何,然不可不使读书。"

读书立志。读书须立志,立志助读书。古代家训中,一个主要方面就是把读书和立志联系起来,训诫子弟从小就树立远大的志向。北齐颜之推在《颜氏家训·勉学》中说:"有志尚者,遂能磨砺,以就素业;无履立者,自兹堕慢,便为凡人。"告诉人们有志向的人,即能经得起磨砺,成就事业;没有志向、缺乏毅力的人,从此懈怠,就变成了平庸之人。中国历史上智慧的典型代表要数诸葛亮,他46岁才得子诸葛瞻,他很喜欢这个儿子,希望儿子将来成为国家栋梁。他给儿子最后一封家书《诫子书》中,是这样传递着自己一生的智慧所得,他说:"夫君子之行,静以修身,俭以养德。非淡泊无以明志,非宁静无以致远。夫学须静也,才须学也,非学无以广才,非志无以成学。"他告诫儿子,君子的行为操守,是靠宁静来提高修养,靠节俭来培养品性。不恬静寡欲,就无法明确真正的志向,不摒除干扰就无法完成远大的目标。学习要静心专一,才干源于学习,不善于学习,就无法增长全面的才干;不确立志向,就无法使学习转化为成就。这是诸葛亮对其一生的总结,后来更成为修身立志的名篇。

读书明理。这是古人读书的主要目的,因此更加重视。明末清初理学大家孙奇逢在《孝友堂家训》中告诫子弟,读书的目的在于"明道理,做好人,而取科第犹第二事";"子弟中得一贤人,胜得数贵人也。"清书画家、思想家郑板桥也认为,做个好人是第一重要的,他说:"夫读书中举中进士做官,此是小事，第一要明理做个好人。"郑板桥的这种思想始终贯穿在他对儿子的教育中。《曾国藩家书》说得更明确："凡人皆多望子孙为大官，余不愿为大官，但愿为读书明理之君子。"吴麟征是明末著名大臣，所著《家训要言》影响深远。李自成农民起义军攻打北京时，吴值守西直门，城破自杀而亡。死前写下绝笔书和几封家书，其中写道："贵不如贱，官不如贫。后生读书，只明义理，晓世务，且莫就科举。"这是吴一生出世入仕的反省反思。自此，吴氏家族遵循吴的家训，世代只读书明理，不参加科举，不入仕途，只保持书香世家，成为海盐代出文人名士的望族，其文化艺术成就足为海盐文化增光添彩。吴麟征以悲剧之肥，浇灌培育了家训之花。

读书修身。读书的目的是为了修身养性。历史上著名家训都特别强调这一点。《朱子家训》自问世以来流传甚广，被历代士大夫尊为"治家之经"。作者朱柏庐自幼致力读书，曾考取秀才志于仕途，清入关明亡，遂不再求取功名，居乡教授学生，颇具盛名。他在《朱子家训》中说："读书志在圣贤，非徒科第；为官心存君国，岂计身家。"意思是说，读圣贤书，目的在学圣贤的行为，不只为了科举及第；做一个官吏，要有忠君爱国的思想，怎么可以考虑自己和家人的享受？吴麟纪在《家训要言》中也强调："少年人只宜修身笃行，信命读书，勿深以得失为念，所谓得固欣然，败亦可喜。"他要求子孙从小应读书知理，不能做寻章摘句的书呆子，浪费时光，长大应用所学为国为民谋策，有益民生。明代人吕维棋告诫儿子："今人读书，便只道做好官，多得钱，是故富贵之士决不可存此念。"他在批判社会不良风气的同时，要求儿子端正学习目的。同时代的姚舜牧在《药言》中更是明确指出："世间极占地位的是读书一着，然读书占地位在人品上，不在势位上。"清朝官员张英在《聪训斋语》中写道："人心至灵至动，不可过劳，亦不可过逸，唯读书可以养之。每见堪舆家，平时用磁石养针，书卷乃第一妙物！闲适无事之人，镇日不观书，达起居出入身心无所栖泊，耳目无所安顿，势必心意颠倒，妄想生嗔，处逆境不乐，处顺境也不乐。"

读书须勤。勤奋是读书的唯一途径。陆游在《放翁家训》中曰："一日之计在于晨，一年之计在于春，一生之计在于勤。起家的人，未有不始于勤而后渐渐流于荒惰，可惜也。"南宋叶梦得在《石林家训》中说："旦起须先读书三五卷，正其用心，然后可及他事，暮夜见烛亦复燃。若遇无事，终日不离几案。苟能如此，一生永不会向下作下等人。如见他事，自然不妄。"清朝第四代皇帝爱新觉罗·玄烨在《圣祖庭训格言》中指出："凡事不论贵贱老少，唯读书不同，贵贱老少读书一卷，则有一卷之益；读书一日，则有一日之益，此夫子所以发愤忘食，学不及也。"

读书须专。郑板桥在《潍县署中谕麟儿》一信中写道："凡经史子集，皆宜涉猎，但须看全一种，再易他种，切不可东抓西拉，随意翻阅，徒耗光阴，毫无一得。"他在《潍县署中寄舍弟墨第一书》中又进一步指出："读书以过目成诵为能，最是不济事。"并举了孔子读《易》韦编三绝及苏轼读一文至四鼓的事例，说明读书贵精熟。对此，清汪帷宪在《寒灯絮语》中说得最为精当："古人读书贵精不贵多，非不事多也，积少而至多，则虽多而不杂，可无遗忘之患。此其道如长日之加益，而人颇不觉也。是故由少而多，精在其中矣。"

利用家训的形式，传递读书理念，弘扬读书传统，是个好办法。随着形势的发展，时代的变迁，形式要有所变化，有所创新。不管形式如何变化，目的只有一个，让诗书永流传。

读书之经
——书传千载即经典

经，就是经典。何谓经典？经典是指具有典范性、权威性的著作，是经过历史选择出来的"最有价值的书"，是最能表现本行业精髓的、最具代表性的、最完美的作品。

读书就要读经典。因为经典具有如下特点：

传世性。也就是经典必为经过时间和历史检验的传世之作。正如美国费迪曼教授所说："好书不会沉默，不是一时性地满足人的心灵，它甚至可说是不朽的，而且对三四代以后的子孙也有益处。"中国古代儒家的经典《周易》《诗经》《论语》《孟子》和道家经典《老子》《庄子》等，历经千年，至今不衰。儒家学说作为思想资源依然对中国社会有着重要影响，其经典地位并未因社会变迁而发生根本性动摇。随着时间的推移，儒道经典愈发凸显其历史和现实价值。

世界性。法国文学批评家圣·佩甫说过："真正的经典对所有的人类说话"。汉斯·格奥尔格·伽达默尔也说过经典"作品里所表现的东西始终是而且对于一切人都是真理性和有效性。"经典作品蕴藏了天地之心，修齐之道，治平之方，文学之美，虽历经千年，仍有传承价值，而且超越了时代、国家、民族、地域，具有永恒的、世界的影响力。作品反映了人类共同关注的问题的作家，如孔子、孟子、老子、庄子、李白、杜甫、曹雪芹、鲁迅等，既是中国的、东方的，也是西方的、世界的；但丁、莎士比亚、雨果、歌德、托尔斯泰、萨特、卡夫卡等，既是西方的，也是东方的、世界的，且是当代的。

艰巨性。经典书籍创作时间一般较长，有的人倾其一生可能只完成一部著作。曹雪芹一生只写了一部《红楼梦》，徐弘祖的《徐霞客游记》前后花费34年才完成，北宋建筑学家李诫的《营造法式》也花费30年才完成。司马迁的《史记》花费19年，刘义庆的《世说新语》花费11年，司马光的《资治通鉴》花费19年。李时珍花费27年，经过三年改写，查阅800多种书籍，还反复到各地考察，亲自品尝各种中药材，最后才完成《本草纲目》。

独创性。任何可以称其为经典的作品，其提供给读者的精神产品，都应该是独一无二的，与其前后的作品绝不雷同的。爱迪生在其《代表人物》中盛赞莎士比亚："就创造力而言，莎士比亚是独一无二的。"鲁迅的《阿Q正传》，在中国精神产品史上，阿Q是鲁迅的独特创造，亦是不朽的形象。张仲景的《伤寒杂病论》、李时珍的《本草纲目》、司马迁的《史记》、司马光的《资治通鉴》等，都是在自己独特的领域发表了独到的见解，后来者研究相关领域必须阅读他们的著作。

常新性。经典作品内涵丰富厚重，值得反复阅读，而且每阅读一次，都能有新的收获，新的启示，不断激发读者的想象，都会产生独特的滋味和意义。费迪曼说："千万别忘记，这些著作不能只读一次，应该一读再读。它和畅销小说不同，它是无尽的宝藏。"《红楼梦》这部小说，对中国人无论男女老少，都有很强的吸引力，致使许多读者数次读《红楼梦》，更有甚者一生都以《红楼梦》为伴。正如作家王蒙所说："我喜欢一次又一次地阅读《红楼梦》，我喜欢一次又一次地琢磨《红楼梦》，每读一次都有新发现，每读一次都有新体会、新解读。"

深刻性。经典作品往往分析问题周密，善于抓住事物的本质和规律；对人、对人生、对社会的分析精辟入微，入木三分。有的经典作品对社会有极大的促进作用，或引起大的社会思想变革，或引起大的社会革命，开创一个新的时代。如18世纪法国启蒙运动中产生的一批经典，卢梭的《社会契约论》《论人类不平等的起源和基础》，提出的社会契约论和人民主权论，直接影响到现代资本主义制度的建立。再如《共产党宣言》和《资本论》，引起世界无产阶级革命的浪潮，诞生了一批社会主义国家，世界格局发生了翻天覆地的变化。这些经典著作的作者，往往都是思想的巨人，其伟大思想影响后世几千年。

精粹性。传世经典一般都语言精练，高度浓缩，含金量极高，几乎句句是警句，篇篇是精品。如《道德经》才5000字，《论语》约1.6万字，但它们记载了人类自己跋涉的足迹，蕴含了博大精深的文化，破解了人类心灵的密码，凝聚了中华民族的智慧，在中华民族精神史上留下了光辉灿烂的一页，且照耀千秋万代。它们是中华优秀传统文化的杰出代表和光辉图腾。

研究性。四书五经，几千年来被反复研究，各种注释、解读、翻译层出不穷。一部《论语》自诞生以来，反复被人研究，关于它的研究著作可说是汗牛充栋，到现在约有3000多种，且新的研究著作还在源源不断地诞生。《红楼梦》自问世以来，不断被人研究引用，出版的研究专著多达几百种，研究文章近万篇，研究《红楼梦》已成为一门显学——"红学"。柏拉图的《理想国》、亚里士多德的《伦理学》和《政治学》、达尔文的《物种起源》等，也无不都是被人反复引用、研究的经典著作。

时代性。经典因其独特的艺术魅力，往往能反映一个时代的特征，代表一个时代的风格，引领一个时代的发展。我们读《红楼梦》，不仅能够领略曹雪芹的文学功底，更重要的是我们能窥见那个时代的风貌：下层人民生活在水深火热之中，统治阶级贪图享乐，国力衰退，政治腐败，这就是红楼梦最经典的地方。毕加索的抽象派风格，影响了后来的整个画坛；德国的包豪斯建筑风格也影响了20世纪的许多建筑；卓别林的电影深深打下了那个时代的烙印，卓别林用他幽默的肢体语言，嘲讽了那个时代的丑陋，他的电影每一处都是他所处时代的反映。

神奇性。先秦所处的时代——春秋战国，是我们民族的黄金时代，在人类历史上，也是一个了不起的时代，有人把它称作"轴心时代"，是人类文明的重大突破期。在这个时期，世界各民族出现了伟大的精神导师，成为世界各大文明的标志。比如，古希腊有苏格拉底、柏拉图、亚里士多德，以色列有犹太教的先知们，印度有释迦牟尼，中国则有孔子、老子等。这样一些伟大的思想家，为什么会集中出现在历史的同一时期（公元前6—公元前3世纪)、地球的同一纬度（北纬 30°上下）？这始终是个谜。更神奇的是，虽然中国、印度、中东和希腊远隔千山万水，但这些思想家的思想却有很多相通之处，就是对人与人类社会的"理性态度"和"终极关怀"。按照马克思的说法就是"历史上的人类童年时代"之"发展得最完美的地方"。

因此，我们一定要爱经典，学经典，读经典，让经典涵养我们的心灵，浇灌我们的精神，充实我们的思想，助力我们的事业，灿烂我们的人生。

读书之目的
——读书目的谁人知

做任何事情都有目的,有目标,读书也不例外。那么读书的目的究竟是什么?古今中外说法不一,见仁见智,五花八门。具体到个体,确实差异较大。但总体上是可以有框架的。

就拿古人来说吧,从隋唐至清光绪三十一年(1905年),中国实行的是长达一千三百余年的科举制。这一制度,为平民百姓设计了一条通过读书也可以入朝为官的道路,大大激发了平民的读书热情。最早提出此问题的是孔子,他说"学而优则仕",并带领子弟积极践履,开"读书做官"的先河。孟子进一步论证道:"劳心者治人,劳力者治于人。天下之道义也。"宋真宗赵恒曾写过一首《劝学诗》,大家耳熟能详:"书中自有千钟粟""书中自有黄金屋""书中自有颜如玉"。元人孔齐在《至正直记》中也讲:艺之大者,莫如读书而成才广识,达则敬君泽民,流芳百世;穷则隐学授徒,亦能流芳百世。故曰"读书万倍利",此之谓也。还有几句诗说得更加直白和形象:"万般皆下品,唯有读书高""朝为田舍郎,暮登天子堂""满朝朱紫贵,尽是读书人。"由此我们不难看出,"读书做官"可以说是古人读书的主要目的。在古代史籍中,人们通过勤学苦读而高中进士、得为大官的故事随处可见。当然,这其中也包含着某些有利于社会进步、有利于民众民生的积极因素。

辛亥革命之后，尤其是中华人民共和国成立以来的现代社会，读书的目的发生了根本变化。读书目的，因人而异，因时而异。有的为升学而读书，有的为求职而读书，有的为学技能而读书，有的为搞研究而读书，有的为愉悦身心、放松精神而读书，有的为扭转人生、改变命运而读书，有的为修身培德、涵养心灵而读书，如此等等，不一而足。单从读书本身讲分为两大部分，一是学校系统教育；一是课外读书，其目的也各不相同。学校教育包括初等教育、中等教育和高等教育。学校的教育和训练，可以使人获得比较系统的科学文化知识和专业技能，获得终生学习和终生发展的动力、热情和必备的基础。还可以增强交际能力和沟通合作能力，拥有善良的人性、美好的内心和优雅的举止。高等教育还可以通过系统研究，生产新知识，创造新财富。总之，接受学校的系统教育，目的主要是为了谋到一份好的职业，掌握一套谋生的本领，更好地适应社会的变化，游刃有余地生活。课外读书，分为如下几类：一是读知识类书籍，主要目的是为了认识世界，认识宇宙，认识人类，拓宽视野，把握人生。二是读文学类书籍，主要目的是为了认识社会，认识人性，陶冶情操，濡养心灵，塑造人格。三是读理论类书籍，主要目的是认识自然世界和人类社会运行的内在规律，弄清我是谁，从哪里来，要到哪里去。四是读历史类书籍，其主要目的是明是非，辨忠奸，知兴衰，分善恶，以史为鉴，鉴古知今。五是读专业类书籍，其主要目的是提高持续创新的本领和能力，保持旺盛的动力和后劲。从另一层面讲，读书的目的主要有两点：一是为做事，做一流的事。什么是"一流"的事？无论做什么事，都目标明确、计划周密、措施得力、表现出色、执着专注、热情饱满、效果显著。那么，学校的系统教育，是谋职做事的基本知识、基础工程；专业知识的学习，是干好工作、做好事情的利器。有了丰厚的专业知识，工作就能得心应手，做事就能事半功倍；读与工作有关的经济、政治、法学、心理学、逻辑学等知识，等于为做一流事插上了翅膀，能飞得更高，走得更远。读书第二个目的，就是做人，做一流的人。什么才是"一流"的人？有理想、有抱负、有血性、有情怀、有温度、有担当、有诚信、有胆识，就是"一流"人应该具备的品格和品质。那么，读文学书籍，读哲学书籍，读历史书籍，都是为做人、做一流的人提供的精神食粮，构建的心灵大厦。因为文学就是人学。文学书籍讲的是人与人、人与社会和人与自然的故事，赞颂的是真善美，鞭笞的是假恶丑，处处闪耀着人性的光芒，因此读此类书，对塑造人格有帮助；哲学书籍，是关于世界观、方法论的学问，是使人变聪明的学问，是人们正确观察、认识、分析和处理问题的好帮手；历史书籍，是社会更替、天地民心的写照，包含着如何为人的经验教训。要做人，要做一流的人，这些书都是精神的底色，都是做人的必备。

另外，要做一流的事，做一流的人，就要读一流的书。只有读一流的书，做事才圆满，做人才完美。那么，什么才是一流的书呢？一流的书就是好书，就是经典之书，就是那种有真知灼见、启人心智、清新脱俗、陶冶情操、催人奋进，常读常新的书，就是给人以力量、给人以智慧，震撼人的灵魂，富有顽强生命力的书。因此，我们一定要把读书与做事、做人紧密结合起来，大力弘扬"读一流书，办一流事，做一流人"的理念，刻苦读书，认真做事，好好做人。

读书之盛
——宋朝读书胜天堂

宋朝，在中国历史上是个承前启后、继往开来的时代，在中国思想史上是个继先秦诸子百家之后又一个群星璀璨的时代，在中国的文明史上达到了前所未有的高度，就其读书风气和读书状况而言，也是盛极一时，直达顶峰。其主要特色：

一是皇帝带头读书。宋朝的开国皇帝宋太祖赵匡胤，出身于军人世家，自小读书不多，在五代十国那个混乱的年代，投身军旅的他觉得要干出一番事业不读书是不行的。因此，一有机会就发奋读书。"虽在军中，手不释卷，闻人间有奇书，不吝千金购之。"当了皇帝之后，更是重视读书，把许多重大国事的处理，都注意从以往的历史典籍中寻找根据和办法，把历史的经验教训与现实生活中的问题联系起来考察。他还强调公卿、大夫、文武官僚都应努力读书，大兴文治，崇文抑武，为宋代文化的空前繁荣奠定了基础。受兄长的影响，继任者宋太宗赵光义也是个出色的读书者，并有过之而无不及，曾日读三卷，亲阅《太平御览》，当大臣们心疼他身体会吃不消的时候，他却说自己"就喜好读书""读书总是有益的，也就不觉得疲劳了。"他酷爱读书，宽松敦厚，倡导以文致治，他下令编撰《太平广记》《太平御览》《文苑英华》等三部大书，成为后人研究中国古代历史与文学的宝贵资料。当然,第三代皇帝宋真宗赵恒也不甘落后,组织编撰了宋四大书的最后一部《册府元龟》,且熟读古诗,写出传世之作,提出"富家不用买良田,书中自有千钟粟;安居不用架高堂,书中自有黄金屋;出门莫恨无人随,书中车马多如簇;娶妻莫恨无良媒,书中自有颜如玉;男儿欲遂平生志,五经勤向窗前读。"他把读书的益处说得十分透彻,成了古人劝学的经典。

　　二是士大夫酷爱读书。宋朝被称为读书人的天堂,除了政府对读书人的尊崇外,还因为官员们待遇极高,是历朝中最优厚的,宋朝整个社会已经营造了一个绝妙的读书环境。宋代的读书风气和文雅境界,今人看来是很难企及的。宋代学者赵季仁就曾期待说:"某平生有三愿。一愿识尽世间好人,二愿读尽世间好书,三愿看尽世间好山水。"名流欧阳修也曾感叹说:"至哉天下乐,终日在书案。"可见,在读书之风盛行的宋代,有许多读书人期待读书,爱好读书,并以终生勤奋苦读为乐,以读尽天下好书为荣。特别是宋代的史学家那种"嗜书如怡""嗜书成癖""于史学如嗜饮食"等现象,蔚为风气,影响至深。南宋著名学者、目录学家尤袤,对读书的爱好可谓更加高尚和典型。《续资治通鉴长编》的作者李焘就曾称赞他说:"他每天都要读书,且肯定要做笔记。他还教导自己的儿女,饥饿的时候读书可以当肉,寒冷的时候读书可以当暖裘大衣,孤单寂寞的时候读书可以当朋友,忧郁的时甚至会透过读书可以欣赏到高雅音乐。"网罗旧籍,贯串历代编著《通志》的作者郑樵,少时就立下雄心壮志,"欲读古人之书,欲通百家之学,欲讨六艺之立而为羽翼。"因而即使在年轻困穷至极之时,仍然是"寸阴未尝虚度,风暴雪夜,执笔不休,厨无烟火,而诵记不绝。"如闻人家有书史,则"直造其门求读,不问其容否,读已则罢"。当时世人盛传,"唯有莆田郑夹漈,读尽天下八分书。"他只要有书读,便觉惬意,"夏不葛而凉,冬不袍而温,肠不饭而饱,头发经月不栉,面目衣裳垢腻相重不洗。"他还在夹漈山下,筑了"修史堂",作为他读书的处所,以明修史之志。经过数年的艰苦劳作,郑樵终于在他54岁那年,写出了这部长达200卷600多万字的史学专著《通志》初稿。

三是民间向往读书。宋朝为了广泛网罗人才，实行的是科举制度，从全国平民寒士中挑选人才，为平民寒士进入仕途提供了便捷之途，大大刺激了人们的读书热情，越来越多的人要求接受教育。当时宋朝在全国广办公私教育，为科举制度开辟人才基础。民间教育主要有各种书院、私塾及家庭教育等，只要人们愿意读书，都可以到这些教育场所识字、读书，这些都为促进社会读书风气的盛行发挥了重要作用。此外，宋代的出版和藏书都很发达，私家、书院、宫廷藏书，比比皆是。宋人只要爱读书，就能看到很好的书。其中除了宫廷藏书不能轻易看到之外，整个民间各个学者和书院之间的藏书都是开放的，只要看到喜欢的书，可以随便借，随便看。这样，全国的文化资源获得空前的开发，文化空间获得极大的拓展，上上下下的读书气氛也立即变得浓郁起来。这时，也涌现出了一大批平民寒士苦读书的故事，比较著名的有"荻画学书""圆木警枕""洒血渍书"等等。欧阳修，四岁时便死了父亲，母亲郑氏决心不改嫁，在家亲自教欧阳修读书学习。因家里贫穷，以至于只能用芦苇秆在沙地上练习写字。司马光，从小是个贪玩儿贪睡的孩子，为此他没少受先生的责罚和同伴的嘲笑。在先生的教导下，他决心改掉贪睡的坏毛病。于是，聪明的司马光用圆木头做了一个警枕，早上一翻身，头滑落在床板上自然惊醒，从此他天天早早地起床读书，坚持不懈，终于成了一个学识渊博的大文学家。

宋太祖曾要求子孙永远不得杀害读书人，读书人在宋朝的地位得到空前提升，重文轻武的风气在宋朝达到了极致。"好铁不打钉，好男不当兵""满朝朱紫贵，尽是读书人"等俗谚都是出于宋朝。宋真宗时，状元出身的陈尧咨拒绝出任官阶更高的武职。在理学的兴起、宗教势力退潮、言论控制降低、市民文化兴起、商品经济繁荣的一系列背景下，宋朝文化空前进步，理学、文学、史学、艺术以及科学技术领域硕果累累，二程（程颢和程颐）、朱熹、欧阳修、苏轼、司马光及沈括等杰出人物享誉千古，寇准、包拯、范仲淹、王安石、岳飞、李清照、辛弃疾、文天祥等著名人物为后世所传颂，四大书法家、南宋东南三贤、南宋四大家等许多文化大家不断涌现，而活字印刷及火药的发明和应用，更对人类做出了杰出的贡献。明人宋濂谓："自秦以下，文莫盛于宋。"史尧弼在《策问》中说："唯吾宋二百余年，文物之盛跨绝百代。"陆游在《吕居仁集序》中也认为:"宋兴,诸儒相望,有出汉唐之上者。"日本学士曾说:"唐朝是中世的结束,而宋朝是近世的开始,宋朝是中国的文艺复兴。"其后中国除晚明外再也未出现过像宋朝一样兴盛的文化景象。总之,在中国古代历史上,堪称"郁郁乎文哉"的读书盛世唯有宋朝。

读书之史
——经花开满读书史

　　一部读书史，就是一部读经史，就是一部苦读史，就是一部文化传承史，就是一部政府倡导、仕子带头、学子推动，中华文化不断发展、砥砺前行的历史。

　　自从人类有了书籍，就开启了读书的历史。夏商有典有册，但仅为传说。真正的读书应该从周代算起。公元前11世纪，周文王在羑里推演八卦为六十四卦，草编《易经》，之后又有《诗》出现。这个时代，应该是中华民族文化的奠基时代。到了春秋战国时，私学已经出现，孔子就办起了有三千学子的私学，亲自整理了六部经典，留下了一部教育语录——《论语》，从而奠定了儒学在中国传统文化中的基础地位。这个时代，出现了百家争鸣的局面，人们有观点可以发表，有见识可以游说，诸子各以学问游说各国。这个时代，还是个思考的时代，人们开始思考人与人、人与社会、人与自然的关系，写出了许多专著。

　　公元前213年，秦朝发生了"焚书坑儒"事件，无数文化典籍化为灰烬，杀死无数的读书人，给读书人蒙上了巨大阴影。这时，《韩非子》因讲法、术、势，适合秦始皇的专制思想，而成为秦朝官府的"畅销书"。

　　汉初，开始采用无为而治，流行黄老之术，人们读《老子》《庄子》之类的书。后来，汉武帝不安于黄老的"无为"，开始访求天下贤才问治国策。

这时，董仲舒善于揣摩君主之术，在《天人三策》中提出尊崇儒家。他把阴阳家、法家、道家的思想融入儒家，建议汉武帝提倡学习儒家经典，从此开始了经学时代。

从公元前140年至公元1905年的长达两千余年的时间里，人们主要读经书。经书有六部：《易经》《诗经》《周礼》《尚书》《春秋》和《乐经》，其实是五部经书。《乐经》早在秦朝就已失传。后来，经书不断增多，发展为十三经，即五经加上《礼仪》《礼记》《公羊传》《穀梁传》《论语》《孝经》《尔雅》和《孟子》。围绕儒家经典又写出了许多书，统称为经学书。

魏晋有一批学者倡导玄学，他们认为经学流行太久，成为教条。于是，魏正始年间的何晏、王弼提倡读《老子》《庄子》，并为之作注。玄学家主张超名教而任自然，大讲虚无之理，走不通，碰壁后又回到了经学。

隋唐时期，一度流行佛学，但隋唐搞科举制度，入仕考的是儒家经典，太学内外读的是儒家书，佛道主动靠拢儒学，儒释道合流，三者鼎立，儒学仍为主流。

宋朝至明朝主张理学。理学大师二程、朱熹仍固守儒经。理学是儒学发展的新阶段，充实了一些新内容，讲微言大义。

清代流行朴学，朴学家即考据学家、经学家，他们为经书订正讹误。朴学与理学不同的是治学严谨，推崇汉代学术，致力于文献整理。明清时期，由传教士带来了一些西方书籍，大约有437种之多，其中宗教学251种，占57%；自然科学书131种，占30%。说明人们读书注意到了科学与宗教。

从汉代到清代，人们读的主要书籍是儒家经典。经书熏陶了中国的文人，指导中国人"修齐治平"（修身、齐家、治国、平天下），影响着中国的政治进程。中国人为什么能做到通读儒家经典长达两千年之久？既有历史原因，也有现实因素。古代实行科举制，学子通过院试、乡试、会试进入仕途，考试的题目出自经书，判断试卷同样依据于儒经。想当官就得参加考试，考试就得用指定的教材——儒家经典。经书塑造着读书人，读书人又不断诠释着经书。读书人读书的范围相当狭窄，几乎不读其他类别的书，其他国家的书更是微乎其微，限制了读书人的视野。

从1840年至1949年，中国历尽坎坷，在革新的道路上艰难前行。清代开一代风气的是龚自珍和魏源。龚自珍呼唤："将败则豫师来姓""不拘一格降人才"。魏源根据林则徐的《四洲志》扩充编了《海国图志》，从世界历史、地理角度探索富国强兵的途径，主张"师夷长技以制夷"，令国人耳目一新。康有为、梁启超是这一时期的重要人物。康有为于1895年组织公车上书，1898年写了《上清帝第六书》，指出："能变则全，不变则亡；全变则全，小变则亡。"之后，他又写了《大同书》，否定专制，提出了人人平等、无国、无家的社会制度。梁启超于1896年著《变法通议》，主张开民智、绅智、官智。还编有《西政丛书》，介绍西方的政治、经济。他的《饮冰室全集》堪称巨著。

这一时期，还有一些各领风骚的精英人物及图书。冯桂芬（1809—1874）著有《校庐抗议》，主张采用西学。该书对李鸿章有影响，光绪皇帝也曾调阅。郑观应（1842—1922）著《盛世危言》等书，指出："欲制西人以自强，莫如振兴商业。"严复（1854—1921）翻译了《天演论》《原富》等一批西方书籍，对晚清的思想启蒙有促进意义。张之洞（1837—1909）1898年撰写《劝学篇》，主张"旧学为体，新学为用"，朝野上下影响很大。章太炎（1869—1936）著有《訄书》等书，批评康有为的保皇观念。邹容（1885—1905）的《革命军》首次提出建立资产阶级民主共和国，文辞激昂，影响极大。

这一时期，西方社会政治学术著作开始流行。从1900年到1911年共翻译了1599种西方书籍，占晚清100年译书总数70%。读西方的书，成为当时流行的一种风气。1901年至1905年，清政府实行新政，有20余项变革，1901年废八股，命各省设大中小学堂；1905年，废科举，设学部。这意味着中国人从经学中解放出来了。正在此时，俄国的十月革命给中国送来了马克思主义。中国的一大批精英开始如饥似渴地读马克思的书。1919年前后北京的一些大学以谈马克思主义为时髦。李大钊、陈独秀等人的文章颇受欢迎。此外，鲁迅的《阿Q正传》，瞿秋白的《饿乡纪程》，李达的《唯物史观解说》，蔡和森的《社会进化论》等对社会都有一定影响。民国年间，人们读书环境相对宽松，孙中山的《三民主义》，茅盾的《子夜》，巴金的《家》都是大家喜爱的书。同时，现代教育制度开始建立。

一部读书史，从先秦子学、两汉经学、魏晋玄学，到隋唐佛学、儒释道合流、宋明理学、清朝朴学，经历了数个学术思想繁荣时期。在漫漫史学长河中，中华民族产生了儒、释、道、墨、名、法、阴阳、农、杂、兵等各家学说，涌现了老子、孔子、庄子、孟子、荀子、韩非子、董仲舒、王充、何晏、王弼、韩愈、周敦颐、程颢、程颐、朱熹、陆九渊、王守仁、李贽、黄宗羲、顾炎武、王夫之、康有为、梁启超、孙中山、鲁迅等一大批思想巨匠，发明了造纸术、火药、印刷术、指南针等深刻影响人类文明进程的伟大科技成果，创作了《诗经》、楚辞、汉赋、唐诗、宋词、元曲、明清小说等伟大文艺作品，留下了浩如烟海的文化遗产。中国古代大量鸿篇巨制中包含着丰富的哲学社会科学内容，治国治家、为人处事智慧，为古人认识世界、改造世界提供了重要依据，也为中华文明提供了重要内容，为人类文明做出了重大贡献。

从1949年至1978年，人们读的书籍，大多是政治书籍，以《毛泽东选集》为主，也有《马克思恩格斯全集》《列宁全集》等。也读高尔基、鲁迅的书，读《联共党史》《政治经济学》，文学书籍主要有《钢铁是怎样炼成的》《红岩》《青春之歌》《苦菜花》《迎春花》《金光大道》《李自成》等，人们读书的面较为狭窄。

1978年以来，是中国人读书的黄金时期，在我国历史上是前所未有的，读书的广度、深度达到了历史的新高度。人们选择的书比较广泛，古今中外无不涉猎。既有政治的，又有经济的；既有经典的，又有通俗的；既有港台的，又有国外的；既有文学的，又有历史的。人们读书非常自由，由欣赏作者人格魅力而选择其著作的有：王国维的《人间词话》，钱锺书的《围城》，林语堂的《中国人》，李泽厚的《美的历程》，余秋雨的《山居笔记》等。中国的古典经典、古典小说和诗词，人们喜爱有加。有一个时期，读琼瑶、金庸、南怀瑾和李敖的书颇为流行。金庸的《天龙八部》，南怀开瑾的《中国文化经言》风靡一时。这个时期，读西方学者的书主要有：马克斯·韦伯的《新教伦理和资本主义的精神》，罗素的《中国问题》，斯宾格勒的《西方的没落》，汤因比与池田大作的《展望二十一世纪》，亨廷顿的《文明冲突与世界秩序》，等等，这些著作同样是学术界关注的书。

几千年的读书史，既有繁荣，也有萧条；既有丰年，也有厄月；既有自由，也有限制；既有艳阳高照，也有乌云密布；既有坦途无限，也有荆棘丛生。但是，总体上看，历史的车轮滚滚向前，任何人也阻挡不住；文脉的长河川流不息，任何人也难以阻隔。中华民族的灿烂文化靠无数的优秀读书人传承创新；中华民族的不朽文明靠亿万莘莘学子增砖添瓦。唯如此，中华文化才永放光辉，中华文明才光耀世界。我们何不做一个名副其实的读书人，为我国文化的繁荣发展做出我们应有的贡献呢！

参考文献

1. 朱光潜.《谈读书》,中国青年出版社,2015年版。
2. 詹福瑞.《读书之道》,中华书局,2015年版。
3. 朱永新.《我的阅读观》,中国人民大学出版社,2012年版。
4. 李安安.《胡适论读书》,天津人民出版社,2015年版。
5. 黎莉.《读书:读什么,如何读?》,合肥工业大学出版社,2014年版。
6. 尹建莉.《好妈妈胜过好老师》,作家出版社,2009年版。
7. 贾容韬.《改变孩子先改变自己》,作家出版社,2013年版。
8. 朱寅年.《读书,多么好的一件事》,福建教育出版社,2015年版。
9. 王波.《阅读疗法》,海洋出版社,2014年版。
10. 江富军.《阅读,成长的摇篮》,浙江大学出版社,2015年版。
11. 吴靖.《给阅读一点时间》,上海大学出版社,2016年版。
12. 叶守法.《书的力量》,中国书籍出版社,2012年版。
13. BTV书香北京.《书香似故人》,译林出版社,2015年版。
14. 《读书的力量》编辑出版委员会.《读书的力量》,长江文艺出版社,2017年版。
15. [德]赫尔曼·黑塞.《书籍的世界》,花城出版社,2014年版。

后 记

写书，是我多年的一个梦想。初衷并非想让更多的人看，主要是写给自己的，属自得其乐，至多是为子孙后代留个念想。倘若他们能从中获益，自然欣慰；假如他们懒得读完，哪怕看上几眼，也总有好处。开始，是以书信的形式写的，比如第一篇"读书之书"，开头是这样写的：桭桭（孙子的小名）你好，我知道你从小就爱书，但你知道什么是书吗？你知道书是如何产生的，又是如何演变的吗？你知道它的巨大作用是什么吗？如果不知道，让爷爷讲给你听。总共写了十多篇，后来随着写的篇章越来越多，就改为现在的形式了。从写第一篇算起，已逾三载，回想来路，百感交集，个中滋味，如人饮水，冷暖自知。

书稿付梓在即，要感谢的人很多。首先，感谢我的老师孟宪范。孟老师多次审阅了书稿，提出了许多宝贵意见，并为本书作序，对我鼓励很多。其次，感谢恩兄刘福连（原北京军区政委、上将军衔）、范印华（海军原副政委、中将军衔）。他们身居要职，能在百忙之中抽出时间审阅全部书稿，并提出中肯意见，实为难得，甚为感动。第三，感谢挚友曹汉玉、王伟夫妇和族侄李延军（作家）。他们放下繁重的公务、家务，以最快的速度，阅读了书稿，有褒奖也有批评，有鼓励也有建议，备感亲切，甚觉温暖。第四，感谢杜晓润、刘凤岭、高日民、兰振山、张献峰、段月超和李飞超等几位亲朋。他们牺牲闲暇时间，在出版、校对、打印等方面，提供了不少帮助。特别是杜晓润女士以满腔的热情、超常的热心，给予了全方位的大力支持。第五，感谢北京101中学的祁晓雯和陈昂两位老师，他们均为本书做了力所能及的工作。第六，感谢老伴儿张素芳。是她包揽了家中的所有家务，在时间和生活上提供了有力保障，让我得以主要精力投入读书写作。

最后，还要感谢"读书"这个选题。其实，开始我对读书的认识也属皮毛。写作的过程，是重新认识读书的过程，是濡养心灵的过程。通过写作，让我研读了不少书籍，通过反复阅读这些书籍，使我对读书有了全新的认识，达到了全新的高度。所以，我要真诚地礼敬读书，感恩读书。

李英军

2019年春节于北京